VERS UN NOUVEAU CAPITALISME

Muhammad Yunus est né au Bangladesh. Docteur en économie, il est le fondateur et le directeur de la Grameen Bank. En transgressant de nombreux préjugés économiques, il a imposé le microcrédit dans le monde. Pour son action, il a reçu le prix Nobel de la Paix en 2006.

Paru dans Le Livre de Poche :

VERS UN MONDE SANS PAUVRETÉ

MUHAMMAD YUNUS
Prix Nobel de la Paix

avec Karl Weber

Vers un nouveau capitalisme

TRADUIT DE L'ANGLAIS PAR BÉATRICE MERLE D'AUBIGNÉ
ET ANNICK STETA

JC LATTÈS

Titre original :

CREATING A WORLD WITHOUT POVERTY
Publié par PublicAffairs, une filiale de Perseus Books.

Toutes les photos sont gracieusement fournies
par la Grameen Bank.
© Muhammad Yunus, 2007.
© The Nobel Foundation, 2006, pour le discours d'Oslo.
© Éditions Jean-Claude Lattès, 2008, pour la traduction française.
ISBN : 978-2-253-12746-8 – 1ʳᵉ publication LGF

*Pour tous ceux qui veulent créer un monde
où la pauvreté n'existerait plus.*

SOMMAIRE

Prologue : Tout a commencé par une poignée
de main 11

I. La promesse du social-business 23

    1. Un business d'un genre nouveau 25
    2. Ce qu'est le social-business et ce qu'il
       n'est pas 51

II. L'expérience Grameen 81

    3. La révolution du microcrédit 83
    4. Du microcrédit au social-business 133
    5. La bataille contre la pauvreté : au Bangladesh et ailleurs 173
    6. Dieu est dans les détails 211
    7. Un pot de yaourt après l'autre 239

III. Un monde sans pauvreté 259

    8. Diversifier le marché 261
    9. Technologies de l'information, mondialisation et transformation du monde 289
    10. Les dangers de la prospérité 311
    11. Mettre la pauvreté au musée 337

Discours de réception du prix Nobel : « La pauvreté est une menace pour la paix » 353

Pour prendre contact avec le professeur Yunus 373

PROLOGUE

Tout a commencé par une poignée de main

Puisque l'organisme de microcrédit que j'ai créé, la Grameen Bank, a réussi à apporter des services financiers aux femmes pauvres du Bangladesh, je suis souvent invité à prendre la parole devant les représentants de groupes cherchant à améliorer le sort des femmes. En octobre 2005, je devais participer à une conférence de ce type à Deauville, une station balnéaire située à deux cents kilomètres au nord-ouest de Paris. Je devais également prononcer un discours à HEC, l'une des écoles de commerce les plus renommées d'Europe, lors de la cérémonie au cours de laquelle me serait décerné le titre de docteur *honoris causa*.

Quelques jours avant mon voyage en France, l'organisateur de mon séjour reçut un message provenant du bureau de Franck Riboud, le P-DG de Danone. Ce message contenait l'invitation suivante :

M. Riboud a entendu parler du travail réalisé par le Professeur Yunus au Bangladesh et est très désireux de le rencontrer. Lorsqu'il viendra à Deauville, pourrait-il déjeuner avec M. Riboud à Paris ?

Je suis toujours heureux de rencontrer des personnes intéressées par mon travail en général et par le microcrédit en particulier, surtout si elles peuvent contribuer à soulager la pauvreté puis à l'éradiquer. En parler au président d'une importante multinationale se révélerait certainement utile. Mais je ne savais pas si le rendez-vous proposé pourrait s'intégrer dans un emploi du temps déjà très chargé. Je confirmai à l'organisateur de mon séjour que je serais heureux de voir M. Riboud s'il était possible de trouver le temps nécessaire.

« Ne vous inquiétez pas, me répondit-il. Les gens de Danone vont tout organiser : ils vous emmèneront déjeuner et feront en sorte que vous arriviez en temps voulu sur le campus d'HEC. »

C'est ainsi que, le 12 octobre, une limousine fournie par Danone me conduisit à toute vitesse de l'aéroport d'Orly à La Fontaine Gaillon, un restaurant récemment ouvert par l'acteur Gérard Depardieu, où M. Riboud m'attendait.

Il était accompagné de sept de ses collaborateurs – des dirigeants chargés de divers aspects des activités de Danone : Jean Laurent, membre du conseil d'administration de Danone ; Philippe-Loïc Jacob, secrétaire général du groupe ; et Jérôme Tubiana, directeur de la prospective et de la veille sociale. Était également présente Bénédicte Faivre-Tavignot, professeur à HEC et directrice pédagogique du mastère « Management du développement durable ».

On me conduisit dans un salon privé où je fus accueilli très amicalement, on me servit un délicieux repas français, et je fus invité à parler de mon travail.

J'ai rapidement découvert que Franck Riboud et ses collègues étaient très au fait du travail de la Grameen Bank. Ils savaient que nous avions contribué au développement mondial du microcrédit. Le microcrédit consiste à aider les pauvres à créer une petite activité économique en leur accordant des prêts d'un montant réduit, souvent limité à l'équivalent de 30 à 40 dollars américains, ce sans exiger de garantie. Même à cette échelle, l'accès au capital peut transformer des vies humaines. De nombreux pauvres sont capables d'utiliser la modeste somme qui leur est prêtée pour lancer une activité prospère – une petite ferme, un atelier d'artisanat, une petite boutique – qui leur permettra de sortir leur famille de la pauvreté. J'ai commencé à prêter de l'argent aux pauvres – et surtout aux femmes – il y a trente et un ans. Depuis lors, des millions de familles au seul Bangladesh ont amélioré leurs conditions d'existence grâce au microcrédit.

J'ai présenté à M. Riboud et à ses collègues la manière dont le microcrédit s'était étendu à de nombreux pays, notamment dans le monde en développement, grâce à des milliers d'institutions créées par des organisations sans but lucratif, des agences gouvernementales, ou encore des entrepreneurs cherchant à reproduire le succès de Grameen. « Lors du sommet mondial du microcrédit qui aura lieu à la fin de l'année prochaine, lui dis-je, nous espérons annoncer que 100 millions de pauvres dans le monde auront bénéficié du microcrédit, ce mouvement parti de rien il y a quelques décennies. » (Quand ledit sommet s'est tenu en novembre 2006 à Halifax, en Nouvelle-Écosse, nous avions atteint cet objectif. Nous avons défini pour les dix prochaines années des objectifs plus ambitieux encore, dont le principal consiste à aider 500 millions de personnes à travers le monde à échapper à la pauvreté grâce au microcrédit.)

J'ai enfin expliqué comment la Grameen Bank avait étendu ses activités à de nombreux domaines nouveaux. Nous avions lancé des programmes spéciaux de prêts pour aider les pauvres à financer leur logement et à acquérir une meilleure éducation. Nous avions créé un programme de prêts réservé aux mendiants, ce qui avait déjà libéré des milliers d'individus de la nécessité de mendier et permis de montrer que même les plus pauvres pouvaient être considérés comme des emprunteurs valables. Et nous avions développé toute une gamme d'activités – certaines destinées à générer un profit, d'autres non – qui avaient amélioré les perspectives économiques des pauvres de diverses manières. Ces activités s'étendaient de l'introduction du téléphone et de l'Internet dans des milliers de villages isolés à l'opportunité offerte à des tisserands traditionnels de commercialiser leur production. En procédant de la sorte, Grameen touchait chaque année davantage de familles et de communautés.

Une fois terminée ma brève histoire des progrès de Grameen, je me suis arrêté et j'ai demandé à Franck Riboud de me dire pourquoi il m'avait invité à déjeuner. « À votre tour maintenant. J'ai entendu parler de votre société, mais je crois qu'elle n'intervient pas au Bangladesh. Parlez-moi donc du groupe Danone. »

Franck me raconta alors les origines de son entreprise. Le groupe Danone est l'un des *leaders* mondiaux de la production de produits laitiers. Les yaourts Danone sont connus dans toute l'Europe, en Amérique du Nord et dans bien d'autres pays. Danone est également le deuxième producteur mondial d'eau minérale et de biscuits (gâteaux et crackers à l'époque). « L'eau d'Évian est un produit Danone », me précisa-t-il en me montrant une bouteille bleue. Partout dans le monde, j'avais vu et bu de l'eau d'Évian dans des hôtels et des restaurants. J'en savais à présent un peu plus sur l'entreprise qui se trouvait derrière cette marque.

« C'est très intéressant », ai-je commenté. Mais je n'avais pas la moindre idée de ce que la Grameen Bank ou moi avions à voir avec de l'eau minérale et des yaourts qui seraient considérés comme des produits de luxe au Bangladesh. Franck avait une réponse à me proposer : « Danone est un important fournisseur de produits alimentaires dans de nombreuses régions du monde. Cela inclut certains des pays en développement dans lesquels la faim est un problème grave. Nous sommes très actifs au Brésil, en Indonésie et en Chine. Nous avons des ambitions en Inde. En fait, nous réalisons plus de 40 % de notre activité dans le monde en développement.

» Nous ne voulons pas nous contenter de vendre nos produits aux personnes aisées que comptent ces pays. Nous aimerions trouver des moyens d'aider à nourrir les pauvres. Être socialement innovant et progressiste fait partie des engagements historiques de notre entreprise : mon père, Antoine Riboud, y a travaillé pendant trente-cinq ans.

» L'histoire de Danone explique peut-être pourquoi j'ai organisé cette réunion, professeur Yunus. Nous avons pensé qu'un homme et une organisation qui ont mis une pensée innovante au service des pauvres pourraient avoir une idée ou deux pour notre groupe. »

Je ne savais pas exactement ce que cherchait Franck Riboud. Mais je sentais qu'il avait été intéressé par tout ce que je lui avais dit jusque-là. De plus, j'avais beaucoup réfléchi depuis quelque temps à ce que le monde des affaires pourrait faire pour aider les pauvres. D'autres secteurs de l'économie – les organisations de volontaires, les organisations caritatives, ou encore les organisations non gouvernementales – consacrent beaucoup de temps et d'énergie à la lutte contre la pauvreté et ses conséquences. Mais le monde des affaires, qui concentre l'essentiel de l'innovation financière et fait preuve de la plus grande efficacité, n'est pas directement incité à utiliser ses méthodes pour éradiquer la pauvreté.

Le travail de la Grameen Bank et de ses compagnies

sœurs a aidé des millions de personnes à participer au marché, à gagner de l'argent et à soutenir leur famille. Il me semblait que bien d'autres activités pourraient procurer aux pauvres des avantages semblables. Lorsque l'occasion d'en créer une se présenta à moi au cours d'un déjeuner dans un agréable restaurant parisien, je tentai de la saisir.

C'était une impulsion, pas le type de proposition soigneusement planifiée que la plupart des dirigeants préfèrent. Mais, au fil des ans, j'ai constaté que certains de mes plus beaux projets avaient commencé ainsi – non sur la base d'une analyse et d'une planification rigoureuses, mais à partir d'un simple élan me disant « tu as là une chance de faire quelque chose de bien ».

J'ai fait une suggestion à Franck et à ses collègues : « Comme vous le savez, la population du Bangladesh est l'une des plus pauvres de la planète. La malnutrition est un problème terrible, surtout chez les enfants. Elle a des conséquences désastreuses sur leur santé lorsqu'ils grandissent.

» Votre entreprise est un important producteur d'aliments à haute valeur nutritive. Que diriez-vous de créer une *joint venture* afin d'apporter certains de vos produits jusqu'aux villages du Bangladesh ? Nous pourrions fonder une société que nous détiendrions en commun et que nous appellerions Grameen Danone. Elle pourrait fabriquer des aliments bons pour la santé, qui amélioreraient le régime des Bangladais des campagnes, particulièrement des enfants. Si ces produits étaient vendus à bas prix, nous pourrions véritablement changer la vie de millions de personnes. »

J'étais sur le point d'apprendre que Franck Riboud, le P-DG de l'une des entreprises les plus connues au monde, pouvait être aussi impulsif que le « banquier des pauvres » du Bangladesh. Il se leva de sa chaise, contourna la table pour venir jusqu'à moi, et me tendit la main. « Allons-y », me dit-il, et nous nous serrâmes la main.

J'étais aussi exalté qu'incrédule. Est-il possible que cela se fasse si rapidement ? me demandai-je. Qu'avons-nous réellement décidé de faire ? Peut-être ne comprend-il pas mon accent bangladais. Nous sommes retournés nous asseoir, et j'ai décidé de m'assurer que Franck Riboud savait à quoi lui et son entreprise s'étaient engagés.

« Il se peut que je n'aie pas été parfaitement clair, repris-je doucement. Je propose de créer une nouvelle société, une *joint venture* entre votre entreprise et Grameen. Je l'appelle Grameen Danone, avec notre nom en premier car il est plus connu que le vôtre au Bangladesh. »

Franck approuva d'un signe de tête. « Non, j'ai bien compris ! m'assura-t-il. Votre projet est tout à fait clair. Je vous ai serré la main car vous m'avez dit qu'à la Grameen Bank, banquier et emprunteur scellent leur accord en se serrant la main plutôt qu'en signant des papiers. Je suis votre méthode. Nous nous sommes serré la main ; pour moi, notre accord est conclu. »

La réponse de Franck m'enchantait et m'excitait. J'ajoutai alors quelque chose : « Je n'ai pas encore achevé ma proposition. Notre *joint venture* sera un social-business. »

Cette fois-ci, il parut un peu perplexe, comme s'il avait entendu une phrase qu'il ne pouvait traduire immédiatement. « Un social-business[1] ? De quoi s'agit-il ?

---

1. L'expression social-business ne peut être simplement traduite par entreprise sociale dans la mesure où il y aurait un risque de confusion avec d'autres formes d'organisations à but non lucratif – Associations, ONG… – c'est la raison pour laquelle nous avons préféré conserver l'expression originale. (*N.d.E.*)

— C'est une entreprise créée pour répondre à des objectifs sociaux. Dans le cas qui nous occupe, l'objectif consiste à améliorer l'alimentation des familles pauvres dans les villages du Bangladesh. Un social-business est une société qui ne distribue pas de dividendes. Elle vend ses produits à des prix qui lui permettent de s'autofinancer. Ses propriétaires peuvent récupérer la somme qu'ils ont investie dans l'entreprise après un certain laps de temps, mais nulle part de profit ne leur est versée sous forme de dividendes. Au lieu de cela, les profits réalisés par l'entreprise restent en son sein afin de financer son expansion, de créer de nouveaux produits ou services, et de faire davantage de bien dans le monde.

» C'est une idée à laquelle je pense depuis longtemps. Je crois que de nombreuses activités peuvent être organisées sous forme de social-business afin de venir en aide aux pauvres. Je cherchais une occasion de mettre mon idée en œuvre. Nous avons déjà débuté au Bangladesh en mettant sur pied des hôpitaux ophtalmologiques sous forme de social-business. Grameen Danone sera une nouvelle et puissante expression de cette idée – si, toutefois, vous en êtes d'accord. »

Franck sourit. « C'est extrêmement intéressant », dit-il. Il se leva à nouveau et me tendit la main par-dessus la table. Je l'imitai. Comme nous nous serrions la main, il conclut : « Faisons-le. »

J'étais si étonné, si convaincu que mes oreilles m'avaient trompé, que quelques heures plus tard, alors que j'étais en route pour le campus d'HEC, j'envoyai rapidement un e-mail à Franck. Je résumai ce que j'avais compris de notre conversation et lui demandai de confirmer, clarifier ou corriger mes impressions. S'il avait parlé sérieusement en s'engageant à créer la première entreprise multinationale fondée sur le concept de social-business, je voulais m'assurer qu'il avait saisi ce que cela impliquait. Et si nous nous étions mal compris, s'il avait été pris d'un doute, ou si ses collègues l'avaient dissuadé d'agir de la sorte, je voulais lui donner l'occasion de dire non rapidement et aisément afin de nous quitter sans rancune.

Mais Franck et l'équipe de Danone étaient pleinement impliqués dans le projet. Pendant que je me trouvais à HEC, je reçus un appel d'Emmanuel Faber, président de Danone Asie. Lors de notre rencontre, Franck avait cité son nom : il lui semblait logique qu'Emmanuel représentât Danone dans notre projet. À présent, Emmanuel m'appelait de son bureau de Shanghai.

« Professeur Yunus, commença-t-il, je suis ravi qu'un projet concret soit né de votre déjeuner. Je suis impatient de vous rencontrer et d'en parler avec vous. En attendant, je vous serais reconnaissant de me faire connaître vos premières réflexions. » Ce que je promis de faire.

Franck Riboud et Danone étaient engagés dans le projet. Qui plus est, ils voulaient avancer rapidement pour faire de notre nouvelle entreprise une réalité. J'ai découvert cela dans le tourbillon des quelques mois qui ont suivi, alors que Danone et Grameen travaillaient ensemble pour créer quelque chose de nouveau sous le soleil : la toute première multinationale délibérément conçue sous forme de social-business.

I
La promesse du social-business

1.

Un business d'un genre nouveau

Depuis l'effondrement de l'Union soviétique en 1991, l'économie de marché s'est diffusée sur la planète. Elle s'est enracinée en Chine, en Asie du Sud-Est, dans la majeure partie de l'Amérique latine, en Europe de l'Est et même dans l'ancienne Union soviétique. Il y a beaucoup de choses que les marchés font extraordinairement bien. Les pays qui ont une longue expérience du système capitaliste – l'Europe de l'Ouest et l'Amérique du Nord – disposent de grandes richesses. Ils sont également le creuset de remarquables innovations technologiques, de découvertes scientifiques, de progrès éducatifs et sociaux. L'émergence du capitalisme moderne voilà trois cents ans a rendu possibles des progrès matériels d'une ampleur inédite. Aujourd'hui cependant, près d'une génération après la chute de l'Union soviétique, une forme de déception semble s'installer.

Le capitalisme est assurément prospère. L'activité économique continue de croître, le commerce mondial explose, les entreprises multinationales s'étendent dans le monde en développement comme dans l'ancien bloc soviétique, les avancées technologiques se multiplient. Mais tout le monde n'en profite pas. La répartition du revenu mondial nous le confirme : 94 % du revenu mondial revient à 40 % de la population, alors que les 60 % restants doivent vivre avec seulement 6 % du revenu mondial. La moitié de l'humanité vit avec 2 dollars par jour ou moins ; près d'un milliard de personnes vivent avec moins de 1 dollar par jour.

La pauvreté ne se répartit pas uniformément à la surface du globe ; certaines régions souffrent de ses pires effets. En Afrique subsaharienne, en Asie du Sud et en Amérique latine, des centaines de millions de pauvres luttent pour survivre. Les catastrophes qui se produisent périodiquement, comme le tsunami qui a dévasté en 2004 les régions du pourtour de l'océan Indien, continuent à tuer des centaines de milliers de personnes pauvres et vulnérables. Le fossé entre le Nord et le Sud, entre les plus riches et les autres, s'est creusé.

Certains pays ont cependant payé au prix fort leurs succès économiques des trois dernières décennies. Depuis que la Chine a engagé des réformes économiques à la fin des années 1970, elle a connu une croissance rapide ; selon la Banque mondiale, plus de 400 millions de Chinois sont sortis de la pauvreté. (Par conséquent, l'Inde est devenue la nation ayant la population pauvre la plus importante, même si la Chine a une population globale plus nombreuse.)

Mais ces progrès économiques se sont accompagnés d'une aggravation des problèmes sociaux. Obsédées par cette course à la croissance, les autorités chinoises ont détourné le regard lorsque les entreprises ont pollué l'eau et l'air. Et, malgré l'amélioration du sort de nombreux pauvres, la distance séparant les nantis des démunis a augmenté. Mesurée par des indicateurs comme l'indice de Gini, l'inégalité de la distribution des revenus est supérieure en Chine à ce qu'elle est en Inde.

Même aux États-Unis, qui ont la réputation d'être le

pays le plus riche de la planète, les progrès sociaux ont été décevants. Après deux décennies de croissance lente, le nombre d'individus vivant sous le seuil de pauvreté a augmenté au cours des dernières années[1]. Quelque 47 millions de personnes, soit près d'un sixième de la population, n'ont pas d'assurance maladie et éprouvent des difficultés à obtenir des soins médicaux de base. Après la fin de la guerre froide, beaucoup espéraient percevoir des « dividendes de la paix » : les dépenses liées à la défense auraient pu diminuer au profit du financement de programmes d'éducation et de soins médicaux. Mais depuis le 11 septembre 2001, le gouvernement américain a concentré les moyens dont il dispose sur l'action militaire et les mesures de sécurité, ce au détriment des pauvres.

Ces problèmes ne sont pas passés inaperçus. Au début du nouveau millénaire, le monde entier s'est mobilisé pour y répondre. En l'an 2000, les leaders mondiaux réunis aux Nations unies se sont engagés, entre autres objectifs, à réduire la pauvreté de moitié d'ici 2015. Mais alors que la moitié de cette période s'est écoulée, les résultats obtenus sont décevants et la plupart des observateurs pensent que les objectifs du millénaire ne seront pas atteints.

(Je suis heureux de pouvoir dire que mon propre

---

[1]. Il existe pratiquement autant de définitions de la pauvreté que d'individus et de groupes étudiant ce problème. Une étude récente de la Banque mondiale cite trente-trois seuils de pauvreté différents conçus et utilisés par divers pays afin de répondre aux besoins de leur population pauvre. Plus tôt dans ce chapitre, j'ai eu recours à un indicateur de pauvreté largement utilisé : celui d'un revenu inférieur ou égal à l'équivalent de 1 dollar par jour. Dans la suite de ce livre, lorsque je parle de pauvreté sans autre forme d'explication, je me réfère à cette définition.

pays, le Bangladesh, constitue une exception. Il progresse régulièrement vers la réalisation de ces objectifs et parviendra manifestement à réduire de moitié la pauvreté d'ici à 2015.)

Qu'est-ce qui ne va pas ? Dans un monde où le libéralisme économique ne connaît plus guère d'alternative, pourquoi les libres marchés laissent-ils tellement de gens de côté ? Alors que quelques nations sont en marche vers une plus grande prospérité, pourquoi n'est-ce pas le cas d'une grande partie du monde ?

L'explication est simple. Dans leur forme actuelle, les marchés libres ne sont pas conçus pour résoudre les problèmes sociaux. À l'opposé, leur fonctionnement pourrait exacerber la pauvreté, la maladie, la pollution, le crime et les inégalités.

Je suis favorable à l'idée de mondialisation. Je souhaite que la liberté des marchés puisse s'étendre au-delà des frontières, qu'elle autorise le développement des mouvements internationaux de biens et de capitaux, que les gouvernements courtisent les entreprises en facilitant leur activité et en leur offrant des avantages fiscaux et réglementaires. La mondialisation peut apporter plus de bénéfices aux pauvres que n'importe quel système alternatif. Mais elle doit être surveillée et encadrée parce qu'elle recèle un potentiel de destruction très important.

Le commerce mondial peut être comparé à une autoroute à cent voies s'entrecroisant sur toute la surface du globe. Si c'est une autoroute librement accessible à tous, sans feux rouges, sans limitations de vitesse, sans même de marquages au sol, elle sera monopolisée par les camions géants provenant des économies les plus puissantes. Les petits véhicules – par exemple la camionnette d'un maraîcher, les charrettes à bœufs du

Bangladesh, les pousse-pousse – seront contraints de quitter l'autoroute.

Pour que la mondialisation profite à tous, nous devons avoir un code de la route équitable, des panneaux de signalisation et des agents de circulation. La loi du plus fort doit être remplacée par des règles protégeant la place des plus pauvres sur l'autoroute. En leur absence, le libre marché mondial tombera sous le contrôle de l'impérialisme financier.

De la même manière, les marchés locaux, régionaux et nationaux ont besoin de règles justes et de contrôles destinés à protéger les intérêts des pauvres. Sans ces contrôles, les riches peuvent aisément transformer les conditions de l'activité économique afin d'en accaparer les bénéfices. L'impact négatif d'un capitalisme à une seule voie est visible chaque jour. Ce sont les entreprises qui exercent à l'échelle mondiale et installent leurs usines dans les pays les plus pauvres pour utiliser une main-d'œuvre peu onéreuse, incluant les enfants, afin d'accroître leurs profits. Ce sont celles qui polluent l'air, l'eau et le sol afin d'économiser l'achat d'équipements et la mise en œuvre de procédés respectueux de l'environnement. Ce sont celles qui, grâce au marketing et à des campagnes publicitaires mensongères, promeuvent des produits néfastes ou inutiles.

Nous le constatons par-dessus tout dans des pans entiers de l'économie qui ignorent les pauvres et font ainsi abstraction de la moitié de la population mondiale. Ces secteurs concentrent leur activité sur la vente de produits de luxe à des gens qui n'en ont pas besoin, car c'est là que les profits sont les plus élevés.

Je crois en la liberté des marchés comme source d'inspiration et de liberté pour tous, non comme architecte de la décadence d'une petite élite. Les pays les plus riches du monde – l'Amérique du Nord, l'Europe, certaines parties de l'Asie – ont énormément bénéficié de l'énergie créatrice, de l'efficacité et du dynamisme que produit le marché. J'ai consacré ma vie à apporter ces mêmes bénéfices aux populations les plus négligées : les pauvres parmi les pauvres, ceux auxquels les économistes et les hommes d'affaires ne pensent pas lorsqu'ils évoquent le jeu du marché. Mon expérience m'a montré que, par sa puissance et son efficacité, le libre marché pourrait répondre à des problèmes comme la pauvreté et la dégradation de l'environnement. Mais il en sera incapable s'il doit être mis exclusivement et sans relâche au service des objectifs financiers de ses participants les plus riches.

La réponse passe-t-elle par l'action gouvernementale ?

De nombreuses personnes pensent que si la liberté des marchés ne peut résoudre les problèmes sociaux, les gouvernements en ont le pouvoir. Alors que les entreprises ont vocation à répondre aux intérêts individuels, le gouvernement est supposé représenter les intérêts de la société dans son ensemble. Il semble donc logique de croire que le traitement des problèmes collectifs relève du champ de l'action gouvernementale.

Le gouvernement peut contribuer à créer le genre de monde dans lequel nous souhaitons tous vivre. Certaines fonctions sociales ne sauraient être assumées par des individus ou des organisations privées : la défense nationale, la régulation de l'offre de monnaie et de l'activité bancaire par la banque centrale, un système d'éducation publique, un système de santé destiné à fournir des soins médicaux accessibles à tous et à limiter les effets des épidémies. Il est tout aussi important que le gouvernement établisse et fasse respecter les règles encadrant le fonctionnement du capitalisme – le code de la route que j'ai évoqué précédemment. Dans l'économie mondiale, les règles encadrant la mondialisation et régulant son fonctionnement sont encore objet de débat. On attend toujours l'émergence d'un véritable régime de régulation économique internationale. Mais aux niveaux locaux et nationaux, de nombreux gouvernements travaillent à la régulation des marchés. C'est particulièrement vrai dans le monde industrialisé, où le capitalisme a une longue histoire et où les gouvernements démocratiques ont progressivement mis en place de justes systèmes de régulation.

Les codes de la route des libres marchés prévoient le contrôle des produits alimentaires et des médicaments. Ils prohibent les fraudes réalisées aux dépens des consommateurs, la commercialisation de produits dangereux ou défectueux, la publicité mensongère. Ils condamnent les violations de contrats et la pollution de l'environnement. Ces codes de bonne conduite créent et régulent par ailleurs le cadre informationnel dans lequel sont conduites les affaires : les opérations boursières, les informations financières publiées par les sociétés, les normes comptables et les audits. Ces règles sont destinées à garantir que toutes les entreprises agissent sur le même terrain de jeu.

Les codes de la route des affaires ne sont pas parfaits, et ils ne sont pas toujours correctement appliqués. Certaines entreprises persistent à tromper leurs clients, nuire à l'environnement ou arnaquer leurs investisseurs. Ces problèmes se posent de façon particulièrement grave dans le monde en développement, où les gouvernements se révèlent souvent faibles ou corrompus. Dans les pays développés, les gouvernements assument généralement leurs fonctions de régulation de manière relativement satisfaisante, bien que les gouvernements conservateurs qui se sont succédé depuis les années 1980 aient saisi toutes les occasions de saper ce cadre réglementaire.

Même un excellent régime de régulation publique de l'activité des entreprises ne suffit pas à assurer que les problèmes sociaux seront traités, encore moins résolus. Il peut encadrer la pratique des affaires, mais il ne concerne pas les domaines que les entreprises négligent. Les entreprises ne peuvent être chargées de régler ce type de problème ; elles ont besoin d'incitations pour agir de la sorte. Sur l'autoroute de l'économie mondiale, les règles de circulation peuvent faire une place aux petites voitures, aux camions, voire aux pousse-pousse. Mais que dire des millions de personnes qui ne possèdent même pas un modeste véhicule ? Des millions de femmes et d'enfants dont les besoins vitaux ne sont pas assurés ? Comment autoriser la moitié la plus fragile de la population du globe à rejoindre le courant principal de l'économie mondiale et à acquérir la capacité de participer aux libres marchés ? Les feux rouges et la police de la circulation ne permettent pas que cela se produise.

Les gouvernements ont longtemps essayé de répondre à ces problèmes. À la fin du Moyen Âge, l'Angleterre avait adopté des lois pour les pauvres afin d'aider ceux qui, sans elles, seraient morts de faim. Les gouvernements modernes mettent en œuvre des programmes sociaux qui s'emploient à soulager la pauvreté en faisant travailler des médecins, des infirmières, des professeurs, des scientifiques, des travailleurs sociaux et des chercheurs.

Dans certains pays, les organismes gouvernementaux ont progressé dans la bataille contre la pauvreté, la maladie et autres plaies sociales. Il en va ainsi de la surpopulation au Bangladesh qui, avec 145 millions d'habitants sur un territoire de la taille du Wisconsin, est l'un des pays les plus densément peuplés du monde. Si l'on plaçait la totalité de la population mondiale sur le territoire des États-Unis, la densité de population qui en résulterait serait un peu moindre que celle qui existe aujourd'hui au Bangladesh ! Le Bangladesh a réussi à faire diminuer la pression démographique. Au cours des trois dernières décennies, le nombre moyen d'enfants par femme a chuté de 6,3 en 1975 à 3,3 en 1999, et la baisse continue. Cette remarquable amélioration est largement due aux efforts gouvernementaux, en matière notamment de mise à disposition de moyens de contraception, d'informations et de services médicaux dans l'ensemble du pays. Les efforts consentis en faveur du développement et de la réduction de la pauvreté par les organisations non gouvernementales (ONG) comme par la Grameen Bank ont également joué un rôle important.

Les gouvernements peuvent faire tant de choses pour répondre aux problèmes sociaux. Ils sont puissants ; ils ont accès à pratiquement toutes les parties de la société ; ils peuvent mobiliser d'immenses ressources financières en prélevant des impôts. Même les gouvernements des pays pauvres, où les recettes fiscales sont modestes, ont accès à des financements internationaux sous forme d'aides et de prêts à faible taux d'intérêt. C'est pourquoi il est tentant de confier aux gouvernements le soin de traiter les problèmes sociaux.

Mais si une telle approche était efficace, ces problèmes seraient réglés depuis longtemps. Leur persistance montre clairement que les gouvernements ne peuvent à eux seuls apporter de réponse.

Il y a à cela nombre de raisons. La première est que les gouvernements peuvent être inefficaces, lents, sensibles à la corruption, bureaucratiques, désireux de se perpétuer. Ce sont là les effets secondaires des avantages qu'ils présentent : leur taille importante, leur pouvoir, la portée de leur action les rendent aussi difficiles à manier qu'attractifs pour ceux qui veulent les utiliser dans leur propre intérêt.

Les gouvernements se révèlent souvent meilleurs lorsqu'il s'agit de créer des choses que lorsqu'il convient de les supprimer parce qu'elles ne sont plus nécessaires ou qu'elles sont devenues un fardeau. La mise en place d'une institution se traduit par la création de droits acquis, notamment de postes de travail. C'est ainsi qu'au Bangladesh, les travailleurs dont l'unique tâche consistait à remonter les pendules des administrateurs du gouvernement ont conservé leur poste et leur salaire plusieurs années après la substitution de pendules électriques aux horloges mécaniques.

Des considérations politiques peuvent entraver l'action du gouvernement. Bien sûr, « politique » peut signifier « responsabilité ». Que des groupes d'individus demandent au gouvernement de servir leurs intérêts et qu'ils fassent pression sur leurs représentants à cette fin est un trait essentiel de la démocratie.

Ces aspects du fonctionnement des gouvernements peuvent parfois expliquer que les intérêts d'un ou de plusieurs groupes puissants prennent le pas sur le progrès social. Considérons par exemple le système de santé illogique et inefficace des États-Unis, système qui laisse des dizaines de millions de personnes sans couverture maladie. En raison des pressions exercées par les compagnies d'assurances et les entreprises pharmaceutiques, la réforme de ce système a été jusqu'ici impossible.

Les faiblesses inhérentes au fonctionnement des gouvernements contribuent à expliquer pourquoi les économies du bloc soviétique ont fini par s'effondrer. Elles expliquent aussi pourquoi l'on trouve tout autour du monde des personnes que les solutions apportées par les États aux problèmes sociaux ne satisfont pas.

Les gouvernements doivent contribuer au traitement de nos pires problèmes, mais ils ne peuvent à eux seuls les résoudre.

La contribution des organisations à but non lucratif

Déçus par les gouvernements, nombre de ceux qui s'intéressent aux problèmes du monde ont créé des organisations à but non lucratif. Celles-ci peuvent prendre des formes variées et des noms divers : *not-for-profits*, organisations non gouvernementales, organisations de charité, sociétés bénévoles, fondations philanthropiques, etc.

La charité s'enracine dans l'intérêt que les êtres humains portent à leurs semblables. Chaque grande religion demande à ses fidèles de donner aux nécessiteux. Les organisations à but non lucratif aident les personnes désespérées, particulièrement dans les périodes d'urgence. L'assistance généreusement offerte par les habitants du pays comme par des donateurs du monde entier a sauvé des dizaines de milliers de vies au Bangladesh après les inondations et les raz de marée.

Le seul recours aux organisations à but non lucratif s'est avéré être une réponse inadéquate aux problèmes sociaux. La persistance et l'aggravation de la pauvreté dans le monde, les maladies endémiques, les sans-abri, la famine et la pollution montrent assez clairement que la charité ne suffit pas. La charité a elle aussi une fragilité constitutive : elle compte sur un flot soutenu de dons provenant de personnes généreuses, d'organisations diverses, ou d'organismes gouvernementaux. Quand les fonds recueillis sont insuffisants, les actions positives tournent court. Et comme vous le diront presque tous les directeurs d'organisations à but non lucratif, il n'y aura jamais assez d'argent pour répondre à tous les besoins. Même lorsqu'une économie est prospère et que les porte-monnaie des gens sont pleins, la fraction de leur revenu qu'ils donneront aux organisations charitables est limitée. Et dans les périodes difficiles, alors que les besoins des déshérités sont les plus importants, les dons ralentissent. La charité est une forme d'économie de transfert du haut vers le bas : si ce mouvement s'arrête, l'aide aux nécessiteux fera de même.

Compter sur les dons crée d'autres problèmes. Dans les pays où les besoins sociaux sont les plus importants – le Bangladesh, d'autres pays d'Asie du Sud, de grandes parties de l'Amérique latine et de l'Afrique subsaharienne –, les ressources disponibles pour les actions charitables sont généralement très réduites. Et il est souvent très difficile de trouver dans les pays les plus riches des donateurs attachés à apporter continûment leur aide à des pays lointains, dans lesquels ils ne sont peut-être jamais allés, afin de soutenir des populations qu'ils ne connaîtront jamais. C'est compréhensible, mais cela ne permet pas de traiter les problèmes sociaux que connaissent ces pays.

Ces problèmes deviennent plus aigus en temps de crise, quand des désastres naturels frappent, quand la guerre bouleverse la vie des populations et provoque de multiples souffrances, quand une épidémie se répand, ou quand une catastrophe écologique rend des contrées entières invivables. La demande de charité dépasse alors rapidement l'offre. Et de nos jours, l'afflux d'informations en provenance du monde entier sollicite plus que jamais notre attention. Les désastres que nous montre la télévision absorbent la part du lion des dons faits aux organisations caritatives, alors que des calamités moins médiatisées mais également destructrices sont ignorées. Finalement, la « lassitude compassionnelle » s'installe, et les gens cessent tout simplement de donner.

On peut conclure de tout cela qu'il existe une limite intrinsèque à la portée et à l'efficacité des organisations à but non lucratif. La nécessité de lever constamment des fonds consume le temps et l'énergie des dirigeants de ces organisations, alors même qu'ils devraient planifier la croissance et l'expansion de leurs programmes. Qu'elles ne marquent guère de points dans leurs batailles contre les problèmes sociaux n'est pas étonnant.

En dépit de tout le bon travail réalisé par les organisations à but non lucratif, les ONG et les fondations, on ne peut s'attendre à ce qu'elles soignent les maladies sociales du monde. La nature même de ces organisations rend cela littéralement impossible.

*Les institutions multilatérales –
L'élite du développement*

Il existe une autre catégorie d'organisations connues sous le nom d'*institutions multilatérales*. Elles sont soutenues et financées par les gouvernements. Leur mission consiste à éradiquer la pauvreté en favorisant le développement économique dans les pays et régions tardant à rattraper les nations prospères de l'hémisphère Nord. Parmi les institutions multilatérales, la

Banque mondiale mène la danse. Elle dispose d'une institution chargée des opérations avec le secteur privé : l'« International Finance Corporation ». Il existe également quatre banques régionales de développement qui suivent étroitement les orientations déterminées par la Banque mondiale.

Les institutions multilatérales ne sont malheureusement pas parvenues à atteindre les objectifs sociaux dont elles ont fait leur profession de foi. Comme les gouvernements, elles sont bureaucratiques, conservatrices, lentes et ne s'intéressent souvent qu'à leur propre conservation. Comme les organisations à but non lucratif, elles souffrent d'un manque de fonds chronique, il est difficile de compter sur elles, et les politiques qu'elles conduisent sont incohérentes. Par conséquent, les centaines de milliards de dollars qu'elles ont investis au cours des décennies écoulées ont produit peu d'effets au regard de l'ampleur des problèmes à traiter.

Les institutions multilatérales comme la Banque mondiale font de l'éradication de la pauvreté leur but ultime. Mais elles poursuivent cet objectif en se concentrant exclusivement sur la recherche de la croissance économique. Cela signifie que tant que le produit intérieur brut (PIB) croît dans un pays ou dans une région, la Banque mondiale a l'impression qu'elle accomplit sa mission. Cette croissance peut être atrocement lente ; elle peut n'avoir aucun impact positif sur les pauvres ; elle peut même se faire aux dépens des pauvres – mais rien de cela ne convaincra la Banque mondiale d'infléchir ses politiques.

La croissance économique est sans nul doute essentielle pour lutter contre la pauvreté. Mais croire qu'elle est l'unique moyen de l'éradiquer conduit les responsables publics sur un chemin théorique conventionnel

– comme s'il suffisait de construire des infrastructures pour développer l'industrialisation et la mécanisation.

De sérieuses inquiétudes sur les risques que présente l'approche retenue par la Banque mondiale nourrissent un débat sur le type de croissance économique que nous devrions poursuivre. « La croissance pour les pauvres » et « la croissance antipauvres » sont souvent traitées comme des options distinctes. Mes préoccupations sont différentes. Même si les responsables des politiques publiques font corps avec l'objectif de « croissance pour les pauvres », la fin de leur action ne saurait se trouver là. Ces responsables cherchent évidemment à générer une dynamique économique susceptible d'entraîner les pauvres. Mais, dans cette conception, les pauvres sont considérés comme des objets. En raison de leur état d'esprit, les responsables des politiques publiques passent à côté de l'extraordinaire potentiel que recèlent les pauvres, en particulier les femmes pauvres et les enfants issus de familles pauvres. Ils ne peuvent pas voir que les pauvres sont des acteurs autonomes. Ils se préoccupent de la santé, de l'éducation, des emplois des pauvres. Ils sont incapables de comprendre que les pauvres peuvent être des entrepreneurs et peuvent devenir des créateurs d'emplois.

Dans leur quête de la croissance économique, les responsables publics cherchent par ailleurs à dynamiser des institutions bien établies. Il ne leur vient jamais à l'esprit que ces institutions peuvent contribuer à créer ou à entretenir la pauvreté. On ne saurait confier aux institutions et aux politiques qui créent la pauvreté la mission de l'éliminer. Il faut à l'opposé fonder de nouvelles institutions conçues pour répondre aux problèmes des pauvres.

Une autre difficulté vient du canal utilisé par les donateurs pour sélectionner les projets et les mettre en œuvre.

Qu'ils soient bilatéraux ou multilatéraux, les donateurs ont presque exclusivement recours à la machine gouvernementale. Pour exercer un impact réel, ils devraient s'ouvrir à toutes les fractions de la société et être prêts à utiliser les capacités de création qui se trouvent hors du gouvernement. Je suis certain que, si les donateurs commençaient à regarder au-delà du gouvernement, ils découvriraient de nombreuses et excitantes possibilités d'innovation. Ils pourraient commencer avec de petits projets et les laisser grandir si les résultats obtenus étaient positifs.

Au fil des ans, j'ai observé la différence de méthode qui sépare la Banque mondiale de la Grameen Bank. Nous avons en théorie la même activité : aider les individus à sortir de la pauvreté. Mais les voies que nous empruntons pour poursuivre cet objectif sont très différentes.

À la Grameen Bank, nous avons toujours pensé que si un emprunteur avait des problèmes et ne parvenait pas à rembourser son emprunt, il était de notre responsabilité de l'aider. Si nous avons un problème avec notre emprunteur, nous nous disons qu'il a raison, que nous avons dû commettre une erreur dans la définition de nos politiques ou dans leur mise en œuvre. Aussi faisons-nous machine arrière et réglons-nous le problème. Nous avons adopté des règles très souples, ce qui nous permet de les adapter aux particularités de l'emprunteur.

Nous encourageons également nos emprunteurs à déterminer eux-mêmes l'usage qu'ils feront des sommes empruntées. Si un emprunteur demande à un membre de l'équipe Grameen de lui suggérer une idée d'activité qui pourrait lui convenir, l'employé est préparé à lui répondre de la manière suivante : « Je suis désolé, mais je ne suis pas assez malin pour vous donner une idée d'activité. Grameen a beaucoup d'argent, mais n'a pas d'idée d'activité à créer. C'est pourquoi Grameen vient vers vous. Vous avez une idée, nous avons de l'argent. Si Grameen avait de bonnes idées d'activité, elle utiliserait elle-même l'argent qu'elle vous confie afin d'en gagner davantage. »

Nous voulons que nos emprunteurs se sentent importants. Quand un emprunteur tente d'esquiver une offre de prêt en prétextant qu'il n'a pas d'expérience des affaires et ne veut pas prendre cet argent, nous cherchons à le convaincre qu'il peut avoir une idée d'activité économique à créer. Cela sera sa toute première affaire ? Ce n'est pas un problème. Tout commence quelque part.

Le fonctionnement de la Banque mondiale est très différent. Si vous êtes suffisamment chanceux pour qu'elle vous accorde un financement, vous obtiendrez de l'argent. Mais son personnel vous proposera aussi des idées, une expertise, des formations, des plans, des principes et des procédures. Votre travail consiste à suivre les lignes jaunes, les lignes vertes, les lignes rouges – à lire les instructions correspondant à chaque étape et à les suivre précisément. En dépit de la surveillance exercée par la Banque, les projets ne fonctionnement pas toujours comme c'était prévu. Et quand un projet échoue, c'est le pays bénéficiaire qui est généralement blâmé et qui doit supporter les conséquences de cet échec.

Il existe également de grandes différences dans les systèmes d'incitations utilisés par ces deux organisations. La Grameen Bank a mis au point un système d'évaluation comprenant cinq étoiles ainsi qu'un mécanisme d'incitations pour son personnel et ses succursales. Si un membre du personnel obtient un taux de remboursement de 100 % pour la totalité de ses emprunteurs (un employé de la Grameen Bank a généralement la charge de six cents emprunteurs), il reçoit une étoile verte. Si son travail crée du profit, il obtient une autre étoile, bleue cette fois-ci. Si le total des dépôts qu'il mobilise est supérieur au montant de ses encours de crédit, il gagne une étoile de couleur violette. S'il s'assure que tous les enfants de tous ses emprunteurs vont à l'école, une étoile marron lui est décernée. Enfin, si tous ses emprunteurs sortent de la pauvreté, il recevra une étoile rouge. Les membres du personnel peuvent porter leurs étoiles sur leur poitrine. Ils sont extrêmement fiers de leurs succès.

À l'opposé, l'évaluation des membres du personnel de la Banque est fonction du montant des prêts qu'ils ont négociés, non de l'impact de leur travail. Notre système de récompense ne prend même pas en compte le montant des prêts consentis par un membre du personnel.

Des campagnes ont été menées en faveur de la fermeture de la Banque mondiale et du Fonds monétaire international (FMI). J'y ai toujours été opposé. Ce sont des institutions importantes créées pour servir de très bonnes causes. Plutôt que de les fermer, il faudrait les moderniser de fond en comble. Le monde a tant changé depuis leur création qu'il est urgent de les réformer. Il est évident que leur architecture actuelle ainsi que leurs méthodes de travail ne sont plus adaptées à leurs missions. Si on me demandait mon avis sur ce sujet, j'insisterais sur les points suivants :

— Une Banque mondiale rénovée devrait être ouverte aux gouvernements comme aux investisseurs privés. Les investissements privés devraient suivre le modèle d'économie sociale que je vais décrire.

— Elle devrait travailler avec les gouvernements,

les ONG et les organisations d'un genre nouveau dont je propose la création dans ce livre : le social-business.

— En lieu et place de l'« International Finance Corporation », la Banque mondiale devrait créer une nouvelle institution chargée des opérations avec le secteur privé, institution qui utiliserait l'approche du social-business.

— Le président de la Banque mondiale devrait être choisi par un comité de sélection qui examinerait les candidatures de personnalités qualifiées venant du monde entier.

— La Banque mondiale devrait agir au travers de succursales nationales semi-autonomes disposant de leur propre comité consultatif plutôt qu'au moyen de bureaux nationaux dépourvus de pouvoir.

— L'évaluation du personnel devrait reposer sur la qualité de son travail et sur l'impact de celui-ci, non sur le volume de prêts négociés. Si un projet échoue ou si ses résultats sont décevants, le membre du personnel qui l'a conçu et mis en œuvre devrait être tenu pour responsable.

— La Banque mondiale devrait évaluer chaque année tous les projets qu'elle finance sur la base de leurs résultats en matière de réduction de la pauvreté. Chaque bureau national devrait être évalué de la même manière.

La responsabilité sociale des entreprises

L'appel à la responsabilité sociale des entreprises a constitué une autre forme de réponse à la persistance de la pauvreté mondiale et d'autres maux sociaux. Les ONG, les activistes sociaux et les politiciens ont fait pression sur les entreprises afin de les inciter à modifier leurs pratiques en matière d'emploi, d'environnement, de qualité des produits, de tarification et de commerce équitable.

Beaucoup d'entreprises ont réagi positivement. Il n'y a pas si longtemps, de nombreux dirigeants géraient leur entreprise sans se préoccuper de l'opinion publique. Leurs sociétés exploitaient les travailleurs, polluaient l'environnement, trafiquaient leurs produits et fraudaient, tout cela au nom du profit. Dans la plupart des pays développés, cette époque est révolue. La régulation gouvernementale est l'une des causes de cette évolution ; le mouvement pour la responsabilité sociale des entreprises en est une autre.

Des millions de personnes sont à présent mieux informées que jamais sur les bonnes et les mauvaises pratiques des entreprises. Les journaux, les magazines, la télévision, la radio et Internet mènent l'enquête et attirent l'attention sur leurs méfaits. Beaucoup de clients s'abstiendront d'acheter les produits d'une entreprise dont l'activité nuit à la collectivité. Par conséquent, la plupart des entreprises désirent passionnément acquérir une image positive. Et cela a donné une forte impulsion aux entreprises socialement responsables.

On peut distinguer deux catégories d'entreprises socialement responsables. La première catégorie regroupe des « entreprises socialement responsables faibles » dont le credo est : « Ne pas nuire aux personnes ou à la planète (sauf si cela signifie perdre du profit). » Les sociétés qui pratiquent la responsabilité sociale dans sa forme faible sont censées éviter de commercialiser des produits défectueux, de rejeter des déchets dans la nature, ou de corrompre les responsables publics.

La seconde catégorie comprend les « entreprises socialement responsables fortes ». Elles s'attachent à

« faire du bien aux individus et à la planète (aussi longtemps que nous pourrons le faire sans renoncer au profit) ». Les entreprises qui pratiquent la responsabilité sociale dans sa forme forte cherchent activement des débouchés pour exercer une influence positive tout en se livrant à leur activité principale. Elles travaillent par exemple au développement de productions et de pratiques écologiques, procurent à leurs employés des opportunités éducatives et des services de santé, soutiennent les initiatives destinées à améliorer la transparence et l'impartialité de la régulation publique de l'activité économique.

La responsabilité sociale est-elle une force susceptible d'inciter les dirigeants d'entreprise à modifier positivement leurs pratiques ? Serait-ce le mécanisme que nous cherchons, l'instrument qui permettrait de régler certains des problèmes dont souffre la société ?

Malheureusement, la réponse est non. Il y a plusieurs raisons à cela.

Le concept d'entreprise socialement responsable est fondé sur de bonnes intentions. Mais quelques dirigeants d'entreprise l'utilisent indûment afin de permettre à leur société de réaliser égoïstement des bénéfices. Leur philosophie semble être la suivante : gagnons autant d'argent que nous le pouvons, même s'il nous faut pour cela exploiter les pauvres – et donnons ensuite une infime partie de nos profits pour des causes sociales ou créons une fondation à travers laquelle nous pourrons promouvoir l'intérêt de l'entreprise. Et n'oublions pas d'attirer l'attention sur notre générosité !

Pour des entreprises comme celle-ci, la responsabilité sociale ne sera jamais qu'une vitrine. Dans certains cas, l'entreprise qui consacre un cent à son activité socialement responsable dépensera 99 cents pour financer des projets lucratifs qui contribueront à aggraver les problèmes sociaux. Ce n'est pas une solution pour créer une société meilleure !

Un petit nombre d'entreprises ont à leur tête des dirigeants sincèrement soucieux du changement social. À mesure qu'une nouvelle génération de gestionnaires gravit les échelons hiérarchiques, le nombre de ces entreprises augmente. Les jeunes cadres d'aujourd'hui ont été élevés avec la télévision et Internet ; ils sont davantage conscients des problèmes sociaux et se montrent plus sensibles aux enjeux globaux que n'importe quelle génération précédente. Ils se préoccupent de problèmes tels que le changement climatique, le travail des enfants, l'explosion du Sida, les droits des femmes – et la pauvreté dans le monde. Lorsque ces jeunes gens deviendront vice-présidents, présidents, enfin P-DG d'une entreprise, ils entreront dans la salle du conseil d'administration avec ces préoccupations en tête. Ces nouveaux dirigeants essaient de placer la responsabilité sociale au cœur de la philosophie de l'entreprise.

C'est un effort bien intentionné. Mais il se heurte à un problème fondamental. Les dirigeants sont responsables devant les propriétaires de l'entreprise qu'ils gèrent, qu'il s'agisse de propriétaires privés ou d'actionnaires investissant en bourse. Les propriétaires des entreprises n'ont qu'un objectif : voir augmenter la valorisation de leur investissement. Par conséquent, les dirigeants qui leur rendent compte doivent s'efforcer d'obtenir un résultat : accroître la valeur de l'entreprise. Et le seul moyen d'atteindre cet objectif est de faire progresser les profits de la société. La maximisation du profit constitue leur obligation légale à l'égard de leurs actionnaires, sauf si ces derniers leur ont donné un mandat différent.

Les entreprises qui affichent une responsabilité sociale le font sous cette condition, explicite ou implicite. En réalité, elles sont prêtes à exercer leur responsabilité sociale aussi longtemps que cela ne les empêche pas de réaliser le profit le plus important possible. Certains partisans de la responsabilité sociale des entreprises affirment que la recherche du profit et l'exercice d'une responsabilité sociale ne sont pas nécessairement incompatibles. C'est parfois vrai. Occasionnellement, par un heureux hasard, les besoins de la société et les opportunités de dégager des profits élevés peuvent coïncider.

Mais que se passe-t-il lorsque profit et responsabilité sociale de l'entreprise ne peuvent aller de pair ? Que faire lorsque les exigences de la bourse et les objectifs sociaux de longue période entrent en conflit ? Que décidera l'entreprise ? L'expérience montre que la recherche du profit l'emporte toujours. Parce que les dirigeants d'une entreprise sont responsables devant ses propriétaires ou ses actionnaires, ils *doivent* donner la priorité au profit. S'ils acceptaient de limiter les profits afin de contribuer au bien-être social, les propriétaires s'estimeraient à juste titre trompés et considéreraient la responsabilité sociale de l'entreprise comme une *irresponsabilité* financière.

Par conséquent, bien que les défenseurs des entreprises socialement responsables aiment à évoquer le « triple résultat » (financier, social et environnemental) sur la base duquel les entreprises devraient être jugées, seul compte le profit financier.

Depuis le début des années 1990, les constructeurs automobiles américains produisent des 4 × 4 agrandis dont la fabrication exige d'énormes ressources, qui consomment des quantités de carburant monumentales et qui provoquent une pollution épouvantable. Mais ces véhicules sont très appréciés et très rentables, ce qui explique que les fabricants continuent de les produire et de les vendre par millions. Les 4 × 4 sont mauvais pour la société, pour l'environnement, et pour le monde. Mais le principal objectif des grands constructeurs automobiles est de faire des profits ; ils continuent donc d'agir de manière socialement irresponsable.

Ces exemples illustrent le problème fondamental que pose la responsabilité sociale des entreprises. Par nature, les entreprises ne sont pas outillées pour traiter des problèmes sociaux. Ce n'est pas parce que les cadres de l'entreprise sont égoïstes, avides ou mauvais. Le problème réside dans la nature même de l'entreprise. Plus profondément encore, il se trouve dans la conception de l'activité économique qui est au centre du capitalisme.

Le capitalisme est une structure à moitié développée

Le capitalisme a une vue étroite de la nature humaine : il suppose que les hommes sont des êtres unidimensionnels qui recherchent exclusivement la maximisation du profit. Tel qu'il est généralement entendu, le concept de libre marché est basé sur cet être unidimensionnel.

Le courant principal de la théorie du libre marché pose comme hypothèse que nous participons à la société et au monde de la meilleure manière possible si nous cherchons à maximiser notre utilité. Quand ceux qui croient en cette théorie apprennent de tristes nouvelles par le biais de la télévision, ils devraient commencer à se demander si la recherche du profit constitue une panacée ; mais ils chassent généralement leurs doutes en qualifiant tous les dysfonctionnements que connaît le monde de « défaillances du marché ». Ils ont entraîné leurs esprits à croire que le bon fonctionnement du marché ne peut tout simplement pas produire de résultats désagréables.

Je ne pense pas que les choses aillent mal en raison de « défaillances du marché ». Le problème est beaucoup plus profond que cela. La théorie du libre marché souffre d'une « défaillance de conceptualisation », d'une incapacité à saisir l'essence même de l'humain.

Dans la théorie classique de l'entreprise, un être unidimensionnel joue le rôle du chef d'entreprise, celui qu'on appelle entrepreneur. Il a été isolé du reste de la vie – la religion, les émotions, le politique et le social. Il ne connaît qu'une mission : maximiser le profit. Il est soutenu par un autre être humain unidimensionnel qui investit de l'argent dans son entreprise. Pour citer Oscar Wilde, ils connaissent le prix de toute chose mais la valeur de rien.

Notre théorie économique a créé un monde unidimensionnel peuplé par ceux qui se consacrent au jeu de la concurrence et pour qui la victoire ne se mesure qu'à l'aune du profit. Et comme cette théorie nous a convaincus que la recherche du profit constituait le meilleur moyen d'apporter le bonheur à l'espèce humaine, nous imitons avec enthousiasme la théorie en nous efforçant de nous transformer en êtres unidimensionnels.

Et le monde d'aujourd'hui est si fasciné par le succès du capitalisme qu'il n'ose pas mettre en doute le système sous-jacent à la théorie économique.

La réalité est néanmoins très différente de la théorie. Les individus ne sont pas des entités unidimensionnelles ; ils sont passionnément multidimensionnels. Leurs émotions, leurs croyances, leurs priorités, les motifs de leur comportement peuvent être comparés aux millions de nuances que sont susceptibles de produire les trois couleurs primaires. Même les capitalistes les plus célèbres ont en partage une grande variété d'intérêts et de motivations. D'Andrew Carnegie à Bill Gates en passant par les Rockefeller, nombre de grands magnats ont fini par se détourner de la recherche du profit pour se concentrer sur des objectifs supérieurs.

Les multiples facettes de nos personnalités indiquent que toutes les entreprises ne devraient pas se consacrer au seul objectif de maximisation du profit.

Et c'est ici que le concept de social-business fait son entrée.

2.

Ce qu'est le social-business et ce qu'il n'est pas

Pour achever de présenter le capitalisme, nous devons introduire un autre type d'activité économique qui prend en compte le caractère multidimensionnel de la nature humaine. Alors que les entreprises traditionnelles ont pour objectif la maximisation du profit, celles dont nous proposons la création se consacreraient au social-business. Les entrepreneurs fonderaient des social-business non pour réaliser des gains privés, mais afin de poursuivre des objectifs sociaux spécifiques.

Pour les intégristes du libre marché, ma proposition peut paraître blasphématoire. L'idée d'une entreprise dotée d'objectifs autres que la recherche du profit n'a pas de place dans leur théologie du capitalisme. Mais la liberté des marchés ne serait pas menacée si toutes les entreprises ne cherchaient pas à maximiser le profit. Le capitalisme peut certainement être amélioré. Et les enjeux sont trop importants pour que nous ne nous interrogions pas. En posant que les entreprises doivent nécessairement rechercher un profit maximal, nous avons créé un monde qui ignore le caractère multidimensionnel de la nature humaine. L'activité économique demeure par conséquent incapable de répondre aux problèmes sociaux les plus pressants.

Nous avons besoin de reconnaître la réalité de l'être humain et de ses multiples désirs. À cette fin, il nous faut créer un nouveau type d'activité économique visant des buts autres que la maximisation du profit – une activité économique totalement dédiée à la résolution des problèmes sociaux et environnementaux.

Ces nouvelles entreprises ressemblent par bien des traits à celles que nous connaissons. Mais elles s'en distinguent par leurs objectifs. Comme toutes les entreprises, un social-business emploie des travailleurs, produit des biens et des services, et les propose à ses clients à un prix cohérent avec son objectif. Mais son but ultime – et le critère au moyen duquel l'entreprise sera évaluée – est de créer des bénéfices sociaux pour ceux qui se trouvent à son contact. L'entreprise elle-même peut réaliser des profits, mais les investisseurs qui la soutiennent ne retirent aucun bénéfice de son activité : ils ne font que récupérer leur mise initiale après un certain laps de temps. Un social-business est une entreprise orientée vers une cause davantage que vers le profit ; elle a de la sorte la possibilité d'agir comme un vecteur de changement.

Un social-business n'est pas une organisation charitable. C'est une entreprise au plein sens du terme. Elle doit couvrir l'ensemble de ses coûts tout en atteignant son objectif social. Quand vous gérez une entreprise, votre mode de pensée et de travail diffère de ce qu'il serait si vous étiez à la tête d'une organisation charitable. Qu'un social-business soit d'abord une entreprise est ce qui permet de le définir et de qualifier son impact sur la collectivité.

Dans le monde contemporain, de nombreuses organisations se concentrent sur la création de bénéfices sociaux. La majorité ne couvrent pas l'ensemble de leurs coûts. Pour mettre en œuvre leurs programmes, les organisations sans but lucratif et les ONG comptent sur les dons caritatifs, les subventions allouées par des fondations, les soutiens accordés par les gouvernements. La plupart de leurs dirigeants se consacrent pleinement à un travail digne d'éloges. Mais comme ils ne couvrent pas les coûts liés à leurs opérations, ils sont obligés de mobiliser une partie parfois très importante de leur temps et de leur énergie pour lever des fonds.

Un social-business est différent. Fonctionnant conformément aux principes de gestion qui ont cours dans une entreprise classique, un social-business vise à couvrir au moins l'ensemble de ses coûts, même s'il crée des biens et des services procurant des avantages sociaux. Il poursuit son objectif en facturant un prix ou un honoraire pour ses produits ou ses services.

Comment les produits et les services vendus par un social-business peuvent-ils procurer des avantages sociaux ? Les manières de procéder sont innombrables. En voici quelques exemples :

— un social-business qui fabrique et vend des produits alimentaires de grande qualité destinés au marché très particulier des enfants pauvres et sous-alimentés. Ces produits peuvent être relativement peu chers car ils ne sont pas en concurrence avec les produits alimentaires de luxe dont la commercialisation exige des emballages coûteux et d'importantes dépenses publicitaires, mais aussi parce que la société qui les vend n'a pas à maximiser son profit ;
— un social-business qui conçoit et commercialise des polices d'assurance maladie permettant aux pauvres d'accéder à des soins médicaux abordables ;
— un social-business qui développe des systèmes

de production d'énergie renouvelable et les vend à un prix raisonnable aux communautés rurales qui, autrement, ne pourraient financer leur accès à l'énergie ;

— un social-business recyclant les ordures, eaux usées et autres déchets qui, sans cela, pollueraient les zones pauvres ou dépourvues d'un pouvoir politique suffisamment fort pour s'y opposer.

Dans chacun de ces cas, et dans la plupart des autres formes de social-business que l'on peut imaginer, l'entreprise offre des biens ou des services qui génèrent un chiffre d'affaires, même s'ils bénéficient aux pauvres ou à la société dans son ensemble.

Un projet conduit dans un objectif social qui facturerait un prix ou des honoraires pour ses produits ou ses services, mais ne serait pas capable de couvrir complètement ses coûts, ne saurait être qualifié de social-business. Tant qu'elle doit compter sur les subventions ou les dons pour combler ses pertes, une telle organisation relève du secteur caritatif. Mais dès qu'un projet de cette nature parvient à couvrir ses coûts de façon pérenne, il accède à un autre monde : celui des entreprises. Ce n'est qu'alors qu'il deviendra un social-business.

Le moment où une activité à vocation sociale commence à couvrir ses coûts mérite d'être fêté. Une fois qu'un projet social réussit à vaincre la force gravitationnelle de la dépendance financière, il est prêt pour le vol dans l'espace. Un tel projet est autonome et recèle un potentiel de croissance et de développement presque illimité. Et pendant qu'un social-business croît, les bénéfices qu'il apporte à la société croissent également.

Un social-business est conçu et fonctionne comme une entreprise classique : il a des produits, des services, des clients, des marchés, des charges et des recettes.

Mais le principe de maximisation du profit est remplacé par celui de bénéfice social. Plutôt que de chercher à amasser le profit financier le plus élevé possible afin de satisfaire ses investisseurs, le social-business cherche à atteindre un objectif social.

Les profits du social-business restent au sein de l'entreprise

Un social-business diffère d'un organisme caritatif, d'une ONG ou d'une organisation à but non lucratif d'une autre façon importante. Contrairement à ces organisations, mais comme une entreprise maximisant son profit, un social-business a des propriétaires qui ont le droit de récupérer leur investissement. Il peut être détenu par une ou plusieurs personnes, par une société personnelle ou par une société en nom collectif, ou par un ou plusieurs investisseurs qui mettent en commun leurs moyens financiers pour fonder un social-business et engagent des gestionnaires professionnels pour s'en occuper. Il peut aussi appartenir au gouvernement ou à une organisation caritative, ou encore à une combinaison d'investisseurs de différents types.

Comme n'importe quelle entreprise, un social-business ne peut pas subir de pertes indéfiniment. Mais le profit qu'il réalise ne revient pas aux investisseurs. Un social-business peut ainsi être défini comme une entreprise qui ne réalise pas de perte et ne distribue pas de dividendes. Plutôt que d'être versés aux investisseurs, les profits réalisés par un social-business sont réinvestis dans l'entreprise. Ils permettront d'améliorer la situation des bénéficiaires du projet, ce au moyen de prix plus bas, de services de meilleure qualité, ainsi que d'une plus grande accessibilité.

Pour un social-business, la rentabilité est importante. Partout où cela est possible, sans bien sûr compromettre leur objectif social, les social-business devraient faire des profits pour deux raisons : pour rembourser leurs investisseurs et pour soutenir la poursuite d'objectifs sociaux de long terme.

Comme une entreprise classique, un social-business a besoin de prévoir son avenir. Dégager un profit permet à une entreprise d'élargir son horizon de diverses manières : en s'installant dans de nouvelles zones géographiques, en diversifiant les biens et les services offerts ou en améliorant leur qualité, en augmentant son effort de recherche et développement, en accroissant l'efficacité de son processus de production, en introduisant de nouvelles technologies, en adoptant un marketing ou des méthodes de distribution innovantes de façon à toucher les couches les plus déshéritées de la population.

Le cœur de l'activité d'un social-business consiste cependant à servir de la meilleure manière possible les intérêts des individus – en particulier les plus déshérités – comme ceux de la planète, ce sans subir de pertes.

En combien de temps les investisseurs récupéreront-ils leur investissement dans un social-business ? Cela dépend de la gestion du social-business et des investisseurs eux-mêmes. La description de l'investissement indiquerait le nombre d'années au-delà duquel les investisseurs pourraient demander à être remboursés : cinq ans, dix ans, vingt ans. Les investisseurs pourraient choisir le social-business dans lequel ils vont investir sur la base de cet échéancier et de leurs besoins anticipés, mais aussi en fonction de leur préférence pour un objectif social donné.

Après avoir récupéré leur mise initiale, les investisseurs pourront déterminer ce qu'ils souhaitent en faire. Ils pourront réinvestir dans le même social-business, investir dans un autre social-business ou dans une entreprise traditionnelle, ou encore utiliser cet argent à des fins personnelles. Dans tous les cas, ils restent propriétaires du social-business dans lequel ils ont investi initialement, et ils conservent un droit de regard sur son fonctionnement.

Pourquoi des investisseurs placeraient-ils leur argent dans un social-business ? De façon générale, les gens agiront de la sorte afin d'obtenir le même type de satisfaction personnelle que celle qu'apporte la philanthropie. Leur satisfaction pourrait même être supérieure, car l'entreprise qu'ils auront créée continuera longtemps à apporter ses bienfaits à de plus en plus d'individus. Les nombreux milliards de dollars donnés chaque année à travers le monde à des causes charitables montrent que les gens ont envie de donner de l'argent pour améliorer la situation de leurs semblables. Mais l'investissement dans un social-business diffère de bien des manières de la philanthropie.

Un social-business est tout d'abord capable de s'autofinancer. Il n'a pas besoin de lever des fonds chaque année. Son dynamisme, sa pérennité et sa croissance ne dépendent que de son activité. Une fois créé, il croît par lui-même. Vous obtiendrez davantage de bénéfices sociaux pour votre argent qu'en le confiant à une organisation caritative.

Ceux qui investissent dans un social-business recouvrent par ailleurs leur mise. Ils peuvent réinvestir cet argent dans le même social-business ou dans un autre.

De cette façon, une somme donnée peut produire davantage de bénéfices sociaux.

Comme il s'agit d'une entreprise, les entrepreneurs verront dans la participation à un social-business une occasion intéressante d'appliquer leurs compétences professionnelles et leur créativité à la résolution de problèmes sociaux. Une fois que l'investisseur a récupéré son argent, il reste propriétaire de l'entreprise et participe à la détermination de son activité future. Cette perspective est en elle-même très excitante.

Diversifier le monde des affaires

Avec l'introduction du social-business, le marché dispose soudain d'options nouvelles et sensationnelles. Il devient plus intéressant, plus attrayant, et plus concurrentiel. Les préoccupations sociales font leur entrée sur le marché sur un pied d'égalité, et non par le biais de la communication d'entreprise.

Les social-business agiront sur le même marché que les entreprises traditionnelles. Elles seront en concurrence avec elles, essaieront de les surclasser, et tenteront de leur prendre des parts de marché. Si un social-business propose un bien ou un service également commercialisé par une entreprise classique, les consommateurs décideront où l'acheter, tout comme ils choisissent actuellement entre des entreprises concurrentes. Ils prendront en compte le prix, la qualité, la commodité, la disponibilité, l'image de marque, ainsi que tous les autres facteurs qui influencent les consommateurs.

Les avantages sociaux créés par le social-business constitueront peut-être une motivation d'achat supplémentaire pour quelques consommateurs, tout comme les consommateurs actuels préfèrent soutenir les entreprises qui ont la réputation de respecter leurs employés, de se soucier de leur environnement, ou d'être socialement responsables. Mais pour l'essentiel, les social-business seront en concurrence avec les entreprises classiques, de la même manière que ces dernières sont en concurrence entre elles – et que le meilleur gagne.

Les social-business seront ainsi en concurrence entre eux. Si deux ou plusieurs social-business opèrent sur un même marché, les consommateurs devront choisir celui auprès duquel réaliser leurs achats. À nouveau, la qualité des biens et des services devrait constituer le principal élément de choix pour la plupart des consommateurs.

Les social-business seront également en concurrence pour recueillir les investissements potentiels, comme le sont par exemple deux constructeurs de voitures. Dans un cas comme celui-ci, la concurrence se joue sur le potentiel de rentabilité future de chaque entreprise. Si la majorité des investisseurs pensent que l'entreprise A sera plus rentable que l'entreprise B, ils chercheront à acheter des actions de A parce qu'ils espèrent obtenir des dividendes plus élevés dans le futur et bénéficier de la croissance continue de la valorisation de la société. Ce phénomène constitue l'amorce de la hausse du cours de l'action de A, hausse qui satisfera les investisseurs.

Par opposition, quand deux social-business sont en concurrence auprès d'investisseurs, la compétition sera fondée non sur la maximisation des profits futurs mais sur les bénéfices sociaux attendus. Chaque social-business affirmera qu'il est mieux à même que son rival de servir les individus ainsi que la planète. Afin d'appuyer ses dires, il développera un *business plan* et le rendra public. Les investisseurs sociaux potentiels examineront attentivement ces éléments. Après tout, ils ont l'intention de placer leur argent pour en faire profiter la collectivité, et ils voudront être certains que leur investissement produira les gains sociaux maximaux. Comme un investisseur recherchant le profit cherche à maximiser son espérance de gains, qu'il s'agisse des dividendes anticipés ou de la croissance attendue du cours de l'action, un investisseur social voudra savoir comment le social-business considéré pense traiter le problème social auquel il s'attaque.

La concurrence entre social-business les obligera à accroître leur efficacité et à mieux servir les individus ainsi que la planète. C'est l'une des grandes forces du concept de social-business : il introduit les avantages des marchés concurrentiels dans le champ du progrès social.

La concurrence sur le marché des idées a presque toujours un puissant impact positif. Quand un grand nombre d'individus rivalisent pour développer et approfondir une idée, et quand le flux d'argent vers eux et vers leurs entreprises dépend de l'issue de la compétition, le niveau général de leurs performances augmente spectaculairement. Les effets bénéfiques de cette concurrence sont visibles dans de nombreux domaines. L'intense compétition à laquelle se livrent les fabricants d'ordinateurs personnels a provoqué une chute significative du prix de ces biens, même si leur rapidité, leur puissance et d'autres caractéristiques se sont améliorées. L'expansion de l'industrie japonaise de l'automobile et des produits électroniques a contraint les sociétés américaines et européennes à rivaliser pour séduire consommateurs et investisseurs.

En créant un marché concurrentiel pour l'investissement socialement bénéfique, le concept de social-business exerce le même type de pression positive pour soutenir ceux qui veulent aider les personnes désavantagées à travers le monde.

La concurrence entre social-business sera différente de la concurrence entre entreprises cherchant à maximiser le profit. Pour ces dernières, l'enjeu est exclusivement financier. Si vous perdez, vous êtes touchés financièrement. La compétition entre social-business sera une question de fierté. Il s'agira de sélectionner la meilleure équipe pour remplir un objectif social. Les compétiteurs resteront amis. Ils apprendront les uns des autres. Ils pourront à tout moment fusionner afin de constituer une force sociale supérieure. Et au lieu de craindre l'arrivée d'autres social-business sur leur marché, ils s'en réjouiront.

Afin d'attirer les investisseurs, je propose de créer une bourse spécialisée qui pourrait porter le nom de bourse sociale. Seules les social-business pourraient y être cotées (voir le chapitre 8 pour une description détaillée de ce concept). L'existence d'une place dévolue à l'échange d'actions de social-business aurait de nombreux avantages. Elle faciliterait l'entrée et la sortie des investisseurs de ce segment de marché. Elle donnerait au public la possibilité d'analyser et d'évaluer les social-business, ce qui compléterait la régulation gouvernementale qui devra être organisée pour lutter contre les problèmes liés au fonctionnement des places de marché : tromperies, fausses comptabilités, affirmations exagérées, activités cachées, etc. Enfin, la cotation des social-business popularisera ce nouveau concept, attirant davantage d'argent et mobilisant les énergies des investisseurs et des entrepreneurs.

Deux sortes de social-business

À ce niveau de développement du concept de social-business, nous ne pouvons qu'esquisser ses contours. Dans les années à venir, lorsque les social-business commenceront à surgir à travers le monde, de nouvelles caractéristiques et de nouvelles formes de social-business émergeront certainement. Ce que nous savons aujourd'hui nous permet de distinguer deux types de social-business.

J'ai déjà décrit le premier : il s'agit d'entreprises qui cherchent à produire des avantages sociaux plutôt qu'à maximiser le profit revenant à leurs propriétaires. Elles sont détenues par des investisseurs désireux de contribuer à procurer des bénéfices sociaux comme la réduction de la pauvreté, les soins médicaux pour les pauvres, la justice sociale, le développement durable, etc. Ces investisseurs renoncent à une rémunération financière au profit de satisfactions psychologiques, émotionnelles et spirituelles.

Le second type de social-business fonctionne de manière assez différente. Ce sont des entreprises cherchant classiquement à maximiser le profit, mais détenues par des pauvres ou par des personnes défavorisées. Dans ce cas, l'avantage social découle du fait que les dividendes et la valorisation de l'entreprise bénéficieront aux pauvres, les aidant de ce fait à lutter contre la pauvreté et même à y échapper.

Notez les différences qui séparent ces deux sortes de social-business. Dans le premier cas, c'est la nature des produits, des services ou du mode d'exploitation de l'activité qui crée le bénéfice social. Ce type de social-business peut fournir des produits alimentaires, des logements, des soins médicaux, de l'éducation et d'autres biens susceptibles d'aider les pauvres ; il peut dépolluer, réduire les inégalités sociales, ou travailler à soulager des maux comme la toxicomanie ou l'abus d'alcool, les violences conjugales, le chômage ou le crime. Toutes les entreprises qui réussissent à couvrir leurs coûts en vendant des produits ou des services et ne versent pas de dividendes à leurs investisseurs peuvent être qualifiées de social-business.

Dans le cas des social-business du second type, les biens et les services produits pourront ou non créer un bénéfice social. Le bénéfice social issu de ces entreprises viendra de leur mode de détention. Car les actions de l'entreprise appartiendront aux pauvres ou aux défavorisés (satisfaisant à des critères précis et transparents développés et appliqués par les directeurs de la société). Tous les bénéfices financiers produits par l'activité de l'entreprise iront aider ceux qui sont dans le besoin.

Imaginez qu'une région rurale pauvre soit séparée des principaux centres commerciaux du pays par une rivière trop profonde, trop large et trop sauvage pour être traversée à pied ou en utilisant des véhicules ordinaires. Seul un bac permet de la traverser ; mais il est cher, lent, et n'assure qu'un service irrégulier. Par conséquent, les habitants de la région qui ne disposent que d'un faible revenu affrontent des handicaps économiques et sociaux qui réduisent encore leur pouvoir d'achat, limitent la disponibilité des produits les plus abordables, et entravent leur accès à l'éducation, aux services de santé et à d'autres services vitaux. Dans notre exemple, nous supposons que les gouvernements nationaux et locaux sont incapables de régler le problème en raison du manque d'argent, de l'indifférence du pouvoir politique, ou d'autres dysfonctionnements. (Bien que ce soit un exemple hypothétique, il décrit exactement les conditions prévalant dans beaucoup de pays en développement.)

Supposons à présent qu'une société privée soit créée pour construire une nouvelle autoroute ainsi qu'un pont moderne et sûr permettant de relier cette zone rurale au cœur économique du pays. Cette société pourrait être structurée sous forme de social-business, et ce de deux manières.

Elle pourrait tout d'abord offrir aux habitants disposant de faibles revenus un accès à tarif réduit, alors qu'elle appliquerait le plein tarif aux habitants appartenant à la classe moyenne ou supérieure ainsi qu'aux grandes organisations commerciales. (Il serait à l'évidence nécessaire d'élaborer une procédure permettant de discriminer les individus en fonction de leur revenu ; une carte similaire à celle utilisée pour indiquer que son porteur est éligible aux allocations publiques pourrait être présentée aux personnes faisant payer le péage.) Les recettes du péage couvriraient les coûts de construction, d'entretien, de maintenance du pont et de l'autoroute ; au-delà, elles permettraient de rembourser les fonds initialement fournis par les investisseurs. Ces investisseurs ne participeront toutefois pas aux profits. Si des profits supplémentaires étaient dégagés, ils pourraient servir à financer une infrastructure complémentaire bénéficiant à la communauté rurale : davantage de routes et de ponts, par exemple, ou peut-être des social-business susceptibles de dynamiser l'économie locale et de créer des emplois.

La propriété de la société gérant le pont et l'autoroute pourrait en second lieu être attribuée aux habitants à bas revenus de la région rurale. Ce résultat serait obtenu en leur vendant des actions à bas prix ; ils les achèteraient grâce à des prêts émanant d'organisations de microcrédit ou au moyen de crédits qu'ils rembourseraient ultérieurement avec les profits de l'entreprise. Les profits supplémentaires générés par les péages pourraient être soit investis dans de nouveaux projets d'infrastructures, soit restitués sous forme de dividendes aux détenteurs de la société.

La Grameen Bank consent aux pauvres de petits prêts sans garantie et à un coût raisonnable. Ils peuvent ainsi démarrer ou agrandir une petite affaire et, à terme, sortir de la pauvreté. Si elle était détenue par des investisseurs aisés, la Grameen Bank serait une entreprise cherchant à maximiser son profit. Mais il n'en est rien. La Grameen Bank est détenue par les pauvres : 94 % de ses actions appartiennent aux emprunteurs eux-mêmes.

La structure de son actionnariat fait donc de la Grameen Bank un social-business. Si une grande banque comme Grameen peut être détenue par les femmes pauvres du Bangladesh, n'importe quelle compagnie importante peut appartenir aux pauvres si nous parvenons à développer des modèles concrets de gestion de la propriété.

Eh oui, un social-business pourrait également combiner ces deux manières de faire bénéficier les pauvres de son activité : il pourrait suivre un modèle économique conçu pour produire des bénéfices sociaux grâce à la nature des biens ou services créés et vendus, et aussi être détenu par les pauvres ou les désavantagés.

La différence entre social-business
et entreprenariat social

Certaines personnes sont perplexes quand elles entendent parler pour la première fois de social-business. Le plus souvent, la notion de social-business est confondue avec celle d'entreprenariat social. Mon ami Bill Drayton a créé un mouvement mondial autour du concept de l'entreprenariat social à travers la fondation Ashoka.

Il y a plusieurs décennies déjà, Bill était convaincu qu'une pensée créative et innovante pouvait permettre de répondre à des problèmes sociaux apparemment insolubles. J'ai découvert avec enthousiasme que nombreux sont ceux qui s'y emploient. Certains ne réalisent même pas qu'ils entrent de la sorte dans un cercle très particulier. L'une des premières initiatives de Bill consista à trouver ces personnes et à leur accorder une reconnaissance en les qualifiant d'« Ashoka fellows ». Il a ensuite étendu ses initiatives en organisant des conférences, des rencontres, des groupes de travail permettant aux entrepreneurs sociaux de se rapprocher. Il les a aidés à apprendre les uns des autres. Il les a soutenus par de petites subventions. Il les a présentés aux donateurs. Il leur a expliqué comment produire de l'information sur leurs activités, par exemple en réalisant des vidéos détaillant leur travail et leur philosophie.

L'entreprenariat social est aujourd'hui un mouvement reconnu. Outre Ashoka, il existe plusieurs fondations dédiées à la promotion de l'entreprenariat social, comme la Fondation Skoll, fondée par Jeff Skoll (le premier employé et l'ancien président d'eBay), et la fondation Schwab pour l'entreprenariat social, fondée par Klaus Schwab (le fondateur du Forum économique mondial de Davos). Elles ont entrepris d'identifier, de soutenir et d'encourager les entrepreneurs sociaux à travers le monde.

L'entreprenariat social est devenu un concept populaire dans le monde des affaires comme dans le grand public. Le magazine américain *Fast Company* publie chaque année une liste des vingt-cinq meilleurs entrepreneurs sociaux, attirant l'attention sur quelques-unes des organisations sociales les plus efficaces et drainant des fonds vers elles. L'entreprenariat social est même devenu une discipline académique : depuis qu'un premier cours a été proposé à Harvard en 1995 par J. Gregory Dees, qui enseigne maintenant à la Fuqua School of Business de l'université de Duke, il est entré dans le cursus d'une trentaine d'écoles de commerce américaines.

Le concept d'entrepreneur social est très important. Il met en évidence le pouvoir du désir d'agir contre les problèmes qui ne sont pas traités actuellement avec l'efficacité et la rapidité qu'ils mériteraient. Grâce au mouvement qui s'est développé autour de ce concept, des individus très divers réalisent dans le monde entier des choses formidables pour aider les autres. La Grameen Bank et ses compagnies sœurs sont souvent considérées comme des symboles importants de ce mouvement.

Mais social-business et entreprenariat social ne se confondent pas. L'entreprenariat social est une idée très large. Si l'on retient sa définition usuelle, toute initiative innovante destinée à venir en aide à des individus peut être qualifiée d'entreprenariat social. Il peut s'agir d'une initiative économique ou non, à but lucratif ou non. La distribution gratuite de médicaments aux malades est un exemple d'entreprenariat social, de même que la création d'un centre médical à but lucratif dans un village où aucun équipement médical n'existait. Un social-business peut être lancé ainsi.

En d'autres termes, le social-business est un sous-ensemble de l'entreprenariat social. Tous ceux qui créent et gèrent des social-business sont des entrepreneurs sociaux. Mais tous les entrepreneurs sociaux ne sont pas engagés dans des social-business.

Jusqu'à une époque très récente, le mouvement autour de l'entreprenariat social n'avait pas abordé la question du social-business parce que ce concept n'existait pas. Maintenant que le concept a été présenté et est devenu réalité, je suis sûr qu'il attirera de nombreux partisans de l'entreprenariat social.

L'entreprenariat social peut commencer à prêter une attention particulière à la création et à la promotion de social-business en mettant au point et en perfectionnant des outils et des facilités institutionnelles adaptés à leurs besoins. Faire savoir aux entrepreneurs sociaux qu'ils pourraient créer davantage de bénéfices sociaux dans un social-business que dans une structure classique pourrait les encourager à rejoindre ce nouveau secteur.

Et la solution hybride ?

Ceux qui découvrent le social-business se demandent s'il est possible de créer un modèle hybride, associant les caractéristiques d'une entreprise traditionnelle et d'un social-business.

Les entreprises traditionnelles sont mues par la recherche du profit ; elles sont destinées à répondre à des intérêts privés. Le social-business est guidé par le désir de faire du bien aux gens et à la planète, ce qui est une motivation altruiste. Un modèle économique combinant leurs caractéristiques pourrait-il exister ?

Cela peut bien sûr se produire. On peut concevoir qu'une activité économique ait par exemple 60 % d'objectifs sociaux et 40 % d'objectifs liés à la recherche de gains privés. Les combinaisons possibles sont innombrables.

Mais, dans le monde réel, il sera très difficile de gérer des entreprises ayant des objectifs conflictuels. Les dirigeants de ces entreprises hybrides glisseront progressivement vers l'objectif de maximisation du profit, quelle que soit la manière dont la mission de l'entreprise aura été conçue. Supposons par exemple que l'on demande au P-DG d'une entreprise de produits alimentaires de maximiser le profit *et* de contribuer à l'équilibre nutritionnel des enfants pauvres en leur fournissant des repas de grande qualité au prix le plus bas possible. Le P-DG ne saura pas quelle est sa priorité. Sur quelle base sera-t-il jugé : celle de l'argent qu'il fait gagner aux investisseurs, ou celle de l'objectif social qu'il remplit ?

Pour compliquer les choses, l'environnement actuel des affaires est concentré sur la maximisation du profit. Toutes les techniques de gestion ont été conçues dans cet esprit. Les pratiques et les règles comptables ont été établies à cette fin : le profit est mesuré en termes financiers. Mais évaluer la manière dont sont atteints des objectifs sociaux pose des difficultés conceptuelles. Si le but est d'améliorer l'alimentation des enfants pauvres, il faut définir exactement la notion de pauvreté. Des indicateurs biologiques devront être définis afin de mesurer leur état nutritionnel avant et après l'intervention du social-business. Il faudra estimer la fiabilité de ces informations. Il s'agit de questions difficiles auxquelles il faudra apporter des réponses. De surcroît, en raison de la complexité inhérente aux problèmes sociaux, les informations qui leur sont liées mettront plus de temps à être confirmées que les informations financières.

Pour toutes ces raisons, notre P-DG trouvera plus

facile de gérer la société comme une entreprise maximisant le profit et d'être jugé par rapport à ses pairs. Il est donc plus réaliste de distinguer deux modèles purs : celui de la maximisation du profit et celui du social-business.

L'un des grands avantages des modèles purs est qu'il est difficile de leur associer des gadgets pour créer de fausses impressions dans l'esprit des gens. Si vous êtes un social-business, vous êtes un social-business, et vos investisseurs n'attendront pas de retour financier. Mais si vous êtes une entreprise maximisant son profit, votre travail est de gagner de l'argent, et nul ne vous reprochera de ne pas vous soucier d'objectifs sociaux.

Combiner objectifs sociaux
et entreprise traditionnelle : les tentatives passées

Le social-business n'est pas qu'un concept théorique. On trouve partout dans le monde des social-business, dont la Grameen Bank et des entreprises liées à Grameen comme Grameen Danone. D'autres social-business commencent à éclore. Ils incarnent le potentiel de bien-être social et de développement économique dont ce nouveau type d'activité est porteur.

Les social-business peuvent devenir des acteurs économiques puissants. Mais un long chemin reste à parcourir pour atteindre cet objectif. La totalité des actifs de l'ensemble des social-business en exercice dans le monde ne représente pas même une très fine tranche de l'économie mondiale. Cela ne signifie pas qu'ils n'ont pas de potentiel de croissance : cela traduit simplement le fait que personne ne connaît l'existence de ce concept et que le fonctionnement du marché ne lui laisse aucune place. Les social-business sont considérés comme des aberrations et restent loin des courants dominants de l'économie. Les gens ne leur attachent pas d'importance ; en réalité, ils ne les voient littéralement pas, parce que les théories qu'ils ont apprises à l'école les aveuglent. Une fois que le social-business sera reconnu comme une structure économique valable, les institutions, les politiques publiques, les conditions de la régulation du marché, les normes et les règles l'aideront à devenir un mouvement important.

Au cours des trois derniers siècles, depuis que le capitalisme moderne a entrepris de dominer le monde, nombreux sont ceux qui ont été sensibles à ses imperfections. Ils ont tenté de les corriger de diverses manières. Mais ni la structure du social-business tel que je le conçois, ni même son concept, n'étaient apparus jusqu'à aujourd'hui. Aucune tentative d'adaptation des entreprises à la poursuite d'objectifs sociaux n'a porté de fruits. Seul le social-business offre la solution que des milliers de personnes ont cherchée.

Le mouvement coopératif a représenté une tentative d'introduction d'une pensée humaine et éclairée dans le fonctionnement des entreprises. Il s'agissait de permettre aux travailleurs et aux consommateurs d'unir leurs forces en détenant et en gérant des entreprises dans l'intérêt commun.

Robert Owen (1771-1858), un Gallois qui possédait des filatures de coton en Angleterre et en Écosse, est souvent considéré comme le pionnier de ce mouvement. Owen était consterné par la manière dont les travailleurs étaient exploités lors des premières décennies de la révolution industrielle. Il déplorait en particulier la pratique anglaise largement répandue consistant à rémunérer les ouvriers des filatures non en monnaie, mais au moyen de titres exclusivement négociables dans les magasins détenus par les filatures – ces magasins vendant des produits de mauvaise qualité à des prix scandaleusement élevés.

Ce cercle vicieux de l'oppression était assimilable à la situation de quasi-esclavage dans laquelle les prêteurs d'argent entretenaient les pauvres du Bangladesh. Je l'ai découverte à Jobra lorsque j'ai entamé le travail qui allait me conduire à fonder la Grameen Bank. Il rappelle également l'exploitation des métayers du sud des États-Unis par les propriétaires terriens qui utilisaient l'endettement des cultivateurs pour les obliger à se servir à des prix élevés dans leurs propres magasins ; ils créaient de la sorte un circuit clos dans lequel les gains revenaient toujours aux propriétaires et jamais aux travailleurs.

Owen prit des mesures concrètes pour répondre à ce problème. Dans ses propres filatures de New Lanark, en Écosse, il ouvrit des magasins où des produits de bonne qualité étaient proposés à des prix à peine supérieurs à leurs coûts, grâce aux économies réalisées en faisant des achats en gros pour les employés. Cette idée contenait en germe le mouvement coopératif. Ce mouvement s'appuie sur la détention des entreprises par leurs clients, ce qui leur permet de travailler pour le bénéfice des clients plutôt que pour celui du marchand. Des magasins fonctionnant sur ce principe restent très répandus au Royaume-Uni et ailleurs en Europe.

Le mouvement coopératif a apporté un début de réponse à l'exploitation des pauvres par les propriétaires des entreprises. Les coopératives ne sont toutefois pas intrinsèquement destinées à aider les pauvres ou à produire des bénéfices sociaux. En fonction des objectifs et des centres d'intérêt des individus qui se regroupent pour créer une coopérative et en partager la propriété, elle peut être structurée pour profiter à la classe moyenne ou à ceux qui sont dans le besoin. Si elles tombent dans des mains égoïstes, les coopératives peuvent même devenir un moyen de placer l'économie sous le contrôle d'un individu ou d'un groupe. Quand une coopérative perd de vue ses objectifs sociaux, elle se transforme en une entreprise presque comme les autres.

D'autres ont tenté de combiner le dynamisme et l'autonomie des entreprises avec la poursuite d'objectifs sociaux à travers la création d'organisations à but non lucratif vendant des biens et des services socialement bénéfiques. Ces entreprises ne sont pas des social-business tels que je les conçois. Elles ne parviennent généralement qu'à couvrir partiellement leurs coûts, ce qui signifie qu'elles n'atteignent pas la « vitesse de décollage » qui leur permettrait d'échapper à la force gravitationnelle de la dépendance à la charité. Elles ne partagent pas non plus la particularité des investisseurs propriétaires qui caractérise le social-business et lui garantissent des moyens financiers ainsi qu'un intérêt à générer des bénéfices sociaux.

Des dirigeants d'entreprises traditionnelles ont également tenté de gérer leur activité de manière socialement responsable. Ceci inclut les lancements d'entreprises qui, parallèlement à la recherche du profit, cherchent à remplir certains objectifs sociaux. Les entreprises peuvent faire ce choix pour diverses raisons :

— pour poursuivre des objectifs personnels ou exprimer les valeurs d'un leader puissant ou estimé ;
— pour donner une publicité flatteuse à l'entreprise, ou pour prévenir la critique en cas de défaillances éthiques passées ;

— pour attirer les clients qui préfèrent faire des affaires avec de « braves gens » ;
— pour s'assurer la sympathie et le soutien des régulateurs publics ou du législateur, lequel vote les lois qui affecteront le fonctionnement de l'entreprise ;
— pour enrayer l'opposition des organisations communautaires ou des groupes de citoyens susceptibles de contrarier les projets d'expansion de la société ;
— pour prendre pied sur un nouveau marché prometteur mais non rentable actuellement, et pour marquer des points auprès de l'opinion publique.

Il est difficile de savoir quelle est la combinaison de motifs expliquant la décision d'une entreprise donnée. Dans certains cas, même les dirigeants de l'entreprise ne seront pas capables de décrire précisément leurs motivations. Mais parce qu'elles cherchent à maximiser leur profit, ces entreprises feront l'objet des mêmes pressions financières que leurs concurrents. Cela signifie que les objectifs sociaux poursuivis par les dirigeants seront mis de côté lorsqu'ils entreront en conflit avec l'objectif de maximisation du profit.

Aucune des structures organisationnelles que j'ai décrites – la coopérative, l'organisation sans but lucratif, l'entreprise socialement responsable – n'offre les avantages d'un véritable social-business. C'est pourquoi le monde réclame une nouvelle manière de faire des affaires.

Quand le concept de social-business sera mieux connu et commencera à s'étendre aux économies de libre marché, le déferlement de créativité qu'il déclenchera aura la capacité de transformer le monde.

D'où viendront les social-business ?

Parce que le concept de social-business est encore nouveau, il peut sembler difficile d'imaginer qui créera des entreprises de ce type et pourquoi. Chacun connaît les entrepreneurs traditionnels. Qu'on les admire ou non, on a le sentiment de comprendre leurs valeurs et leurs motivations. Cela ne vaut pas pour les fondateurs d'un social-business.

Je pense que, si on lui en donne l'opportunité, chaque être humain peut prendre part à un social-business. Les motivations qui conduisent à créer un social-business sont présentes en chacun : nous en voyons chaque jour des témoignages. Les gens sont attentifs au monde qui les entoure. Ils s'intéressent les uns aux autres. Les hommes ont, naturellement et instinctivement, le désir de rendre la vie de leurs semblables meilleure ; si on leur donnait le choix, ils préféreraient vivre dans un monde sans pauvreté, sans maladie, sans ignorance, sans souffrances inutiles. Ce sont ces raisons qui les poussent à donner des milliards de dollars à des organisations caritatives, à créer des fondations, des ONG ou des organisations à but non lucratif, à se mettre bénévolement au service de la collectivité sans compter leurs heures de travail, et (dans certains cas) à consacrer leur vie professionnelle à un travail relativement peu payé dans le secteur social. Le même moteur conduira de nombreuses personnes à créer des social-business, une fois que ce concept sera largement reconnu et compris.

Voici certains éléments précis qui seront à l'origine de l'éclosion des social-business :

— des sociétés existantes, de toutes formes et de toutes tailles, voudront lancer leurs propres social-business. Certaines choisiront de consacrer une partie de leur bénéfice annuel à un social-business afin d'exercer de la sorte leur « responsabilité sociale ». D'autres créeront des social-business pour explorer de nouveaux marchés tout en aidant les moins fortunés. Elles pourront créer leurs social-business soit seules, soit avec l'aide d'autres entreprises, soit en partenariat avec des entrepreneurs spécialisés ;

— des fondations pourraient créer des fonds d'investissements destinés au financement des social-business, fonds qui agiraient parallèlement à ceux consacrés aux activités philanthropiques. L'avantage d'un fonds de social-business est que les sommes investies ne s'épuiseront pas, même si elles permettent de produire des bénéfices sociaux : elles seront continuellement renouvelées grâce à la capacité du fonds à soutenir des activités efficaces ;

— les donateurs habituels des programmes de développement, qui vont de ceux adoptés au niveau national à ceux mis en œuvre par la Banque mondiale et les banques régionales de développement, pourraient choisir de créer des fonds dédiés au soutien des initiatives de social-business dans les pays bénéficiaires, au niveau international, à l'échelle régionale, ou encore au sein d'une institution. La Banque mondiale et les banques régionales de développement pourraient créer des filiales pour soutenir les social-business ;

— les gouvernements pourront créer des fonds consacrés au développement des social-business afin de les soutenir et de les encourager ;

— des retraités fortunés y verront une opportunité d'investissement attractive. De même, les héritiers d'une fortune ou ceux qui bénéficient de gains inattendus seront tentés de lancer un social-business ou d'investir dans une activité de ce type ;

— les jeunes gens sortant de l'université ou d'une école de commerce pourront choisir de créer des social-business plutôt que des entreprises traditionnelles. Ils seront motivés par l'idéalisme de la jeunesse et par la possibilité de contribuer à changer le monde.

Les jeunes du monde entier, et particulièrement ceux des pays riches, trouveront le concept de social-business très séduisant. Beaucoup de jeunes d'aujourd'hui se sentent frustrés parce que le système capitaliste actuel ne leur offre pas de défi à relever. Lorsque vous avez grandi entouré de biens de consommation, gagner beaucoup d'argent ne paraît pas très exaltant. Le social-business pourra combler ce vide.

Avec tant de sources potentielles, je prévois que les social-business seront d'ici à quelques années des images familières du monde des affaires.

Les êtres humains sont multidimensionnels

En distinguant les individus qui veulent maximiser leur profit et ceux qui souhaitent créer des avantages sociaux de façon à améliorer la situation des gens comme de la planète, nous pourrions enrichir la vision étroite des économistes. Mais même en procédant ainsi, nous ne rompons pas avec l'hypothèse de l'unidimensionnalité des êtres humains. Nous nous contentons d'ajouter un deuxième type d'être unidimensionnel à celui qu'ont imaginé les économistes néo-classiques.

Dans le monde réel, ces deux types d'individus unidimensionnels n'existent pas. On ne trouve qu'un type de personne : des gens qui ont deux, trois, quatre, ou de nombreux centres d'intérêt et objectifs, qu'ils poursuivent à des degrés divers et changeants. Pour simplifier, nous pouvons diviser ces intérêts en deux grandes catégories, le profit financier et les gains sociaux, qui correspondent aux deux types d'activité que nous avons décrits dans ce chapitre : les entreprises traditionnelles et les social-business.

Comment les individus, les entreprises et les investisseurs arbitreront-ils entre ces deux voies ? Ils n'auront pas à exclure l'une ou l'autre possibilité. Dans la plupart des cas, ils auront la possibilité de prendre part à ces deux types d'activité dans des proportions liées à leurs objectifs du moment. Par exemple :

— un individu qui a un bas de laine pourra investir une partie de la somme dont il dispose dans une entreprise traditionnelle (afin par exemple de disposer d'un capital pour sa retraite) et apporter le reliquat à des social-business (afin de venir en aide à la collectivité, à l'humanité, et à la planète) ;
— le conseil d'administration d'une entreprise traditionnelle peut décider de consacrer une partie de son résultat annuel à l'achat d'une autre entreprise pour s'implanter sur un nouveau marché et utiliser le reste pour créer un social-business ou pour investir dans un social-business existant. Cela constituerait une alternative à ses pratiques philanthropiques habituelles ;
— les administrateurs d'une fondation peuvent choisir de consacrer une partie des revenus de ses dotations pour créer un ou plusieurs social-business dont les objectifs coïncident avec ceux que leurs donateurs ont spécifiés ;
— quand arrive le moment de faire un choix de carrière ou de vie, le social-business ne fera que multiplier les possibilités qui nous sont offertes. Au cours de sa vie, une personne pourra successivement travailler dans une entreprise traditionnelle, dans une organisa-

tion charitable, une fondation ou une ONG, et pour un social-business. Son choix dépendra de l'évolution de ses intérêts de carrière, de ses objectifs et de ses préoccupations sociales.

Dans nos décisions d'investissement comme dans nos choix de vie, nous n'avons pas de raison de nous conformer au modèle d'une nature humaine unidimensionnelle. Nous sommes des créatures multidimensionnelles, et nous pouvons faire des affaires de diverses manières. Reconnaître et encourager le social-business contribuerait à faire émerger cette diversité.

II
L'expérience Grameen

3.

La révolution du microcrédit

L'idée de social-business ne vient pas de rien. Elle s'appuie sur mes trente et un ans d'expérience en première ligne de la bataille contre la pauvreté, au Bangladesh d'abord puis dans nombre d'autres pays.

Constater l'incapacité des institutions existantes à délivrer les pauvres du fardeau des privations m'a, comme d'autres, incité à chercher une solution alternative. Et comme je suis un homme à l'esprit pratique, qui n'avait à l'origine aucune expérience du développement rural ou de la banque, je n'étais pas prisonnier des préjugés qui limitent notre créativité en la matière. J'ai pu tester de nouvelles idées et de nouvelles méthodes en m'appuyant seulement sur ma compréhension des besoins des pauvres et sur ce que me dictait le bon sens.

C'est ainsi que débuta l'engagement d'une vie dans le traitement des problèmes sociaux au moyen de structures innovantes – des structures dont j'espère qu'elles se révéleront plus efficaces, plus flexibles et plus autonomes que les institutions ayant échoué par le passé. Toutes mes expériences n'ont pas été des succès, Mais la majorité ont fonctionné mieux que je ne l'avais imaginé : elles m'ont permis de comprendre progressivement ce qui marche et ce qui ne marche pas lorsqu'il s'agit de générer des bénéfices sociaux à grande échelle.

Par conséquent, pour comprendre les origines du concept de social-business et voir en quoi il s'appuie sur une expérience de trente ans, il est nécessaire de remonter aux origines : au travail de la Grameen Bank et de la constellation d'organisations qui l'entoure.

La naissance du « banquier des pauvres »

Je suis né en 1940 au Bengale oriental, qui se trouvait en Inde britannique avant de devenir en 1947 une partie du Pakistan nouvellement créé. En décembre 1971, après une guerre de libération longue de neuf mois, le Pakistan oriental accéda à l'indépendance et prit le nom de Bangladesh.

Je ne me suis pas engagé dans la lutte contre la pauvreté en tant que responsable politique, savant ou chercheur. J'ai commencé à m'impliquer parce que la pauvreté était partout autour de moi et que je ne pouvais pas me détourner d'elle.

C'était en 1974. J'étais retourné au Bangladesh en 1972 après avoir démissionné de mon poste de professeur assistant à la Middle Tennessee State University, aux États-Unis. La bataille pour l'indépendance du Bangladesh avait précipité mon retour, et j'étais impatient de participer à la construction d'une nouvelle nation libre et prospère. J'ai rejoint le département d'économie de l'université de Chittagong et en suis devenu le directeur. J'aimais enseigner, et je me préparais à faire carrière dans l'université.

Mais quelque chose se produisit qui rendit cela impossible : la terrible famine qui ravagea le Bangladesh en 1974-1975.

Comme la majorité des famines, elle avait plusieurs causes : une succession de catastrophes naturelles au début des années 1970 – inondations, sécheresses, cyclones et moussons ; et la guerre de libération, qui avait provoqué la destruction d'une grande partie des infrastructures, l'effondrement du système de transports, et l'arrivée d'innombrables réfugiés. Notre jeune gouvernement ne parvenait pas à répondre efficacement à la gravité de la situation. Quant à l'assistance apportée par la communauté internationale, elle était insuffisante ; les bouleversements provoqués par la crise pétrolière de 1973 l'affaiblirent encore.

Quelles que soient nos difficultés à identifier les causes de cette famine, ses conséquences humaines furent indubitables. La production agricole et le revenu par tête s'effondrèrent. Des millions de Bangladais n'avaient plus les moyens d'acheter de la nourriture pour leur famille. À mesure que la famine progressait, des centaines de milliers de personnes mouraient dans l'indifférence générale.

Ce n'était pas le Bangladesh que j'espérais contribuer à construire. Je trouvais de plus en plus difficile d'enseigner d'élégantes théories économiques et de présenter le fonctionnement supposé parfait des libres marchés dans une salle de cours tandis que la mort ravageait le pays. J'ai soudain éprouvé la vacuité de ces théories face à une faim et une pauvreté écrasantes. Je voulais faire quelque chose tout de suite pour aider les gens qui m'entouraient à attendre le lendemain avec un peu plus d'espoir.

Ma première tentative pour lutter contre la faim consista à développer un programme d'amélioration de la productivité agricole grâce à l'irrigation. Je travaillai avec les agriculteurs de Jobra à la création d'une association exploitant un puits de grande profondeur et un système de distribution de l'eau. Le projet rencontra un succès immédiat. En combinant l'utilisation du nouveau système d'irrigation à des engrais, des graines et des insecticides fournis par l'association, les agriculteurs réussirent à obtenir une troisième récolte durant la saison sèche. La productivité des champs situés autour de Jobra s'en trouva significativement améliorée, et leurs propriétaires en ont bénéficié.

Mais je n'étais pas satisfait. En travaillant avec les villageois sur ce projet d'irrigation, j'ai rapidement découvert que les pauvres parmi les pauvres ne profitaient pratiquement pas de l'amélioration des rendements agricoles. Ces gens ne possédaient pas de terres. Ils essayaient de subsister en étant journaliers, artisans ou mendiants. Leurs logements – pour ceux qui en avaient – étaient dépourvus de meubles et devenaient boueux lorsqu'il pleuvait. Leurs enfants étaient extrêmement mal nourris et devaient travailler ou mendier au lieu d'aller à l'école. En ces temps de famine, les plus pauvres étaient les premiers à mourir.

J'ai réalisé que l'amélioration des rendements agricoles, bien qu'importante, ne suffirait pas à résoudre le problème de la faim et celui de la pauvreté. Il fallait attaquer les problèmes à la racine.

Je passais tout le temps possible parmi les habitants de Jobra pour comprendre ce qui les tirait en arrière. Ce n'était pas le manque d'efforts : partout où j'allais, je voyais des gens travailler dur pour essayer de s'en sortir. Ils s'employaient à tirer des récoltes de leurs lopins de terre. Ils fabriquaient et vendaient des paniers, des tabourets, ou d'autres objets artisanaux. Ils proposaient leurs services pour pratiquement tous les types de travaux. D'une façon ou d'une autre, tous ces efforts avaient échoué à faire sortir la majorité des villageois de la pauvreté.

J'ai finalement été confronté à l'impuissance des pauvres à trouver la moindre somme d'argent pour soutenir leurs efforts et s'assurer le moyen de gagner leur vie.

C'est une femme du village qui m'expliqua la nature de ce problème. Elle s'appelait Sufiya Begum. Comme beaucoup de villageoises, Sufiya vivait avec son mari et ses enfants en bas âge dans une cahute de boue croulante, dotée d'un toit de chaume percé. Son époux gagnait comme journalier l'équivalent de quelques cents par jour de travail – quand il y avait du travail. Pour procurer de la nourriture à sa famille, Sufiya travaillait toute la journée, assise sur le sol boueux de sa maison, à fabriquer des tabourets de bambou – des objets beaux et utiles, qu'elle réalisait avec une habileté remarquable. Mais son dur labeur ne suffisait pas à faire sortir sa famille de la pauvreté.

À travers mes conversations avec Sufiya, j'ai compris pourquoi. Comme beaucoup de gens du village, Sufiya avait recours au prêteur local pour obtenir l'argent nécessaire à l'achat du bambou servant à fabriquer les tabourets. Mais le prêteur ne lui donnait cet argent que si elle acceptait de lui vendre la totalité de sa production au prix qu'il fixerait. Entre cet arrangement inéquitable et les taux d'intérêt élevés qu'elle devait verser, il ne lui restait que deux cents par jour.

Dès qu'une femme comme Sufiya empruntait n'importe quelle somme, même infime, dans des conditions comme celles-ci, il devenait virtuellement impossible pour elle de sortir de la pauvreté. Pour moi, il ne s'agissait pas de prêt au sens normal du terme. C'était plutôt de l'esclavage.

J'ai décidé de dresser la liste des victimes de l'activité des prêteurs dans le village de Jobra. Un étudiant et moi-même passâmes une semaine à rendre visite aux familles du village pour établir cette liste. Quand cela fut fait, la liste comportait les noms des quarante-deux victimes qui avaient emprunté un montant total de 856 takas, ce qui représentait alors un peu moins de 27 dollars.

Quelle leçon pour un professeur d'économie ! J'étais là à présenter à mes étudiants le plan quinquennal de développement de notre pays et son impressionnant objectif de milliards de dollars d'investissements pour aider les pauvres. Le fossé entre les milliards promis et la misérable somme dont quelques affamés avaient réellement besoin paraissait incroyable.

J'ai sorti l'équivalent de ces 27 dollars de ma propre poche pour tirer les victimes des griffes des prêteurs. L'émoi que créa ce petit geste m'incita à m'impliquer davantage. Si je pouvais rendre tant de gens heureux avec si peu d'argent, pourquoi ne pas en faire plus ?

C'est ce que je me suis toujours employé à faire depuis.

J'ai tout d'abord essayé de persuader la banque située sur le campus de prêter de l'argent aux pauvres. Mais la banque me répondit que les pauvres n'étaient pas solvables. Ils n'avaient ni historiques de crédit, ni garanties à offrir. Comme ils étaient illettrés, ils ne pouvaient même pas remplir les papiers nécessaires. L'idée de prêter de l'argent à de telles personnes allait à l'encontre de toutes les règles des banquiers.

Ces règles m'ont frappé parce qu'elles étaient arbitraires et contre-productives. Dans le fond, elles signifiaient que les banquiers n'acceptaient de prêter qu'à ceux qui avaient *déjà* de l'argent. Mais chaque fois que je soulignais ce point, les banquiers se contentaient de hausser les épaules et mettaient poliment fin à la conversation.

Après avoir constaté l'échec de plusieurs mois

d'efforts, j'essayai une nouvelle tactique. Je proposai d'être le garant des prêts accordés aux pauvres. La banque me prêterait de l'argent, et je le confierais aux villageois pauvres. La banque accepta ma proposition. Et lorsque je commençai à accorder des prêts aux villageois, je fus stupéfié par le résultat. Les pauvres me remboursaient toujours, et toujours à temps !

On aurait pu penser que ce succès aurait amené les banquiers traditionnels à changer d'avis. Mais cela n'a rien changé.

Il est arrivé que des banquiers expriment, à titre personnel, de la sympathie pour mon action. Deux d'entre eux tentèrent même de lui apporter une aide concrète. En 1977 par exemple, M. A. M. Anisuzzaman, le directeur général de l'une des plus grandes banques du pays, la Bangladesh Krishi Bank, fut enthousiasmé par mon idée. Il accepta de créer à Jobra une succursale exclusivement destinée à tester le prêt aux pauvres. C'était la première fois que mes étudiants, qui avaient jusqu'alors travaillé comme « banquiers » sur la base du volontariat, auraient un emploi stable et officiel. C'était aussi la première fois que le nom de Grameen (qui signifie « village ») serait utilisé dans notre travail : nous avions appelé notre petit projet la « succursale expérimentale Grameen de la Banque de l'agriculture ». Il rencontra le même succès que nos efforts précédents, ce qui incluait un taux de remboursement presque parfait.

Mais chaque fois que je faisais pression sur les banquiers pour étendre le programme à une région entière ou, mieux encore, à l'ensemble de la nation, ils n'étaient pas intéressés. Ils trouvaient toujours des raisons pour expliquer pourquoi notre succès finirait par s'épuiser. Ils ne pouvaient admettre que les pauvres remboursent les prêts qui leur sont consentis.

« Les gens avec qui vous faites affaire ne doivent pas être vraiment pauvres, disaient certains d'entre eux. Sinon, comment pourraient-ils rembourser les prêts ?

— Venez avec moi visiter leurs maisons, avais-je l'habitude de répondre. Vous verrez qu'ils sont réellement pauvres. Ils ne possèdent pas le moindre meuble ! Ils ne parviennent à rembourser leurs emprunts qu'en travaillant tous les jours avec acharnement. »

Ils invoquaient alors d'autres raisons. « Si votre programme est un succès, c'est parce que vous et vos étudiants êtes fortement impliqués auprès de vos clients. Ce n'est pas de la banque, c'est du baby-sitting ! Nous ne pourrions jamais développer un tel programme à l'échelle d'une région. »

Il est exact que notre personnel était très impliqué et travaillait dur. Mais je trouvais injuste que nous soyons pénalisés pour cela ! Je pensais qu'un programme exclusivement dédié au bénéfice des pauvres attirerait des jeunes gens dévoués et attentifs, désireux de venir en aide à leurs semblables. (L'expansion ultérieure de la Grameen Bank, qui compte plus de 2 500 succursales employant certains des jeunes gens les plus brillants et les plus travailleurs du Bangladesh, montre que j'avais raison.)

On m'opposait encore d'autres explications. « Votre banque n'est pas assez conventionnelle. Vous n'avez pas de contrôles internes corrects, pas d'indicateurs financiers permettant de vous comparer à d'autres banques, pas de procédures d'audit. Votre personnel finira par frauder. Le problème vient de ce que vous êtes professeur, pas banquier. »

C'est vrai : j'étais un professeur, non un banquier. C'est pour cela que j'ai passé des années à essayer de persuader de vrais banquiers de reprendre mon activité ! Mais cet argument est à double tranchant. Si nous avions réussi à faire de notre programme bancaire destiné aux pauvres un succès alors que nous n'avions pas les compétences requises – ce que nous étions prêts à admettre –, imaginez quel succès ce serait s'il était géré par des professionnels !

Mais mes arguments ne servaient à rien. En réalité, les « vrais banquiers » ne voulaient pas prêter aux pauvres des sommes infimes. Il était plus simple et plus rentable d'accorder à des personnes présentant de multiples garanties des prêts moins nombreux mais pour des montants plus importants, même si ces prêts risquaient finalement de ne pas être remboursés. Comme je ne voyais pas comment modifier les règles appliquées par les banquiers, je décidai de créer une banque dédiée aux pauvres : une banque qui accorderait des prêts sans réclamer de garantie ou d'historique de crédit, et qui n'aurait recours à aucun instrument juridique. J'ai continué à supplier le gouvernement de transformer notre projet en une banque disposant d'un statut particulier. Et j'ai fini par réussir. En 1983, la « banque des pauvres » fut créée dans un cadre fixé par une loi *ad hoc*. Nous l'avons appelée « Grameen Bank ».

Un changement de mode de pensée

La Grameen Bank a commencé à toute petite échelle et a grandi lentement. Son caractère révolutionnaire tenait au changement de mode de pensée qu'elle traduisait.

Par le passé, les institutions financières s'étaient toujours demandé si les pauvres étaient solvables et avaient toujours répondu par la négative. Par conséquent, les pauvres étaient tout bonnement ignorés et exclus du système financier, comme s'ils n'existaient pas. J'ai renversé la proposition et me suis demandé si les banquiers étaient des gens estimables. Quand j'ai découvert que ce n'était pas le cas, j'ai su qu'il était temps de créer une banque d'un genre nouveau.

Aucun de nous n'aime l'idée d'apartheid. Lorsque nous entendons parler d'un tel système, quel qu'il soit et où qu'il existe, nous nous y opposons. Nous comprenons tous que nul ne devrait souffrir pour la simple raison qu'il appartient à une classe sociale, ou à une race, ou qu'il connaît certaines conditions économiques. Mais nos institutions financières ont pu créer un système d'apartheid sans que personne en soit choqué. Si vous n'avez pas de garanties, vous ne pouvez pas emprunter. Aux yeux des banques, vous n'appartenez pas à notre monde.

Imaginez que l'ensemble du système de communications électroniques des banques vienne à s'effondrer et que toutes les institutions financières du monde cessent soudain de fonctionner. Partout, les banques fermeraient leurs portes. Les écrans des distributeurs automatiques de billets s'éteindraient. Les cartes de débit et de crédit deviendraient inutilisables. Et des milliards de familles seraient dans l'incapacité de s'acheter de quoi manger. C'est exactement la situation que connaît chaque jour la moitié de la population mondiale : un cauchemar quotidien.

Pour donner aux pauvres une chance de sortir de la pauvreté, nous devons lever les barrières que nous avons posées autour d'eux. Nous devons supprimer les règles et les lois absurdes qui font des pauvres des personnes sans importance. Et nous devons imaginer de nouvelles manières de reconnaître un individu à sa juste valeur, en faisant fi des critères artificiels que tente de nous imposer un système biaisé.

Le problème que j'ai découvert au Bangladesh – l'exclusion des pauvres du système financier – ne se limite pas aux pays les plus pauvres du monde. Il existe partout. Même dans les pays riches, de nombreuses personnes ne sont pas considérées comme solvables et ne peuvent donc profiter pleinement du système économique.

En 1994, j'ai reçu la lettre d'une jeune femme, Tami, qui vivait à Hixon (Texas) et écrivait dans un journal. Tami m'a décrit ce qui lui est arrivé lorsqu'elle a eu affaire au système bancaire américain :

> *Quand j'étais enfant, j'ai essayé d'ouvrir un simple compte de dépôt. Je n'y suis pas parvenue parce que la banque m'a demandé deux pièces d'identité avec des photos. Est-ce qu'un enfant a une pièce d'identité ?*
>
> *Mes expériences d'adulte n'ont pas été meilleures.*
>
> *Ma mère avait reçu un mandat de 500 dollars du gouvernement américain en remboursement d'un mandat précédemment perdu par les services postaux. Elle l'a porté à la banque le jour où nous fermions notre compte. Ils ont refusé de lui donner des espèces au motif qu'elle n'avait plus de compte auprès de cette banque. Elle a dû porter le mandat à une des nombreuses* check-cashing companies *qui sont apparues aux États-Unis au cours des dernières années. Nous avons été scandalisées quand on nous a réclamé une commission de 20 % – 100 dollars !*
>
> *J'ai commencé à m'intéresser à ces compagnies et j'ai découvert que beaucoup de gens étaient obligés d'y avoir recours. Ce sont surtout des personnes âgées vivant d'allocations publiques ou des*

> *travailleurs pauvres qui n'ont pas la possibilité d'ouvrir un compte en banque parce qu'ils ne peuvent conserver un montant suffisant sur leur compte, payer les chèques et les frais bancaires, ou encore prouver à la banque qu'ils ont un bon historique de crédit. Certaines personnes ont des difficultés à présenter les papiers d'identité indispensables à l'ouverture d'un compte. Il est déjà suffisamment difficile de produire la pièce d'identité qu'ils réclament pour encaisser un chèque.*
>
> *Au journal où je travaillais, je recevais ma paie chaque semaine. J'ai toujours apporté mon chèque à la banque sur laquelle il était tiré, et je l'ai toujours présenté aux deux mêmes guichetiers. Chaque semaine, ils exigeaient de voir mon permis de conduire. Et comme si un permis de conduire délivré par l'État et portant ma photographie ne suffisait pas, ils demandaient aussi à voir ma carte de crédit. Si je suis endettée, c'est que je dois être honnête.*

N'est-il pas scandaleux que les personnes à bas revenu, qui se battent pour joindre les deux bouts, soient celles qui doivent payer le plus cher pour bénéficier de services bancaires de base – tout du moins lorsqu'elles y ont accès ?

Depuis que j'ai reçu la lettre de Tami, les choses ne se sont pas améliorées. De nouvelles manières d'exploiter les pauvres sont régulièrement inventées. Si vous faites partie de la classe moyenne, il se peut que vous n'ayez jamais entendu parler des « prêts du jour de paie » : ce sont des prêts de faible montant (moins de 1 500 dollars en général), consentis pour une courte période aux Américains disposant de revenus trop faibles pour pouvoir accéder aux principaux instruments de crédit. Ils utilisent ces prêts pour se débrouiller entre deux salaires – pour, quand l'argent manque, pouvoir régler la facture du médecin, payer le garagiste, ou faire réparer un appareil cassé.

Les personnes appartenant à la classe moyenne ou supérieure utiliseraient leurs cartes de crédit pour régler de telles dépenses. Si la facture de la carte de crédit est payée complètement et à temps, ils ne subiront aucune charge financière. Si cette facture n'est honorée qu'au bout de quelques mois, un taux d'intérêt annuel d'environ 25 % sera appliqué aux sommes en cause. Mais les travailleurs pauvres, qui ne peuvent pas avoir de carte de crédit, sont contraints de contracter des « prêts du jour de paie ». Les frais et les charges d'intérêt appliqués à ces prêts peuvent représenter un taux d'intérêt annuel de 250 %, voire plus.

Il est tentant de rendre les pauvres responsables des problèmes auxquels ils sont confrontés. Mais lorsqu'on observe les institutions que nous avons créées et qui ne parviennent pas à venir en aide aux pauvres, nous voyons que ces institutions et les conceptions rétrogrades qu'elles véhiculent portent une lourde responsabilité.

La Grameen Bank a refusé cet apartheid financier. Nous avons osé accorder des crédits bancaires aux pauvres parmi les pauvres. Nous avons donné une place à des miséreuses qui n'ont jamais eu le moindre argent de leur vie. Nous avons défié les règles. Chaque fois que nous faisions un pas de plus, nous étions abreuvés de reproches : « Vous gaspillez votre argent ! L'argent que vous prêtez ne vous sera jamais remboursé. Même si votre système semble fonctionner pour le moment, il s'écroulera bientôt. Il explosera et disparaîtra. »

Mais la Grameen Bank n'a jamais explosé ou disparu. Elle s'est développée et a touché de plus en plus de gens. Aujourd'hui, elle accorde des prêts à plus de 7 millions de pauvres, dont 97 % de femmes, dans soixante-dix-huit mille villages du Bangladesh.

Depuis son ouverture, la banque a distribué des prêts pour un montant total équivalant à 6 milliards de dollars. Le taux de remboursement est actuellement de 98,6 %. Comme toute banque bien gérée, la Grameen Bank réalise habituellement un profit. Elle est financièrement autonome et n'a pas eu recours à des dons depuis 1995. Les dépôts et les autres ressources de la Grameen Bank représentent aujourd'hui 156 % de son encours de crédit. La banque a été rentable depuis qu'elle existe, sauf en 1983, 1991 et 1992. Mais ce qui importe plus que tout, c'est que, selon une enquête interne, 64 % de ceux qui ont été nos emprunteurs durant au moins cinq ans ont dépassé le seuil de pauvreté.

La Grameen Bank est née d'un petit projet local mis en œuvre avec l'aide de plusieurs de mes étudiants, des filles et des garçons de la région. Après toutes ces années, trois d'entre eux travaillent toujours avec moi et font partie des principaux dirigeants de la Grameen Bank.

D'autres angles morts de la théorie économique

Être simplement disposé à étendre le crédit bancaire aux pauvres apparaissait comme révolutionnaire au regard de la pensée économique dominante. Cela revenait à ignorer la croyance selon laquelle des prêts ne pouvaient être accordés sans garantie. La grande majorité des banquiers acceptent cette hypothèse sans l'analyser, sans s'interroger, sans même y penser. Or elle conduit à interdire à la moitié des êtres humains de participer au système financier.

Vu de plus haut, le système de la Grameen Bank oblige à repenser beaucoup d'autres hypothèses retenues par la théorie économique dominante. J'ai déjà évoqué le fait que la théorie économique esquisse une image outrageusement simplifiée de la nature humaine en supposant que tous les individus sont exclusivement motivés par la maximisation du profit. Il nous suffit de songer brièvement aux gens que nous connaissons pour comprendre que c'est tout simplement faux. Et ce n'est que l'un des nombreux angles morts de la théorie économique traditionnelle que la Grameen Bank devait vaincre.

L'hypothèse selon laquelle le remède à la pauvreté consiste à créer des emplois pour tous est l'un de ces angles morts. Le seul moyen d'aider les pauvres consisterait à leur donner du travail. Cette hypothèse fonde les politiques de développement que recommandent les économistes et que poursuivent les gouvernements comme les agences d'aide au développement. L'argent des donateurs est déversé dans d'énormes projets dont la plupart sont conduits par le gouvernement. Les capitaux privés sont investis dans de grandes entreprises supposées dynamiser les économies locales et régionales en employant des milliers de personnes et en transformant les pauvres en riches contribuables. Cette théorie est séduisante. Mais l'expérience montre qu'elle ne fonctionne pas parce que les conditions nécessaires ne sont pas réunies.

Les économistes sont attachés à cette manière de lutter contre la pauvreté parce que la seule forme d'emploi que connaissent la majorité des manuels d'économie est l'emploi salarié. Le monde des manuels est fait de « firmes » et de « fermes » qui emploient différentes quantités de facteur travail à divers niveaux de salaire. Il n'y a pas de place dans la littérature économique pour les gens qui gagnent leur vie grâce à un travail indépendant, en créant des biens et des services qu'ils vendent directement à ceux qui en ont besoin. Mais, dans le monde réel, c'est ce que font les pauvres.

Un ami américain est récemment venu au Bangladesh pour la première fois. Après avoir parcouru l'une des régions les plus pauvres du pays, il m'a écrit la chose suivante :

> *Aux États-Unis, j'associe la pauvreté rurale à une apparente absence d'activité économique. Je pense aux scènes que ma femme et moi-même avons pu observer en roulant à travers les comtés en déclin situés au nord de New York : des centres-villes déserts, des vitrines où ne sont exposés que quelques articles hors d'âge, des bureaux et des usines aux portes closes, et ainsi de suite. On peut parcourir ces comtés la journée durant sans croiser âme qui vive, et arriver à destination sans être parvenu à comprendre comment les gens du coin gagnent leur vie. (De moins en moins d'habitants de ces comtés parviennent aujourd'hui à gagner leur vie. C'est pourquoi beaucoup d'entre eux sont allés s'installer en ville.)*
>
> *Mais la moindre parcelle du Bangladesh rural que j'ai découverte aujourd'hui, qui est infiniment plus pauvre (en termes monétaires) que n'importe quel endroit de l'État de New York, grouille d'activité comme un essaim d'abeilles. Chaque village a sa rue commerçante où des douzaines de cabanes au toit de tôle ondulée se serrent les unes contre les autres, offrant des piles de produits à vendre (des chaussures, des médicaments, des meubles, des vête-*

ments, des DVD, des produits alimentaires) ou des services allant du barbier au tailleur. Sur les routes secondaires, les villageois présentent leurs marchandises sur des nattes de paille : des paniers, des chapeaux, du pain, quelques pommes de terre ou des légumes. Et dans pratiquement toutes les maisons ou les jardins devant lesquels on passe, on voit des gens en train de travailler et de fabriquer, réparer ou préparer ce qu'ils vont vendre : ils soignent des vaches laitières, sculptent des meubles en bois, soudent des bijoux, ramassent leur récolte.

Les villageois que mon ami américain a observés n'ont pas d'« emplois » au sens que retiennent habituellement les économistes. Mais ils travaillent dur, ils créent du revenu, ils nourrissent leur famille, et ils essaient de s'arracher à la pauvreté. Ce qui leur manque, ce sont les outils économiques dont ils auraient besoin pour rendre leur travail le plus productif possible.

À la Grameen Bank, j'ai entrepris de démontrer que prêter aux pauvres permettait de créer des emplois indépendants et de générer des revenus. En ne reconnaissant pas le ménage comme unité de production et le travail indépendant comme un moyen naturel de gagner sa vie, la littérature économique a fait l'impasse sur une caractéristique majeure de la réalité économique. Je ne plaide pas contre la création d'emplois. On peut s'engager à toute vitesse dans cette voie. Mais ne croyez pas que les gens doivent attendre que des emplois apparaissent et que le travail indépendant ne soit qu'une solution temporaire. Les gens devraient pouvoir arbitrer entre différentes options, dont l'emploi salarié et le travail indépendant. Laissons-les choisir ce qui leur convient. Beaucoup de gens font les deux.

Cette erreur est liée à un autre angle mort de la théorie économique standard : l'hypothèse selon laquelle la capacité d'entreprendre est une qualité rare. Selon les manuels, seule une poignée de personnes ont le talent d'identifier les opportunités d'activité économique et le courage de consacrer les ressources dont elles disposent à leur développement.

Les observations que j'ai pu faire parmi les gens les plus pauvres du monde suggèrent au contraire que la capacité d'entreprendre est presque universellement répandue. Des décennies d'expérience de la Grameen Bank et d'autres institutions l'ont confirmé. Tous les individus, ou presque, ont le talent de reconnaître les opportunités qui les entourent. Et quand on leur donne les outils permettant de transformer ces opportunités en réalité, presque tous sont impatients de les saisir.

Je vois les pauvres comme des bonsaïs. Quand on plante les meilleures semences du plus grand des arbres dans un pot de quinze centimètres de profondeur, on obtient une réplique parfaite de cet arbre – mais elle n'est haute que de quelques centimètres. Il n'y a rien de mauvais dans les semences : c'est le sol dans lequel elles ont été plantées qui pose problème.

Les pauvres sont des hommes-bonsaïs. Rien dans leurs origines ne pose problème. Mais la société ne leur a jamais donné ce dont ils avaient besoin pour grandir. Pour sortir de la pauvreté, les pauvres n'ont besoin que d'un environnement favorable. Lorsqu'ils seront autorisés à libérer leur énergie et leur créativité, la pauvreté disparaîtra très vite.

La théorie économique a encore bien d'autres angles morts. En lisant la majorité des manuels d'économie, vous ne rencontrerez jamais des mots tels que « homme », « femme » ou « enfant ». Pour ce qui concerne les économistes, ces choses n'existent pas. Ils ne s'approchent de l'être humain que lorsqu'ils parlent de « travail » : un ensemble d'êtres-robots qui ont pour seule mission de travailler pour les patrons d'usines, d'entreprises ou de fermes. Et comme la théorie économique ne reconnaît pas que le « travail » est fait d'hommes comme de femmes, cette vision du monde est dominée par les hommes (l'homme étant la « valeur par défaut » entre les hommes et les femmes).

Quand ils sont contestés, les économistes se défendent de se replier sur une extrême abstraction en expliquant qu'ils procèdent de la sorte par souci de « simplicité ». Je comprends qu'il soit parfois nécessaire de simplifier les choses pour y voir plus clair. Mais quand « simplifier » signifie ignorer l'essentiel, cela va trop loin. Albert Einstein disait que « tout doit être fait aussi simplement que possible, mais pas plus simplement que cela ». La théorie économique standard rend les choses « trop simples » et passe ainsi à côté de la réalité.

À la Grameen Bank, nous avons rapidement découvert que, dans le monde réel, il est important de penser aux hommes, aux femmes et aux enfants non comme des unités de travail, mais comme des êtres humains ayant des capacités et des besoins différents. En observant le comportement des gens à qui nous prêtons de l'argent, nous avons vite compris qu'il valait mieux accorder des crédits aux femmes qu'aux hommes pour en faire bénéficier l'ensemble de la famille. Lorsque les hommes gagnent de l'argent, ils ont tendance à le dépenser pour eux-mêmes. Mais quand les femmes gagnent de l'argent, elles veillent à améliorer le sort de tous les membres de la famille, en particulier celui des enfants. Prêter aux femmes crée des bénéfices en cascade : cela procure des avantages sociaux et économiques à toute la famille et, finalement, à l'ensemble de la communauté. La Grameen Bank s'est d'abord intéressée aux mères. Nous nous sommes ensuite intéressés aux enfants. Nous n'étions mus ni par nos émotions, ni par des considérations morales, mais par de solides raisons économiques. Si nous voulons réduire la pauvreté ou l'éradiquer, nous devons nous concentrer sur les prochaines générations. Nous devons les préparer à se débarrasser des stigmates de la pauvreté. Et nous devons leur apprendre à croire en la dignité humaine et à espérer en l'avenir.

Tous les programmes destinés aux enfants ne doivent pas être considérés comme « humanitaires » ou « caritatifs ». Il s'agit en réalité d'amorces de programmes de développement – pas moins (et sans doute davantage) que la construction d'un aéroport, d'une usine, ou d'autoroutes.

Cela nous amène à un autre angle mort essentiel de la théorie économique standard : la focalisation des stratégies de développement sur l'accumulation de biens et la réussite matérielle. Elles devraient à l'opposé se concentrer sur les êtres humains, sur leurs initiatives et leurs activités.

La première mission des politiques de développement est d'éveiller la créativité qui existe en chacun de nous. Un programme qui s'occupe simplement des besoins physiques d'une personne pauvre ou se contente de lui procurer un emploi ne mérite pas le nom de programme de développement : il faut permettre aux pauvres de libérer leur énergie créatrice.

C'est pourquoi la Grameen Bank ne propose aux pauvres ni dons ni bourses, mais des prêts à intérêt qu'ils doivent rembourser au moyen de leur propre travail. Cette dynamique rend la Grameen Bank viable. Les remboursements d'emprunts procurent des fonds pour des prêts futurs destinés soit aux mêmes individus, soit à de nouveaux emprunteurs. S'engage ainsi un processus de croissance économique. Notre banque aide également les pauvres à se prouver qu'ils peuvent améliorer le monde dans lequel ils vivent, et elle leur donne les outils dont ils ont besoin pour y parvenir.

Les critiques disent souvent que le microcrédit ne contribue pas de façon significative au développement économique. Ont-ils raison ? Je crois que la réponse dépend de la manière dont on définit le « développement économique ». Est-il mesuré par le revenu par tête, par la consommation par tête, ou par autre chose par tête ?

Pour moi, l'essence du développement consiste à changer la qualité de vie de la moitié pauvre de la population. Et cette qualité de vie ne se résume pas à la taille du panier de consommation. Le développement doit comprendre la création d'un environnement propice à l'expression par les pauvres de leur potentiel de création. C'est plus important que n'importe quelle mesure du revenu ou de la consommation.

Le microcrédit allume le moteur économique des individus rejetés par la société. Une fois qu'un grand nombre de ces petits moteurs auront été allumés, tout sera prêt pour de grandes choses.

L'évolution de la Grameen Bank

À mesure que la Grameen Bank contribuait à l'amélioration de la situation des pauvres au Bangladesh, elle découvrait de nouveaux champs d'action. C'est pourquoi ses missions ont évolué et se sont diversifiées.

En 1984 par exemple, nous avons commencé à proposer des prêts au logement. Nous nous sommes là aussi heurtés à des résistances bureaucratiques. Lorsque nous avons demandé à la Banque centrale du Bangladesh de nous accorder le type de refinancement qui était offert aux banques commerciales pour les prêts au logement, notre candidature fut rejetée au motif que le montant des prêts que nous envisagions de créer (5 000 takas, soit environ 125 dollars de l'époque) était trop peu élevé pour permettre de construire quelque chose répondant à la définition gouvernementale d'un « logement ». C'était peut-être vrai, mais cela ne changeait rien au fait que les pauvres avaient un besoin urgent d'acheter de la tôle ondulée pour se protéger de la pluie. Nous avons tenté plusieurs fois de réécrire notre dossier de candidature : nous espérions trouver les formulations qui conviendraient aux fonctionnaires. Mais nous n'avons pas obtenu l'autorisation de proposer des prêts au logement avant qu'un sympathique gouverneur de la Banque centrale n'accepte d'intervenir. Il décida d'ignorer les règles et autorisa la Grameen Bank à aider les pauvres à réparer leurs cabanes délabrées.

Depuis leur création, les prêts au logement ont permis de construire 650 000 maisons. Elles appartiennent aux femmes membres de la Grameen Bank. Cela constitue un pas important dans l'accès des femmes bangladaises au pouvoir – elles qui, pendant si longtemps, ont appartenu à la fraction la plus opprimée de la population.

En travaillant avec les pauvres, nous avons rapidement compris qu'il ne suffisait pas de leur apporter des services financiers. Il est aussi très important de promouvoir toute une liste d'améliorations sociales. L'organisation de base de la banque et la structure de ses programmes de prêts en offrent un exemple.

Ceux qui empruntent auprès de la Grameen Bank ne

restent pas isolés. Chacun appartient à un groupe de cinq amis qui ne doivent pas avoir de liens de parenté. Lorsque l'un de ces cinq amis souhaite demander un prêt, il doit avoir l'accord des quatre autres. Bien que chaque emprunteur soit responsable de son propre prêt, le groupe fonctionne comme un petit réseau social apportant des encouragements, un soutien psychologique, et parfois une aide pratique précieuse pour supporter la charge inhabituelle de la dette et s'orienter dans le monde des « affaires ». Le groupe lui-même ne reste pas non plus isolé. Dix à douze d'entre eux se réunissent chaque semaine dans un centre local, une simple cabane construite par les emprunteurs dans leur village. On compte plus de 130 000 centres dans le pays, dont dépendent cinquante à soixante emprunteurs de la Grameen Bank. Lors de ces rencontres hebdomadaires, les employés locaux de la banque collectent les remboursements d'emprunt et discutent des nouvelles demandes de prêts. Diverses activités stimulantes, instructives et pratiques sont entreprises : elles vont de débats autour de nouvelles idées d'activité à des présentations sur des sujets sanitaires ou financiers, et incluent des exercices collectifs. Le chef du centre est élu démocratiquement.

Il ne fait pas de doute que la dynamique communautaire de la Grameen Bank constitue une explication importante de son succès. La pression sociale positive créée par le groupe et par le centre aide considérablement les emprunteurs à rester fidèles à leurs engagements. Lorsqu'on demande aux membres de la Grameen Bank pourquoi ils remboursent leurs emprunts, la réponse la plus fréquente est la suivante : « Parce que je me sentirais terriblement coupable de laisser tomber les autres membres de mon groupe. »

Quelques critiques s'inquiètent du caractère potentiellement coercitif d'un tel système. Mais nul n'a jamais été contraint de rejoindre la Grameen Bank. Le seul objectif de la banque est d'aider les pauvres à sortir de la pauvreté. Je pense qu'il est plus pertinent d'y voir un exemple de la capacité de la communauté à encourager les gens à entreprendre des actions qui, sans cela, leur sembleraient hors de portée.

Les « Seize Résolutions » constituent une autre manière importante de soutenir notre programme social. Il s'agit d'un ensemble de résolutions collectives et personnelles qui ont évolué à travers le temps. Elles trouvent leur origine dans les travaux d'ateliers réunissant les emprunteurs de la Grameen Bank et les membres du personnel au début des années 1980. Des versions antérieures des « Seize Résolutions » avaient été adoptées dans des filiales de la banque et dans des centres à travers le pays. Mises en commun au fil du temps, elles ont été regroupées en 1984 et sont devenues les « Seize Résolutions » que nous connaissons. Elles font depuis lors partie intégrante du programme de la Grameen Bank. Chaque nouveau membre doit les apprendre et s'engager à les suivre.

Voici la liste des « Seize Résolutions » :

1. Nous respecterons et appliquerons les quatre principes de la Grameen Bank – discipline, unité, courage et travail assidu – dans tous les domaines de notre vie.
2. Nous apporterons la prospérité à nos familles.
3. Nous ne vivrons pas dans une demeure délabrée. Nous entretiendrons nos maisons et aspirerons à en bâtir de nouvelles le plus tôt possible.
4. Nous cultiverons des légumes toute l'année. Nous en ferons grande consommation et vendrons le surplus.

L'expérience Grameen

5. Pendant la période de plantation, nous planterons autant de pousses que possible.
6. Nous ferons en sorte d'avoir peu d'enfants. Nous limiterons nos dépenses. Nous ferons attention à notre santé.
7. Nous donnerons une éducation à nos enfants et nous donnerons les moyens de subvenir à cette éducation.
8. Nous veillerons à la propreté de nos enfants et de l'environnement.
9. Nous construirons et utiliserons des fosses d'aisances.
10. Nous boirons l'eau des puits sains. S'il n'y en a pas, nous ferons bouillir l'eau ou nous la désinfecterons avec de l'alun.
11. Nous n'exigerons aucune dot pour nos fils comme nous n'en donnerons aucune à nos filles. Les dots seront proscrites de nos centres. Nous nous opposerons au mariage de jeunes enfants.
12. Nous ne commettrons aucune injustice comme nous nous opposerons à ce que les autres en commettent.
13. Nous procéderons collectivement à des investissements plus élevés pour obtenir des revenus plus importants.
14. Nous serons toujours prêts à venir en aide aux autres. Si quelqu'un a des difficultés, nous l'aiderons.
15. Si nous venons à apprendre que, dans un centre, la discipline est bafouée, nous nous y rendrons pour la rétablir.
16. Nous introduirons les exercices physiques dans tous les centres. Nous participerons collectivement à toutes les rencontres organisées.

Conformément aux « Seize Résolutions », les emprunteurs de la Grameen veillent à envoyer leurs enfants à l'école. De fait, tous les enfants en âge d'aller à l'école de chaque famille appartenant à la Grameen fréquentent régulièrement l'école. Pour des emprunteurs en majorité illettrés, c'est un exploit. La diffusion de l'éducation dans une génération entière du Bangladesh rural constitue une percée historique spectaculaire.

Les années passant, les enfants des familles membres de la Grameen sont allés au lycée. Beaucoup faisaient partie des meilleurs élèves de leur classe. Pour fêter cette réussite, nous avons commencé à donner des bourses aux meilleurs élèves. Actuellement, la Grameen Bank alloue chaque année plus de trente mille bourses d'études aux enfants de ses emprunteurs.

De nombreux enfants poursuivent leurs études et deviennent médecins, ingénieurs, professeurs, etc. Nous avons créé des prêts étudiants pour permettre aux étudiants de la Grameen de continuer leurs études. Certains ont à présent un doctorat. 18 000 étudiants ont déjà bénéficié de ces prêts, et 8 000 s'ajoutent chaque année à ce nombre.

Comme le montrent ces exemples, la Grameen Bank est bien davantage qu'une simple institution financière. Nous créons des générations totalement nouvelles qui disposeront des outils permettant de mettre leurs familles à l'abri de la pauvreté. Nous voulons introduire une rupture dans la continuité historique de la pauvreté. La Grameen Bank est l'instrument dont nous nous servons à cette fin.

Il faut également noter que le succès de la Grameen Bank s'est appuyé sur la volonté de reconnaître et d'honorer les motivations dépassant le cadre économique. Les êtres humains ne sont pas simplement des travailleurs, des consommateurs, ou même des entrepreneurs. Ce sont aussi des parents, des enfants, des amis, des voisins et des citoyens. Ils s'inquiètent pour leur famille. Ils se soucient de leur communauté. Ils se préoccupent beaucoup de leur réputation et de leurs relations avec les autres. Pour les banquiers classiques, ces questions humaines n'existent pas. Mais elles sont au cœur de ce qu'entreprend la Grameen Bank. Le crédit que nous offrons aux pauvres ne se résume pas à des écritures dans un livre de comptes ou à une poignée de factures à remettre à une personne. C'est un instrument pour remodeler des vies. Ni l'équipe de la Grameen Bank ni nos emprunteurs ne perdent cela de vue.

L'évolution du système Grameen

La Grameen Bank est à la fois une entreprise et une institution pour les pauvres. Pour ces deux types d'organisation, l'un des tests les plus importants consiste à savoir comment elles survivent à une terrible catastrophe économique et humaine. La plupart des institutions savent profiter des bons moments, mais seules les plus résistantes survivent aux désastres.

En 1998, le Bangladesh a connu la pire inondation de son histoire. Comme je l'ai écrit à cette époque, ce n'était « pas juste une autre inondation : c'est l'INONDATION dont les générations futures du Bangladesh se souviendront ». L'inondation commença à la mi-juillet. Les deux tiers du pays furent sous l'eau durant onze semaines, ce qui causa de terribles souffrances et désorganisa l'économie nationale. Trente millions de personnes durent quitter leurs maisons, plus de mille furent tuées, et deux récoltes de riz furent endommagées.

Comme vous pouvez l'imaginer, les membres et le personnel de la Grameen Bank n'ont pas été épargnés. Cent cinquante-quatre de nos membres sont morts à cause de l'inondation. Plus nombreux encore sont ceux qui perdirent des membres de leur famille. Les maisons, les fermes, les animaux de beaucoup de nos membres furent emportés par les eaux. Plus de la moitié de nos emprunteurs et plus de 70 % de nos bureaux ont été touchés par l'inondation.

Comme l'activité économique s'était arrêtée dans une grande partie du Bangladesh, beaucoup de membres de la Grameen Bank ont perdu toutes leurs sources de revenus et étaient incapables de continuer à rembourser leurs prêts. Au même moment, leurs besoins augmentèrent énormément. La banque y répondit par des programmes d'aide d'urgence. 42 % de nos centres ont été déclarés « centres sinistrés » et ont suspendu la collecte des remboursements pendant une période de cinq mois. Nous avons également injecté massivement des liquidités au moyen de programmes de prêts d'urgence. Les membres qui avaient construit leur maison grâce aux prêts au logement de la Grameen Bank obtinrent un prêt supplémentaire de 5 000 takas (125 dollars de l'époque) pour effectuer des réparations. D'autres membres se virent accorder des prêts de 2 500 takas pour la même raison.

Ces mesures ont contribué à alléger la souffrance des membres de la Grameen et à accélérer la reconstruction des communautés détruites par l'inondation. Mais cela a fait peser une immense pression économique sur la banque. Vers la mi-1999, nous avons connu de sérieux problèmes de défauts de paiement à grande échelle dans certaines régions du pays. Ce n'était pas étonnant : il eût été irréaliste de penser qu'une économie dévastée pourrait se relever rapidement d'un tel choc. Mais lorsque nous étudiâmes le problème de près, nous découvrîmes quelque chose d'étonnant. Certains des centres qui connaissaient les difficultés les plus graves avaient pour proches voisins des centres enregistrant de bonnes performances.

En examinant ces disparités pour trouver une explication, nous avons réalisé que la grande inondation ne constituait qu'une partie du problème. Les centres dont les membres avaient connu les difficultés les plus importantes se battaient en fait depuis des années. Le stress créé par l'inondation n'avait fait qu'exacerber les problèmes et les avait rendus plus évidents.

Au fil des ans, nous avions ponctuellement tenté d'ajouter de nouvelles règles et de modifier certaines caractéristiques de base du système Grameen sans procéder à une refonte complète. Le programme Grameen est par conséquent resté identique pour tous les emprunteurs. Il fonctionnait généralement bien, mais il ne pouvait répondre aux besoins particuliers des emprunteurs. Après plus de quinze ans d'existence, Grameen était prête pour le changement, et la grande inondation de 1998 a constitué l'occasion de moderniser notre système.

Lors des deux années suivantes, les employés de Grameen ont participé à travers le pays à une réflexion destinée à repenser les interventions de la banque, à chercher des moyens de renforcer son assise économique, à rendre ses produits plus adaptés aux besoins des membres, et à accroître sa flexibilité pour gérer des conditions et des besoins changeants.

Nous nous sommes en particulier concentrés sur deux points. Nous voulions d'abord augmenter massivement le montant des dépôts sur livret réalisés auprès de la Grameen Bank. Cela améliorerait la structure de son bilan et créerait une réserve de fonds sur laquelle nous appuyer dans les périodes de difficultés économiques – la prochaine fois par exemple qu'une catastrophe naturelle frapperait le Bangladesh. En 1995, nous avions décidé que la Grameen Bank s'autofinancerait totalement. Elle n'accepterait plus d'argent des donateurs bilatéraux ou multilatéraux et compterait sur ses propres ressources financières. Mais quand l'inondation se déclencha, nous eûmes besoin de financements complémentaires. Nous n'avons pas fait appel à des donateurs. Nous avons emprunté de l'argent à la Banque centrale du Bangladesh. Puis nous avons émis des obligations pour emprunter de l'argent aux banques commerciales. Nous étions confiants dans le fait qu'une fois repensé, le système Grameen deviendrait suffisamment solide pour éviter d'avoir à emprunter même en période de désastre.

Nous avons ensuite voulu introduire une plus grande flexibilité dans nos produits. Nous avons offert à nos emprunteurs davantage d'options en matière de mode et de date de remboursement de leurs emprunts : il devenait plus facile de rembourser des montants plus élevés lorsque les affaires étaient bonnes et des montants plus faibles en période creuse.

Nous avons abordé ce défi dans le même esprit d'ouverture que celui qui avait conduit à la fondation de la Grameen Bank. Des douzaines d'idées ont surgi, nous en avons débattu et nous les avons testées. Celles qui fonctionnaient le mieux ont été intégrées au plan pour un nouveau système Grameen. À la fin de 2001, ce nouveau système – que nous avions surnommé Grameen II – avait été complètement défini. Il a été mis en œuvre progressivement, en fonction des circonstances locales et de la capacité de nos divisions régionales à former les employés de la banque. En août 2002, Grameen II avait été adopté partout dans le pays.

Les différences entre Grameen I et Grameen II sont nombreuses et intéressantes. Ceux qui veulent connaître l'histoire complète de Grameen II et avoir des détails sur sa mise en œuvre peuvent lire *The Poor Always Pay Back : The Grameen II Story* [1], qui traite parfaitement ce sujet. La charte présentée en page suivante vient de ce livre et propose un résumé commode des principales innovations introduites par Grameen II.

La charte illustre la manière dont la Grameen Bank, comme toute autre activité, doit évoluer et s'adapter au fil du temps pour servir ses clients et répondre à leurs besoins le plus efficacement possible. C'est une leçon que les créateurs de social-business doivent apprendre : comme une entreprise maximisant son profit doit être agile et souple afin de répondre aux impératifs changeants d'un environnement concurrentiel en évolution permanente, les social-business ne doivent jamais cesser de se développer et de s'améliorer.

La Grameen Bank propose quatre prêts différents avec quatre taux d'intérêt différents. Il s'agit d'intérêts simples, alors que les banques traditionnelles utilisent des intérêts composés. Le total des intérêts versés par un emprunteur ne peut jamais excéder le montant de la somme empruntée. Même si un emprunteur met vingt ans à rembourser son prêt, il ne paiera au total pas plus du double de la somme empruntée.

Le plus classique de nos prêts, avec lequel nous avons débuté en 1976, est proposé au taux d'intérêt de 20 %. Le taux applicable aux prêts au logement est de 8 %. Dans le programme de prêts étudiants que nous

---

1. Asif Dowla et Dipal Barua, *The Poor Always Pay Back : The Grameen II Story* (Bloomfield, CT : Kumarian Press, 2006).

De Grameen I à Grameen II : un système plus souple et plus réactif

Grameen I	Grameen II	Raisons du changement
Pas de versements pour épargner et constituer une retraite.	Les emprunteurs déposent mensuellement un montant fixe déterminé par un plan d'épargne retraite.	Aider les emprunteurs à constituer une épargne pour leur retraite.
Plan d'épargne unique.	Plans d'épargne diversifiés pour s'adapter aux besoins des membres.	Encourager l'épargne pour des besoins spécifiques et obtenir des gains économiques à long terme.
Pas de collectes d'épargne auprès des non-membres.	Campagnes actives pour collecter l'épargne des non-membres.	Permettre à la banque de financer les prêts futurs.
Majorité de prêts d'un an avec des remboursements fixes.	Prêts à durée et à mensualités variables.	Permettre aux emprunteurs d'obtenir des prêts adaptés à leurs besoins et aux circonstances.
Plafond de prêt unique pour tous les emprunteurs d'une succursale.	Plafonds de prêts différenciés en fonction de l'épargne et d'autres éléments.	Récompenser et encourager les bonnes pratiques d'emprunt et de remboursement des membres.
La famille est responsable du prêt en cas de décès de l'emprunteur.	Des fonds d'épargne spéciaux assurent le remboursement des encours de créance après le décès de l'emprunteur.	Supprimer l'angoisse des emprunteurs de laisser une dette après leur mort.
Les emprunteurs sont en défaut de paiement si leur prêt n'est pas remboursé au bout de 52 semaines.	Les emprunteurs sont en défaut de paiement si l'échéancier de remboursement n'est pas respecté pendant 6 mois.	Créer un signal permettant d'identifier de façon précoce les problèmes potentiels des emprunteurs.
Les fonds des nouvelles succursales sont empruntés auprès du siège à un taux d'intérêt de 12 %.	Les nouvelles succursales s'autofinancent dès le premier jour en utilisant l'épargne des emprunteurs et des non-emprunteurs.	S'assurer que les filiales s'autofinancent rapidement.

avons lancé en 2000, nous demandons un taux d'intérêt de 0 % pendant la durée des études et de 5 % après l'obtention du diplôme. Et en 2004, nous avons introduit un programme offrant des prêts aux plus pauvres, les mendiants, que nous qualifions de « membres en difficulté ».

Aucune des règles habituelles de la Grameen Bank ne s'applique aux mendiants. Les prêts, qui se montent à environ 15 dollars, sont dépourvus d'intérêts. Les emprunteurs peuvent rembourser le montant qu'ils souhaitent quand ils le souhaitent. Les membres en difficulté utilisent l'argent que nous leur prêtons pour proposer de modestes marchandises – des collations, des jouets, des articles ménagers – lorsqu'ils vont de maison en maison pour mendier. Ils distinguent rapidement les maisons où il vaut mieux vendre de celles où il vaut mieux mendier.

Cette idée fonctionne. Il y a maintenant 100 000 « membres en difficulté » dans ce programme. Plus de 10 000 ont déjà arrêté de mendier et sont devenus vendeurs à plein temps. La plupart des autres ne mendient plus qu'à temps partiel. Et oui, les mendiants remboursent leurs prêts. Sur les 95 millions de takas mobilisés pour ce programme, près de 63 millions ont déjà été remboursés.

Les autres innovations intéressantes du programme Grameen II incluent un plan d'épargne retraite, un programme de prêts flexibles et une assurance pour les prêts.

Un emprunteur ouvre un compte épargne retraite en s'engageant à y déposer un montant fixe chaque semaine ou chaque mois. S'il tient son engagement pendant dix ans, il recevra un montant égal à près du double de ses dépôts cumulés (ce qui représente un taux de rendement d'environ 12 %). Les membres de la Grameen apprécient ce programme et sont impatients de voir leur épargne fructifier année après année. À la mi-2007, le total des dépôts des emprunteurs s'élevait à plus de 400 millions de dollars ; les dépôts d'épargne retraite représentaient 53 % de ce montant.

Si un emprunteur a des difficultés à rembourser son prêt conformément à l'échéancier initial, il peut le transformer en un prêt flexible qui lui permet de rembourser des montants plus faibles sur une période plus longue. L'assurance pour les prêts rend possible l'annulation des encours de prêt quand l'emprunteur ou son conjoint meurt. Ces caractéristiques de Grameen II permettent d'assurer qu'un microprêt restera une source d'aide pour une famille et ne deviendra pas un fardeau dans les périodes difficiles.

Grâce aux changements apportés par Grameen II, la position financière de la Grameen Bank est à présent plus forte que jamais, même si les services proposés aux pauvres se sont multipliés et sont devenus plus flexibles et plus utiles. En 2006, la banque a réalisé un profit de 20 millions de dollars et a distribué des dividendes pour la première fois (les restrictions imposées par les gouvernements précédents venaient d'être levées). Les emprunteurs ont reçu des dividendes en tant qu'actionnaires de la banque.

Le microcrédit à travers le monde

Au Bangladesh, 80 % des familles pauvres ont déjà eu recours au microcrédit. (Des millions ont fait appel à la Grameen Bank. Beaucoup d'autres ont eu accès à ce service grâce à des ONG spécialisées dans le microcrédit, en particulier le « Bangladesh Rural Advance Committee, ou BRAC, et ASA.) Nous prévoyons que près de 100 % des familles pauvres du Bangladesh auront été touchées en 2012, ce qui fera de notre pays le premier au monde à apporter des services financiers à toutes les familles pauvres.

L'idée de microcrédit, qui est née dans le village de Jobra au Bangladesh, s'est répandue à travers le monde. Il existe à présent des programmes de microcrédit dans presque tous les pays. Le microcrédit a effectué sa percée la plus importante en Asie. Mais il a également pris pied dans les pays d'Afrique, en Asie, en Amérique latine, et au Proche-Orient. Il s'est par ailleurs étendu aux pauvres de nombreux pays développés, dont les États-Unis.

Beaucoup de ces programmes ont été modelés sur ceux de la Grameen Bank. Nombreux sont ceux qui nous ont envoyé leurs cadres et leurs employés pour obtenir des informations de première main. La demande de formation à la méthode Grameen est si importante que nous avons fondé une organisation dédiée à cette mission : Grameen Trust.

La Grameen Bank elle-même ne fonctionne qu'au Bangladesh : nous n'avons ni filiales ni succursales dans d'autres pays. Nous ne sommes ni affiliés à d'autres organisations de microcrédit ailleurs dans le monde, ni responsables d'aucune d'entre elles. Cela vaut également pour celles qui citent la Grameen Bank ou moi-même comme source d'inspiration ou d'orientation. La seule exception est la poignée de programmes créés à la suite d'accords particuliers entre des donateurs et Grameen Trust, et qui sont mis en œuvre par le personnel de la Grameen Bank à travers le programme « Build-Operate-Transfer » (BOT).

L'un des meilleurs forums pour avoir des discussions fructueuses avec tous types de praticiens du microcrédit est le « Microcredit Summit Campaign ». L'histoire de cette organisation mondiale offre un bon moyen de retracer le développement et l'expansion de ce mouvement.

En 1997, la première édition du sommet du microcrédit s'est déroulée à Washington DC. On attendait environ trois mille délégués de cent trente-sept pays qui représentaient des programmes de microcrédit de toutes sortes et de toutes tailles. Nous avons adopté ensemble l'objectif de toucher 100 millions des familles les plus pauvres du monde au moyen du microcrédit et d'autres services financiers d'ici à 2005.

C'était un objectif audacieux. À cette époque, le nombre de familles concernées par le microcrédit n'était que de 7,6 millions, dont 5 millions au Bangladesh. Une centaine de millions de familles semblait être un rêve lointain. Et si l'on a suivi l'histoire d'objectifs pareillement ambitieux fixés en matière de développement économique, on sait qu'ils sont rarement atteints. Le plus souvent, les efforts s'arrêtent rapidement, les objectifs sont abandonnés sans bruit, et plus personne n'en parle plus.

Dans ce cas précis, le résultat fut très différent. Nous avons pu annoncer lors du troisième sommet mondial du microcrédit qui s'est tenu à Halifax, en Nouvelle-Écosse, que nous avions atteint l'objectif des 100 millions de familles à la fin de 2006, avec juste un an de retard.

C'était une raison de faire la fête, et nous l'avons faite. Mais nous avons profité de l'occasion pour fixer de nouveaux objectifs pour les années à venir. Nous avons d'abord décidé qu'à partir de 2015 nous développerions nos services de façon à en faire profiter 175 millions de familles de par le monde. Nous avons juré que nos efforts auraient un impact important et mesurable sur la pauvreté. Plus spécifiquement, nous nous sommes engagés à aider 100 millions de familles à sortir de la pauvreté grâce au microcrédit et à d'autres services financiers. En nous fondant sur les estimations selon lesquelles environ 5 personnes bénéficient des effets positifs du microcrédit lorsqu'il concerne une famille (chiffre que l'expérience du monde en développement permet de considérer comme approximativement exact), nous pouvons espérer qu'un demi-milliard d'individus sortiront de la pauvreté au cours de la prochaine décennie – ce qui correspond aux objectifs du millénaire pour le développement.

Le retour des prêteurs

À mesure que des organisations de plus en plus nombreuses s'engageaient dans la voie du microcrédit, certaines ont trouvé commode d'ignorer le sens original du terme. Le microcrédit correspond à l'attribution de prêts sans garantie destinés à soutenir des activités génératrices de revenu pour sortir les pauvres de la misère. Aujourd'hui encore, beaucoup d'organisations qualifient de « microcrédit » des programmes offrant sous condition de garantie des prêts à des individus qui ne sont pas pauvres et que ceux-ci utilisent pour financer des dépenses de consommation plutôt que pour produire des revenus. Il y a même des programmes de « microcrédit » qui génèrent d'énormes profits pour leurs investisseurs en demandant des taux d'intérêt de 100 % ou plus !

Dans ces circonstances, nous devons vraiment savoir de quoi nous parlons quand nous parlons de microcrédit. Je crois qu'il est temps de classer les programmes de microcrédit selon des critères clairs et cohérents. Voici les catégories que je propose :

TYPE 1 : LES PROGRAMMES DE MICROCRÉDIT CENTRÉS SUR LA PAUVRETÉ

Les prêts accordés le sont sans garantie et à des taux d'intérêt bas. La Grameen Bank a été créée pour proposer des crédits de ce genre. Les programmes de type 1 demandent des taux d'intérêt compris dans l'une des deux zones suivantes : la zone verte, qui équivaut au taux du marché auquel on ajoute jusqu'à 10 %, et la zone jaune, qui correspond au coût du marché augmenté de 10 à 15 %.

TYPE 2 : LES PROGRAMMES DE MICROCRÉDIT MAXIMISANT LE PROFIT

Ces programmes exigent des taux d'intérêt supérieurs à ceux de la zone jaune. Ils opèrent dans la zone rouge, qui est le territoire des prêteurs. En raison des taux d'intérêt élevés qu'ils demandent, ces programmes ne peuvent être considérés comme centrés sur la pauvreté : ce sont plutôt des entreprises commerciales dont le principal objectif est de rapporter le profit maximal à leurs actionnaires ou à d'autres investisseurs.

Cette classification doit être adaptée à des situations particulières comme l'existence de coûts salariaux portant les dépenses d'exploitation à un niveau inhabituellement élevé. Et ces principes ne s'appliquent pas quand l'organisation de microcrédit est détenue par les emprunteurs.

Je pense cependant que le secrétariat du « Microcredit Summit Campaign », qui a une base de données concernant tous les programmes de microcrédit, devrait classer les programmes selon un système similaire à celui que je viens de proposer. Qui plus est, je crois que le « Microcredit Summit Campaign » ne devrait être ouvert qu'aux programmes de type 1, car ils sont les seuls à poursuivre son objectif : utiliser le microcrédit afin de contribuer à éradiquer la pauvreté.

J'aimerais que tous les pauvres du monde puissent être concernés par des programmes de microcrédit proposés par des social-business. Les programmes de type 2 devraient concentrer leurs activités sur les personnes que leurs revenus rangent dans la classe moyenne, même s'il ne s'agit que de sa couche la plus basse.

On trouve des gens selon lesquels les programmes de microcrédit maximisant le profit bénéficient réellement aux pauvres et à l'économie mondiale en général. Ils soutiennent que demander des taux d'intérêt plus élevés permet à une institution de microfinance (IMF) de couvrir plus rapidement ses coûts. Ils affirment également que des taux de profit élevés rendent les IMF attractives pour les investisseurs des pays riches, ce qui autorise ces institutions à se développer en direction des pauvres. Ils pensent enfin que des taux d'intérêt élevés permettent d'accorder des prêts plus importants et de créer de plus grandes entreprises, lesquelles pourront employer un nombre plus élevé de personnes pauvres.

Le modèle économique qui se cache derrière ces arguments est celui de la finance traditionnelle. Cela ne me pose aucun problème aussi longtemps que les clients font partie de la classe moyenne ou supérieure. Mais cela me pose de sérieux problèmes quand les gens essaient de justifier des taux d'intérêt élevés (taux d'intérêt réels de 30 % et au-delà), voire très élevés (au-delà de 70 %), appliqués à des prêts accordés à des pauvres. Je leur dis la chose suivante : « Faites tout le profit que vous voulez sur les clients de la classe moyenne ! Sentez-vous libre de prendre avantage de votre position financière, si vous le pouvez ! Mais n'appliquez pas les mêmes méthodes aux pauvres. Si vous prêtez aux pauvres, faites-le sans penser au profit, afin qu'ils puissent bénéficier d'une aide maximale pour sortir de la pauvreté. Quant ils en seront sortis, vous pourrez les traiter comme vos autres clients – mais pas avant. »

Le microcrédit a été créé pour protéger les gens des prêteurs, pas pour créer plus de prêteurs.

Comme la plupart des praticiens du microcrédit, je crois qu'il y a place pour beaucoup de modèles de microcrédit. Tester une large gamme d'options peut être à l'origine de progrès importants ainsi que d'une meilleure compréhension de ce qui fonctionne et de ce qui ne fonctionne pas. J'ai beaucoup appris de mes rencontres et de mes conversations avec d'autres praticiens du microcrédit : parce que nous partageons un même objectif, nous avons de nombreuses raisons de coopérer, de collaborer, et de nous soutenir mutuellement.

Les problèmes de financement du microcrédit

Le plus gros problème auquel nous sommes confrontés lorsque nous essayons d'étendre la portée du microcrédit n'est pas le manque de capacités. C'est plutôt le manque d'argent : il est nécessaire d'apporter pendant quelques années des fonds aux programmes de microcrédit afin de leur permettre d'atteindre le seuil de rentabilité.

Cela ne signifie cependant pas que les organisations de microcrédit de type 1 ont besoin de prêts extérieurs et d'investissements étrangers. Pour une institution de microfinance exerçant au sein d'une économie où l'inflation est soutenue – ce qui est le cas de la plupart des pays en développement –, il est très dangereux d'accepter des fonds étrangers. Quand vient le moment de rembourser les prêts internationaux ou de verser des dividendes dans une monnaie forte, l'institution de microfinance finit par verser bien davantage, en monnaie locale, que ce qu'elle a reçu. Le taux d'intérêt effectif sur les prêts étrangers devient ainsi significativement plus élevé que ce qui était prévu.

Le fait est que, dans tous les pays, il y a beaucoup d'argent à prêter aux pauvres. Toute la question est de mobiliser ces fonds et de les rendre disponibles pour les pauvres. Les banques locales ne peuvent pas accorder de prêts aux institutions de microfinance parce que ces dernières ne peuvent apporter de garantie. Mais si une organisation nationale ou internationale accepte de se porter garante, les banques locales seront ravies de consentir des prêts. Cette solution fondée sur le marché est déjà mise en œuvre par des organisations comme la Grameen Capital India et la Grameen Jameel Pan-Arab Microfinance.

Deux autres solutions fondées sur le marché peuvent être apportées à ce problème de financement. Les institutions de microfinance peuvent tout d'abord accepter les dépôts d'épargne. Certaines organisations de microcrédit gérées par des ONG ont interdiction légale de le faire. C'est une chose étrange : alors que les banques traditionnelles, qui prêtent de l'argent aux nantis et ont souvent des taux de remboursement de 70 % ou moins, sont autorisées à collecter d'importants montant d'épargne, des institutions de microcrédit ayant un taux de remboursement au moins égal à 98 % ont interdiction de faire de même !

Quand la communauté du microcrédit proteste contre cette disparité, on nous répond fréquemment que « les programmes de microcrédit n'étant encadrés par aucune loi, il serait très risqué de leur permettre d'accepter les dépôts des clients ». Cet argument m'a toujours paru amusant. Si le problème se limite à un manque de couverture légale, il suffit d'y remédier. Créons une loi qui transforme les établissements de microcrédit en banques de microcrédit afin de ramener leurs programmes dans le cadre légal, ainsi qu'un organisme de régulation de ces dits établissements parallèle à ceux dédiés aux banques traditionnelles.

J'ai longtemps insisté pour que chaque pays franchisse cette étape. Mais la progression est affreusement lente. Après un long processus de négociation, le gouvernement du Bangladesh a créé une autorité indépendante de régulation du microcrédit. Mais la loi relative à la création des banques de microcrédit n'a pas été adoptée : un projet de loi a été approuvé par le gouvernement, mais il n'a pas encore été soumis au Parlement.

Si les restrictions sur les dépôts étaient levées, le développement du microcrédit pourrait être très rapide car ses programmes seraient libérés de leur dépendance à l'égard des donateurs. C'est la solution idéale pour apporter des services financiers aux pauvres. Tout le monde profite de ce dispositif. Les pauvres disposent de services financiers sans limitation ou incertitude sur l'offre de fonds. Les dépôts bénéficieront aux personnes pauvres que compte la communauté sous forme de microcrédit, ce qui contribuera au développement de l'économie locale. Et les banques de microcrédit seront financièrement indépendantes.

La Grameen Bank fonctionne exactement comme cela. Quand nous choisissons d'ouvrir une nouvelle filiale, nous présentons les choses ainsi au directeur : « Voici votre destination. Allez-y et ouvrez une filiale. Vous ne recevrez pas d'argent de notre part. Mobilisez des dépôts, prêtez l'argent aux pauvres, et essayez d'atteindre le seuil de rentabilité dans les douze mois. C'est votre mission. » La plupart des nouveaux directeurs de filiale atteignent leur objectif. Beaucoup mettent un peu plus de douze mois, mais aucun n'éprouve de difficulté à mobiliser des dépôts pour prêter de l'argent. En utilisant ce système, nous avons ouvert en moyenne une filiale et demie par jour en 2006.

Tant que la loi n'autorise pas les organismes de microfinance à accepter les dépôts des clients, le système actuel de financement des programmes de microcrédit ne leur est pas applicable. Ils dépendent donc de l'aide des donateurs.

Le montant de l'aide internationale est d'au moins 50 milliards de dollars par an. Le soutien au microcrédit en représente actuellement moins de 1 %. Si nous voulons réellement apporter des services financiers aux pauvres, cette proportion devrait s'élever à au moins 5 % du montant de l'aide étrangère annuelle, ce qui représenterait 2,5 milliards de dollars environ.

Cet argent servirait à développer la capacité locale de microcrédit grâce à la création de *wholesale funds* rassemblant les fonds des donateurs pour initier et soutenir les programmes de microcrédit.

Chaque pays aurait un certain nombre de *wholesale funds* indépendants. Dans les grands pays comme la Chine, l'Inde, l'Indonésie, le Nigeria et les Philippines, il y aurait des *wholesale funds* de microcrédit dans différentes régions du pays. Dans les régions comptant de nombreux petits pays, telle l'Amérique centrale, un fonds commun de microcrédit pourrait servir simultanément à plusieurs pays. Les apporteurs de fonds de taille régionale ou mondiale pourraient soutenir les fonds intervenant au niveau national ou local.

Je connais personnellement le travail de deux *wholesale funds* de ce type : le Grameen Trust (GT) et la Palli Karma-Sahayak Foundation (PKSF), tous deux actifs au Bangladesh.

Depuis 1991, GT a fourni des fonds et une assistance technique à cent quarante programmes de microcrédit dans quarante pays d'Asie, d'Afrique, d'Europe et d'Amérique. Les prêts proposés par GT sont libellés en monnaie locale : c'est donc GT qui supporte le risque de change, non l'institution de microfinance.

GT propose aussi un soutien global à la création d'une institution de microfinance comprenant des formations ainsi que l'assistance technique de praticiens ayant l'expérience du microcrédit, ce qui se rapproche de l'assistance accordée au franchisé d'une entreprise. Le rôle de GT est celui d'un catalyseur : il apporte aux institutions de microfinance un avantage comparatif qui leur permettra d'attirer les donateurs. C'est en facilitant leur collecte de fonds que GT a contribué à la création de beaucoup de programmes reconnus de microcrédit à travers le monde.

La PKSF (dont le nom traduit du bengali signifie « Fondation pour soutenir l'emploi rural ») est un *wholesale fund* national qui soutient les programmes de microcrédit. Elle finance des *start-up* comme des projets de taille plus importante. Elle a été créée en 1990 par le gouvernement du Bangladesh et dotée de fonds propres. La PKSF a réalisé ultérieurement deux emprunts auprès de la Banque mondiale : 105 millions de dollars en 1996 et 151 millions de dollars en 2001. Elle a distribué 554 millions de dollars à cent quatre-vingt-six organisations de microcrédit au Bangladesh.

Les *wholesale funds* domestiques réduisent fortement les frais généraux. Un fonds basé dans un pays du tiers-monde peut accorder des prêts à des villageoises très pauvres du même pays pour une fraction du coût nécessaire à l'attribution d'un prêt provenant d'un donateur établi en Europe ou en Amérique du Nord. Par le mécanisme du *wholesale fund*, une partie plus importante de l'argent du donateur peut parvenir dans les mains des pauvres au lieu de servir à payer les salaires, les frais et les déplacements de personnalités officielles ou de consultants.

Un autre avantage des *wholesale funds* est qu'ils peuvent fournir régulièrement un financement aux programmes de microcrédit jusqu'à ce que ces derniers soient viables. Les donateurs abandonnent souvent un programme en cours de route. Il est également fréquent que l'argent des donateurs arrive trop tard parce que les longues procédures d'approbation de leurs interventions ne sont pas adaptées aux besoins des programmes de microcrédit. De nombreux responsables de programmes de microcrédit me disent passer une grande partie de leur temps à mobiliser des ressources financières plutôt qu'à s'assurer de la qualité de leur programme de prêt. Préparer des rapports destinés aux divers donateurs prend beaucoup de temps – problème qui pourrait être résolu avec un *wholesale fund* servant de source unique de financement et acceptant des rapports d'activité rédigés sur un modèle standard.

Enfin, les *wholesale funds* peuvent aider les programmes de microcrédit à mobiliser des financements locaux et internationaux en offrant des garanties et d'autres services d'intermédiation financière – en émettant par exemple des actions sous leur nom. Les *wholesale funds* peuvent amener de la sorte les programmes de microcrédit jusqu'au seuil de viabilité et contribuer à transformer des organismes de charité en véritables social-business.

La réunion du G8 qui s'est tenue en juin 2007 à Heiligendamm, en Allemagne, a déterminé la création d'un *wholesale fund* de microfinance pour l'Afrique : l'Africa Microfinance Fund (AMF). C'est une décision bienvenue. La structure de gestion retenue sera déterminante pour le succès de l'AMF. J'espère qu'il s'agira d'un fonds indépendant dont la mission consistera à fournir des financements à un ou plusieurs fonds de microfinance exerçant dans chaque pays africain ainsi qu'à doter d'une formation rigoureuse ceux qui distribueront et géreront les fonds. Une AMF bien gérée pourrait permettre aux IMF de s'implanter et de se développer en Afrique, le continent qui a actuellement le plus besoin de l'énergie économique apportée par le microcrédit.

Les banques traditionnelles et le microcrédit

Les banques traditionnelles peuvent-elles gérer des programmes de microcrédit ? Certainement, à la condition qu'elles disposent d'employés formés à cette fin, d'une méthodologie adéquate, et d'une structure de management appropriée. Je leur suggère habituellement de créer une filiale de microcrédit fonctionnant sur le principe du social-business avec une gestion totalement distincte du reste de leurs activités, ou du moins une division séparée disposant de sa propre équipe.

En Inde, la National Bank for Agriculture and Rural Development (NABARD)[1] encourage les banques commerciales à prêter de l'argent aux pauvres grâce à la méthode des *« Self-Help Group »*. Il s'agit de groupes d'une vingtaine de personnes, habituellement des femmes, qui s'affilient à une succursale d'une banque commerciale. Après avoir épargné pendant au moins six mois, les SHG peuvent emprunter auprès de la banque. Celle-ci leur consent généralement des prêts à un taux de 10 à 12 % (taux de base bancaire) ; le SHG prête à ses membres à un taux plus élevé, allant généralement de 25 à 30 %.

Les ONG apportent leur soutien à la formation de SHG. Elles apprennent à leurs membres à tenir leur comptabilité et à gérer leur épargne. Quand les groupes sont constitués avec l'aide des programmes gouvernementaux de lutte contre la pauvreté, les prêts peuvent être subventionnés jusqu'à 50 %.

En mars 2006, l'Inde comptait 2,2 millions de SHG qui rassemblaient au total 33 millions de clients. Environ la moitié d'entre eux sont pauvres. Un montant total de 1,98 milliard de dollars a été distribué au travers de ce programme en 2006.

Le modèle SHG permet aux banques commerciales

---

1. La NABARD est une banque de refinancement agricole. (*N.d.T.*)

de s'impliquer dans le microcrédit sans créer de filiale de microfinance et sans embaucher de personnel spécialisé.

Le crédit comme base vitale

Chacun sait que l'argent est important. L'unique problème des pauvres est qu'il n'y a pas d'organisme pour leur apporter de l'argent. Le microcrédit résout ce problème en s'appuyant sur le fonctionnement du marché. Maintenant que cette méthodologie est connue, il faudrait lui donner un statut légal et l'incorporer pleinement au système financier.

Certains critiques font remarquer que le microcrédit ne pourra à lui seul régler le problème de la pauvreté. Nul n'a jamais affirmé qu'il le pourrait. Mais le microcrédit crée des bases solides sur lesquelles d'autres programmes de lutte contre la pauvreté peuvent s'appuyer afin d'obtenir de meilleurs résultats.

La pauvreté est un phénomène multidimensionnel. Elle touche à la vie des êtres et à leurs moyens de subsistance. Pour libérer les individus de la pauvreté, il faut prendre en compte tous les aspects de leur vie, du plan personnel au plan global, qu'il s'agisse de la dimension économique ou des dimensions politique, sociale, technique ou psychologique. Ces divers éléments ne sont pas séparés ou déconnectés : ils sont étroitement entrelacés.

Notre expérience de construction d'un programme de microcrédit a contraint la Grameen Bank à reconnaître l'importance de ces multiples dimensions. Dans le prochain chapitre, je décrirai certaines des autres activités dans lesquelles je me suis progressivement impliqué. Cela va de programmes destinés à promouvoir auprès des pauvres la santé, l'éducation, les technologies de l'information, l'autonomie financière, à de grandes entreprises prospères incluant la plus importante du Bangladesh. Dans le développement de ces activités, vous pourrez observer les prémices d'un concept connu sous le nom de social-business.

4.

Du microcrédit au social-business

Mon premier livre était intitulé *Vers un monde sans pauvreté. L'autobiographie du « banquier des pauvres »*. Depuis sa publication, on m'a souvent qualifié de « banquier des pauvres ». Je suis fier de cette dénomination. Mais peu de gens savent que je suis devenu banquier par accident. Je n'en avais pas la moindre intention. Quand j'ai commencé à venir en aide aux pauvres du village de Jobra voilà plus de trente ans, j'étais professeur d'économie. Je savais peu de choses de la banque et je n'avais aucune expérience directe en la matière. Lorsque j'ai commencé à prêter de l'argent aux pauvres du village voisin de mon campus, je n'avais pas la moindre idée de ce à quoi cela me mènerait.

Au cours des années suivantes, je me suis aperçu que mon innocence en matière bancaire m'avait beaucoup aidé. Le fait de ne pas être banquier de formation et de ne pas avoir suivi le moindre cours relatif aux opérations bancaires m'a préservé de toute idée préconçue relative aux mécanismes du prêt et de l'emprunt. Si j'avais été banquier, je ne me serais probablement jamais demandé comment mettre le système bancaire au service des pauvres. Et si je m'étais posé cette question, j'aurais certainement choisi une mauvaise solution. J'aurais pris le système bancaire existant comme une donnée et j'aurais tenté d'y intégrer les pauvres. Toutes les solutions que j'aurais pu imaginer se seraient vraisemblablement révélées inefficaces. Au lieu de cela, l'étranger au système que j'étais a commencé par observer attentivement les pauvres eux-mêmes et s'est familiarisé avec leurs problèmes, leurs compétences, leurs besoins et leurs talents. Et c'est autour d'eux que j'ai construit un système de prêt. Je me suis réveillé un beau jour et j'ai découvert à ma grande surprise que j'étais devenu banquier, même si j'étais un banquier très peu conventionnel.

De la même manière, mes collègues de la Grameen Bank et moi-même sommes devenus des « entrepreneurs par accident ». Nous n'avons jamais eu l'intention de créer des entreprises. Nous avons simplement joué notre rôle de banquiers au plus près des pauvres, en faisant l'effort de chercher à comprendre les conditions économiques et sociales qui les maintenaient dans un état de pauvreté et en essayant de développer des instruments pour leur permettre d'échapper par eux-mêmes à ce destin. Au cours de ce processus, nous sommes tombés sur des opportunités de lancement d'entreprises susceptibles d'aider les pauvres. Dans d'autres cas, ces opportunités nous ont été proposées par des gens convaincus que nous en ferions bon usage. Conduits par les circonstances et séduits par la possibilité de transformer de telles opportunités en bénéfices tangibles pour les pauvres, nous avons commencé à expérimenter de nouvelles idées d'entreprises – d'abord une, puis une autre, puis encore une autre. Certaines de ces idées ont bien pris et ont prospéré ; d'autres ont été des échecs, pour le moment du moins.

Maintenant, après presque vingt ans d'expérimentations, nous faisons fonctionner vingt-cinq organisations souvent présentées sous le nom collectif de « famille des entreprises Grameen ». Le tableau pp. 136-137 en présente la liste complète.

Ces sociétés se sont engagées dans une incroyable variété d'activités. Grameen Phone est à présent la plus grande entreprise du Bangladesh. Le « Village Phone Project », qui dispose du soutien de Grameen Phone, a aidé près de trois cent mille villageoises à devenir des « dames téléphone » proposant des services de téléphonie mobile à travers tout le Bangladesh. (L'activité des « dames téléphone » décline toutefois depuis 2005.) Grameen Telecom et Grameen Communications installent des kiosques Internet dans les zones rurales et font entrer de la sorte le Web et ses bienfaits dans les régions les plus reculées du pays. Les pêcheries et les sociétés textiles Grameen créent des emplois et apportent une nouvelle prospérité à des centaines de villages au moyen de technologies simples et adéquates. Plus de trente centres de Grameen Energy assurent la promotion de la maison solaire et des carburants bio ; ils engagent les femmes des villages et les forment à fabriquer des produits électroniques fonctionnant à l'énergie solaire.

Existe-t-il un point commun entre ces différentes entreprises ? Un seul. Elles partagent le même objectif : améliorer la vie des habitants du Bangladesh, et particulièrement celle des pauvres.

Les sociétés Grameen disposent de deux types de statuts légaux. La plupart sont enregistrées comme entreprises à but non lucratif, ce qui signifie qu'elles ne peuvent pas émettre d'actions et n'ont pas de propriétaires ; elles sont cependant soumises à l'impôt. Quelques-unes revêtent la forme traditionnelle de l'entreprise cherchant à maximiser le profit : elles sont détenues par des actionnaires et doivent bien sûr payer des impôts.

La famille des entreprises Grameen

Nom de l'entreprise	Date de création	Objet
Grameen Bank	1983	Services financiers pour les pauvres
Grameen Trust	1989	Formation, assistance technique et soutien financier apportés aux IMF à travers le monde
Grameen Krishi (Agriculture) Foundation	1991	Expérimentation et formation pour améliorer les pratiques et les rendements agricoles
Grameen Uddog (Entreprise)	1994	Exportation des textiles tissés Grameen Check
Grameen Fund	1994	Société de capital-risque social pour les *start-up*
Grameen Motsho O Pashusampad (Pisciculture et Élevage) Foundation	1994	Programme d'élevage de poissons et de bétail
Grameen Telecom	1995	Services de télécommunication pour les pauvres
Grameen Shamogree (Produits)	1996	Ventes domestiques de textiles tissés, de produits artisanaux et autres
Grameen Cybernet	1996	Fournisseur d'accès à Internet
Grameen Shakti (Énergie)	1996	Sources d'énergie renouvelables pour les zones rurales du Bangladesh
Grameen Phone	1996	Services de téléphonie mobile
Grameen Kalyan (Protection sociale)	1996	Services de santé et protection sociale pour les membres et les employés de la Grameen Bank

Grameen Shikka (Éducation)	1997	Bourses et autres formes d'aide pour les étudiants issus de familles pauvres
Grameen Communications	1997	Fournisseur d'accès à Internet et de services de traitement de données
Grameen Knitwear	1997	Fabrication de produits tricotés destinés à l'exportation
Grameen Capital Management	1998	Gestion d'investissements
Grameen Solutions	1999	Développement de solutions de haute technologie pour les entreprises
Grameen IT Park	2001	Développement d'équipements de bureau *high tech* à Dhaka
Grameen Byabosa Bikash	2001	Fourniture de garanties de prêt pour les petites entreprises
Grameen Information Highway Ltd.	2001	Connectivité des données et fourniture d'accès à Internet
Grameen Star éducation	2002	Formation aux technologies de l'information
Grameen Bitek	2002	Fabrication de produits électroniques
Grameen Healthcare Trust	2006	Financement des services de Grameen Health Care Services
Grameen Health Care Services	2006	Services de santé pour les pauvres
Grameen Danone	2006	Production d'aliments nutritifs et abordables pour les pauvres

Nous n'avions certes pas de plan d'ensemble à l'esprit lorsque nous avons créé notre réseau de sociétés, pièce par pièce, sur plus de deux décennies. Nous avons simplement retenu une structure organisationnelle pour chaque entreprise au moment de son lancement, sur la base de ce qui semblait être la meilleure manière de venir en aide aux pauvres. Ce qui en résulte ressemble à un patchwork de sociétés. Mais ce qui compte est que chacune de ces pièces fonctionne correctement et soit placée au service d'une mission plus importante.

En regardant en arrière, je distingue un motif commun à la création des différentes sociétés Grameen. Quelques initiatives ont été prises parce que nous avions identifié un problème particulier communément répandu dans la population pauvre ; c'est le cas par exemple du manque de soins médicaux. Des études ont montré que la présence de maladies chroniques dans leur famille empêchait les emprunteurs de sortir de la pauvreté. Certaines familles consacrent l'essentiel de leur revenu au traitement d'un malade. Parce que le système public de santé est inefficace, les pauvres dépensent une part significative de leur revenu chez des guérisseurs de village et des charlatans dont les traitements sont non seulement inutiles, mais aussi nuisibles à la santé des patients.

Nous avons tout d'abord essayé de traiter ce problème au moyen de nos structures existantes. Dans le cadre des « Seize Résolutions », nous avons développé des campagnes de sensibilisation consistant par exemple à encourager la culture des légumes pour lutter contre les carences en vitamine A ainsi que les cécités qu'elle provoque chez les enfants. Nous avons pris de nombreuses initiatives en matière d'alimentation avant de créer des centres de santé à travers Grameen Kalyan. Actuellement encore, nous continuons de faire fonctionner plusieurs programmes concurremment afin d'identifier ce qui marche le mieux. C'est un bon exemple de la manière dont nous progressons par l'expérimentation.

Le détail de chaque projet est finalisé grâce à une succession de discussions avec les employés présents sur le terrain et les bénéficiaires potentiels. Nous débutons avec une structure et une méthode de travail provisoires que nous ajustons à mesure que nous avançons. Il nous arrive de sacrifier l'intégralité d'une structure si nous constatons qu'elle ne peut pas fonctionner. Nous en dessinons alors une nouvelle et nous réessayons.

Ce processus d'exploration des idées et de leur transformation en activités viables s'est poursuivi jusqu'à aujourd'hui. L'activité de nos célèbres « dames téléphone » a par exemple décliné très rapidement au cours des derniers mois. Nous avions prévu cette évolution, mais nous ne l'attendions pas si tôt. La concurrence entre les opérateurs de téléphonie mobile au Bangladesh est si intense que les prix ont considérablement baissé. On compte à présent trente-deux millions d'abonnés à un service de téléphonie mobile dans le pays, soit une personne sur cinq. Ce qui signifie que les « dames téléphone » n'ont plus guère de clients potentiels. Nous avons donc testé pour elles de nouveaux modèles d'activité. Nous les aidons à entrer sur le marché des services prépayés en faisant d'elles des représentantes de Grameen Phone. Nous les impliquons également dans la fourniture d'accès à Internet et à d'autres services.

En septembre 2007, Intel et Grameen Solutions ont signé un protocole d'accord pour créer au Bangladesh une infrastructure WiMax, introduire l'utilisation du PC dans les lycées, et faire bénéficier l'éducation comme les services de santé de l'apport des technologies de l'information. Cela pourrait nous conduire à développer diverses activités particulièrement avantageuses pour les pauvres.

Un climat d'ébullition permanente et de créativité caractérise notre travail au sein de la constellation Grameen.

Pour ce qui concerne le sujet de ce livre, il importe de souligner que les entreprises Grameen constituent la pierre d'achoppement du concept de social-business. Leur histoire manifeste l'émergence graduelle de ce concept : une entreprise indépendante qui vend des biens et des services et rembourse à ses propriétaires les sommes investies, et dont l'objectif principal est de servir la société tout en améliorant le sort des pauvres. Bien que nombre d'entre elles aient un statut d'organisation à but non lucratif, nous avons progressivement entrepris de rapprocher leur mode de fonctionnement de celui d'une entreprise classique. Elles ont ainsi été encouragées à entrer dans le monde des affaires tout en conservant leurs objectifs sociaux.

Je ne vais pas vous raconter l'histoire de toutes les entreprises Grameen. Je me contenterai de vous présenter quelques-unes d'entre elles afin d'illustrer la diversité des activités dans lesquelles nous sommes actuellement engagés.

La diffusion du microcrédit à travers le monde : le Grameen Trust

À la fin des années 1980, la Grameen Bank avait démontré la viabilité du microcrédit comme activité et, ce qui importe davantage, comme moyen d'améliorer la vie des pauvres. De nombreux membres de la communauté du développement ont voulu imiter la Grameen Bank en lançant leurs propres programmes de microcrédit. Un flot constant de visiteurs commença à se presser à notre porte pour nous demander des conseils, des orientations et de l'aide.

Parce que nous croyons fermement au pouvoir du microcrédit comme outil au service des pauvres, nous étions heureux d'offrir notre temps à d'autres personnes désireuses de promouvoir ce concept. Mais cette tâche exigeait tant d'énergie qu'elle finit par nous détourner de notre mission principale : aider les pauvres du Bangladesh. Aussi avons-nous fondé en 1989 le Grameen Trust, une organisation à but non lucratif destinée à promouvoir le microcrédit à travers le monde.

Le Grameen Trust apporte diverses formes d'assistance aux IMF qui sollicitent notre aide. Nous avons développé une formation destinée aux employés et aux cadres des IMF, des ateliers réunissant leurs dirigeants afin de faciliter le partage des idées et des expériences, et des programmes de concertation pour les institutions et les individus désireux de s'initier au fonctionnement du microcrédit. Les experts du Grameen Trust fournissent également des conseils, des évaluations, des éléments de suivi et d'autres formes d'assistance technique aux IMF.

Au début des années 1990, le Grameen Trust évolua pour devenir un refinanceur d'IMF trop petites pour avoir leur propre financement. Je songeais à mettre en œuvre ce concept depuis un certain temps : nous avions en effet constaté que beaucoup d'organisations de microcrédit de grande qualité dépérissaient en raison d'un manque de fonds. Mais le Grameen Trust n'avait pas d'argent à consacrer à ce type de soutien avant qu'une rencontre lors d'une conférence prononcée à Chicago ne change la donne : elle conduisit à une généreuse donation de la Fondation MacArthur, l'une des organisations donatrices les plus innovantes au monde. Encouragés par le soutien de MacArthur, des dons supplémentaires ont été fournis par la Banque mondiale, la fondation Rockefeller, l'USAID ainsi que plusieurs autres agences gouvernementales et internationales.

Nombre d'institutions de microfinance doivent leur démarrage à l'argent de Grameen Trust. Il travaille aujourd'hui avec 138 IMF dans trente-sept pays. Au fil des ans, le Trust a débloqué un total de 21,82 millions de dollars et aujourd'hui il vient de signer un accord de partenariat avec le Crédit Agricole.

Le degré d'engagement de Grameen Trust est maximal au sein d'un programme appelé « Built-Operate-Transfer » (BOT). Quand un sponsor estime qu'il est urgent de mettre en œuvre un programme de microcrédit dans une zone où de nombreux pauvres en ont un besoin immédiat, ou s'il existe des doutes sur la manière dont le microcrédit peut fonctionner dans un pays ou un endroit particulier, une équipe viendra du Bangladesh pour participer au lancement du projet. Le

Grameen Trust met en place le programme de microfinance adapté au pays, le mène jusqu'au seuil de viabilité, et forme des personnels locaux pour prendre le relais. Il s'agit d'une forme de programme « clés en main ». Lorsque le programme fonctionne et que sa viabilité est assurée – ce qui prend de trois à cinq ans –, le Grameen Trust peut soit conserver la propriété du programme, soit la transférer : cela dépend de la volonté du donateur.

Le Grameen Trust a créé ou a participé à la création des projets BOT au Myanmar, en Turquie, en Zambie, au Kosovo, au Costa Rica, au Guatemala et en Indonésie. Ils varient considérablement en taille : quatre-vingt-quatorze mille membres au Myanmar, où nous avons lancé le programme en 1997, mais tout juste mille en Indonésie où les débuts datent de 2006. Beaucoup d'autres projets sont encore au stade du développement.

Revitaliser l'artisanat séculaire :
Grameen Uddog et Grameen Shamogree

Le Bangladesh fabrique depuis très longtemps de magnifiques tissus. Les textiles tissés à la main du Bangladesh ont fait l'objet d'une forte demande mondiale durant des siècles. Mais après que la révolution industrielle a lancé l'industrie du tissage mécanique en Angleterre, le marché des tissus d'Asie du Sud a progressivement disparu. L'interdiction par le gouvernement anglais de la fabrication de textiles dans le sous-continent indien a encore empiré les choses. Les tisserands qui osaient violer l'embargo risquaient l'amputation des pouces. Vous vous souvenez sûrement des célèbres photos du Mahatma Gandhi le montrant assis à un rouet durant sa campagne pour l'indépendance indienne. Pour Gandhi, l'autonomie locale était à la fois une nécessité économique et le symbole du riche héritage culturel de la région.

L'industrie textile du Bangladesh affronte aujourd'hui quelques défis majeurs. Des millions de petits tisserands locaux utilisent des métiers à tisser manuels pour créer de magnifiques tissus, en particulier des cotonnades aux couleurs et aux motifs variés. Mais il est difficile de vendre de telles étoffes, surtout quand l'industrie manufacturière cherche à se procurer des tissus identiques par milliers de kilomètres. C'est pour aider les tisserands locaux à proposer au marché international de nouvelles lignes de tissus que nous avons créé en 1993 Grameen Uddog (Entreprise Grameen). Nous avons également lancé une marque : Grameen Check. Trois années plus tard, nous avons fondé une compagnie sœur, le Grameen Shamogree (Produits Grameen), destinée à vendre sur le marché domestique les vêtements Grameen Check.

Lorsque nous avons lancé Grameen Cheek, nous avions l'espoir de promouvoir l'industrie du tissage manuel afin de réduire les importations textiles en provenance d'Inde, où sont produites industriellement de grandes quantités de tissus. Nous avons rempli notre premier objectif : les tisserands bangladais disposent à présent d'un marché beaucoup plus étendu. Mais nous avons moins bien réussi ensuite, parce que les tissus indiens sont généralement moins chers que ceux produits à la main. Les tisserands bangladais doivent importer d'Inde la majorité de leurs matières premières, dont le fil de coton et les teintures, ce qui accroît évidemment leurs coûts de production.

L'exportation des produits Grameen Check est aujourd'hui assoupie, mais Grameen Shamogree travaille très bien sur le marché domestique. Les jeunes Bangladais sont fiers de porter des chemises, des saris et d'autres vêtements réalisés sur des modèles traditionnels avec des étoffes tissées manuellement par des tisserands locaux. Je me suis personnellement transformé en mannequin de mode pour Grameen Check. Je porte leurs tuniques en permanence, ce que vous pourrez constater lors de mes apparitions couvertes par la presse : les photos publiées dans les journaux me montrent comme la seule personne portant des vêtements colorés au milieu d'un océan de costumes gris ou bleu marine. (Je peux d'ailleurs certifier que les vêtements Grameen Check sont très confortables !) Grâce à l'attention qui lui est accordée, l'industrie locale de tissage se porte bien. Grameen Check a maintenant des concurrents, chaque entreprise produisant et commercialisant sa propre ligne de jolis vêtements fabriqués au Bangladesh. La rue de Dhaka où se trouve le siège de la Grameen Bank est bordée de magasins et de boutiques exposant des vêtements de marques concurrentes taillés dans les cotonnades colorées du Bangladesh.

Promouvoir l'entreprenariat :
Grameen Fund et Grameen Byabosa Bikash

En un certain sens, la Grameen Bank est un gigantesque semis d'entreprises. La grande majorité des prêts que nous accordons sont destinés à de petites entreprises exerçant dans les villages et sur les terres agricoles du Bangladesh. L'un des principaux impacts sociaux du microcrédit a consisté à faire prendre conscience que la clé de la sortie de la pauvreté n'était généralement pas la création d'emplois, mais bien plutôt l'encouragement au travail indépendant. C'est particulièrement vrai pour les femmes qui produisent des biens et des services et les vendent au niveau local. Des millions d'entrepreneurs à petite échelle sont maintenant actifs au Bangladesh : ils permettent à leurs familles, à leurs communautés et à eux-mêmes de sortir de la pauvreté. Nombreux sont ceux qui doivent leur démarrage à la Grameen Bank.

Le Grameen Fund porte la même philosophie à un niveau plus élevé. Ce fonds de capital-risque investit dans des *start-up* et des projets d'entreprises de toutes sortes, dans la famille des entreprises Grameen comme à l'extérieur.

Le programme a débuté à la fin des années 1980 sous forme d'une initiative réalisée au sein de la Grameen Bank avec l'appui d'un donateur ; il était alors surnommé SIDE (Étude, Innovation, Développement, Expérimentation). En l'espace de quelques années, il avait tellement grandi qu'il fut autonomisé sous forme de fonds de capital-risque spécialement créé pour financer des projets portant sur les nouvelles technologies et encourageant le développement économique du Bangladesh.

Aujourd'hui, Grameen Fund fournit plusieurs types d'aide financière à des entreprises débutantes qui sont pour beaucoup membres de la famille Grameen. Ces aides incluent le financement par prêt, des prêts relais, des financements mezzanines, le financement d'acquisition par les dirigeants d'entreprises prometteuses mais encore fragiles, ainsi que des garanties d'emprunts destinés aux entreprises en croissance. Le mode de financement qu'il fournit le plus communément est le financement en capital, le fonds contrôlant généralement 51 % du total des actions de l'entreprise. Cela nous garantit un degré de contrôle qui autorise le fonds à s'assurer que l'entreprise financée est bien gérée, qu'elle fonctionne efficacement, et qu'elle reste fidèle à son concept comme à son plan de développement originaux.

Parmi les entreprises financées par Grameen Fund, on trouve Grameen Knitwear, qui produit des tissus tricotés et des vêtements pour l'exportation ; Grameen Bitek, une entreprise lancée par un jeune professeur de physique, qui fabriquait initialement des équipements électriques d'appoint et des protections de surtension et commercialise à présent toutes sortes de produits technologiques dont des ascenseurs ; Gram Bangla Autovan, qui produit des véhicules à trois roues disposant d'un moteur à quatre temps très efficaces et communément utilisés comme taxis dans les rues de Dhaka et à travers le Bangladesh.

Grameen Byabosa Bikash (GBB, Entreprise Grameen pour la Promotion des Entreprises) est une autre entreprise encourageant l'entreprenariat au Bangladesh. Son rôle est de fournir des garanties de prêt à des entreprises plus importantes que celles ayant habituellement recours à la Grameen Bank. Tandis que les prêts de la Grameen Bank sont généralement compris entre 100 et 300 dollars, ceux dont il est question ici peuvent atteindre 10 000 dollars ou plus. Un emprunteur demandant à la Grameen un prêt important s'adresse à GBB. Une fois que GBB a approuvé sa demande, le directeur de la filiale concernée sera disposé à augmenter le montant du prêt. (Dans le cas contraire, il n'aurait pas pu prendre un risque aussi important : un défaut de paiement pourrait mettre en danger l'ensemble du portefeuille de prêts de la filiale.)

GBB joue ainsi un rôle similaire à celui que remplit la « Small Business Administration » aux États-Unis. GBB offre également de l'assistance technique et des services de formation, surtout aux entrepreneurs ruraux qui ont besoin de conseils pour moderniser leurs élevages de volailles et leurs laiteries.

Comme vous pouvez le voir, ces organisations sont conçues pour apporter aux personnes cherchant à sortir de la pauvreté l'infrastructure dont elles ont besoin. De ces expériences est né le concept de social-business – une idée qui aide des centaines d'entreprises individuelles à générer une croissance économique bénéficiant à ceux qui en ont le plus besoin.

Améliorer les moyens de subsistance dans les campagnes : Grameen Fisheries (pisciculture) et Livestock (élevage)

L'une des premières activités dans lesquelles la Grameen Bank s'est engagée hors le champ du microcrédit a été la gestion de fermes piscicoles, principalement dans le nord et l'ouest du Bangladesh. Ces fermes ont une curieuse histoire. Creusés voilà mille ans sous la dynastie des Pala et devenus la propriété du gouvernement, un millier d'étangs sont restés inutilisés jusqu'en 1977, date à laquelle ils ont été englobés dans un projet de développement financé par une agence britannique.

Le concept était bon. Le poisson est un aliment très apprécié au Bangladesh. Des élevages piscicoles bien gérés fourniraient par ailleurs une excellente source de protéines aux villageois du pays. Mais les résultats économiques de l'exploitation de ces étangs se révélèrent décevants – ce qui était largement dû à la corruption : les fonctionnaires et les politiciens locaux auraient détourné les bénéfices en négligeant l'entretien des étangs. En dépit d'investissements importants, de nombreux étangs étaient restés envasés, la production n'avait pas décollé, et les Britanniques menaçaient de mettre un terme à leur financement.

Afin d'éviter une telle issue, le secrétaire général de l'office gouvernemental de la pêche appela la Grameen Bank à l'aide en 1986. Bien que nous n'ayons aucune expérience de la pisciculture, il nous a proposé de reprendre le projet. Il parvint à surmonter nos hésitations premières et nous persuada d'accepter son offre : il espérait que nous réussirions à transformer les étangs en atouts économiques pour la collectivité.

Nous avons eu besoin de temps pour régler les problèmes des élevages piscicoles. En 1987, une importante inondation gêna notre travail. Une fraction de la population locale s'opposait à notre reprise en main de la gestion des pêcheries : certains de nos bureaux ont même été incendiés par des groupuscules se réclamant de l'extrême gauche.

Nous avons cependant peu à peu réussi à gagner la bienveillance de la population locale. Trois mille personnes font aujourd'hui partie de groupes qui élèvent les poissons et entretiennent les étangs. Ces membres reçoivent une partie des bénéfices, et beaucoup ont vu les revenus de leur famille augmenter significativement. Des crevettes d'eau douce ont été introduites dans les étangs. Quant à la ferme piscicole Joysagor, elle a été agrandie pour inclure une pépinière qui produit une grande variété de jeunes arbres destinés au reboisement des environs. Nous développons à présent notre programme de pisciculture dans la région de Jamuna Borrow-Pits ; ces nouveaux étangs devraient permettre d'aider un millier de femmes pauvres.

Un programme d'élevage l'a complété il y a cinq ans. Il fournit aux femmes qui débutent dans la production de lait, la formation, les vaccins, les soins vétérinaires et les divers autres services qui leur sont indispensables. Il apporte également son soutien aux laiteries existantes. Celles-ci fournissent le lait qu'utilise l'usine de yaourts de Grameen Danone. Actuellement, ces deux programmes sont gérés par une organisation à but non lucratif appelée Grameen Motsho O Pashusampad (Pisciculture et Élevage) Foundation.

L'expérience que nous avons acquise en matière de pisciculture et d'élevage nous a aidés à formuler le concept de social-business. Ces programmes illustrent la manière dont les entreprises qui produisent des biens utiles et les vendent au prix du marché peuvent être gérées par la population locale et bénéficier de la sorte à la communauté.

Créer des opportunités pour les jeunes :
Grameen Shikkha

Encourager l'effort éducatif a toujours fait partie de la philosophie de Grameen. Cela a commencé au niveau le plus élémentaire, en partant du constat que la grande majorité des femmes membres de Grameen étaient analphabètes. L'incapacité de lire et d'écrire est l'un des nombreux obstacles qui empêchent les pauvres de se prendre en main. C'est pourquoi nous avons décidé d'agir et de commencer par quelque chose de très simple : encourager nos emprunteurs à apprendre à écrire leur nom.

Cet objectif n'est pas aussi modeste qu'il y paraît. Beaucoup d'adultes qui ont vécu leur vie entière sans savoir lire ou écrire se dérobent à toute tentative de vaincre leur analphabétisme. Les efforts et l'aide qu'ils doivent recevoir leur semblent embarrassants, voire humiliants. Aider les futurs emprunteurs à surmonter cet obstacle exige beaucoup de tact, de sympathie et de compassion de la part des employés de Grameen. Ils doivent souvent passer des heures à travailler patiemment avec un seul client, à lui apprendre lentement les rudiments de l'utilisation d'un stylo, et à l'aider à tracer ces signes magiques qui symbolisent son identité.

Ce processus minutieux a été formidablement utile pour nos emprunteurs. Il représente souvent une première étape vers une complète alphabétisation qui leur offrira la capacité de communiquer avec le monde de façon infiniment plus riche qu'ils ne pouvaient le faire auparavant. Il crée aussi une précieuse proximité entre l'emprunteur et l'employé qui est son professeur : cela rend plus facile la communication des emprunteurs avec le personnel de la banque lorsque survient un problème économique, social ou familial.

Plus important : savoir écrire son nom – un nom que l'emprunteur ne connaissait souvent pas exactement – procure un grand sentiment de fierté. L'emprunteur a vaincu un obstacle qui lui paraissait insurmontable. Et sa présence comme son impact sur le monde en sont démultipliés. Quand une femme dessine un entrelacs de lignes sur un morceau de papier et qu'après l'avoir regardé, quelqu'un lui dit « Hamida, comment allez-vous ? », elle éprouve l'émotion de sa vie. « Ils me connaissent d'après ma signature ! » Elle ne se remet pas de son étonnement. Un monde nouveau s'ouvre devant elle, et elle est prête à franchir d'autres étapes sur la voie de l'autonomie.

Grameen Shikka (Grameen Éducation) a été créée pour poursuivre cet effort initial. Elle a commencé par offrir des services d'éducation aux enfants des emprunteurs. Les directeurs de filiales et de succursales avaient remarqué que beaucoup d'emprunteurs venaient assister à leur réunion hebdomadaire accompagnés d'enfants en bas âge. Certains ont suggéré de proposer aux jeunes de se réunir eux aussi une fois par semaine au centre local, exactement comme leurs mères. « Nous leur proposerons des activités qui les prépareront à recevoir un enseignement régulier. Nous leur apprendrons à déchiffrer l'alphabet, à compter, à réciter quelques vers. » Une jeune fille du village fut invitée à aider les enfants durant ces petites leçons. L'idée circula d'un centre à l'autre et fit bientôt partie intégrante du système Grameen.

Il est merveilleux de voir l'impact qu'a cette étape sur la psychologie des enfants. Participer à ces activités périscolaires les aide à développer leur confiance en eux et à acquérir le courage qui les rendra capables d'aller à l'école de plein gré, joyeusement et sans inquiétude. Beaucoup d'enfants de Grameen que leur premier jour de classe inquiétait se disent à son terme : « Oh, je sais comment lire ces lettres et chanter ces chansons ! J'en sais même plus que les autres enfants ! Je sens que je vais aimer aller à l'école ! »

Aujourd'hui, Grameen Shikkha se concentre sur une idée née en 2003, le « Programme de bourses d'études », afin d'aider les familles pauvres du Bangladesh à surmonter les barrières économiques qui empêchent beaucoup de jeunes enfants d'aller à l'école.

Les effets de la pauvreté peuvent être très insidieux. Au Bangladesh, les écoles publiques sont présentes même à la campagne ; il n'y a pas de frais de scolarité et les livres sont gratuits. Mais cela ne signifie pas que l'argent ne constitue pas une barrière en matière d'éducation. Le papier, les stylos, les crayons et les autres fournitures coûtent cher. Même chose pour l'uniforme. Envoyer un enfant à l'école quelques heures par jour réduit par ailleurs le potentiel de création de revenu de la famille. Un petit enfant peut aider les siens à gagner de l'argent de diverses manières : en allant chercher de l'eau au ruisseau, en nourrissant les animaux d'une ferme. Lorsque quelques cents de plus ou de moins modifient significativement le revenu de la famille, un père ou une mère doit sérieusement réfléchir avant de faire le sacrifice d'envoyer un enfant à l'école.

Le programme de bourses d'études de Grameen Shikkha combat ce problème au moyen d'un ingénieux fonds renouvelable. Voici comment cela fonctionne. Un donateur désirant soutenir ce programme fait un don d'un montant minimum de 50 000 takas, soit 750 dollars. Cet argent est placé sur un compte rémunéré ; un taux d'intérêt annuel garanti de 6 % produit un revenu qui revient à l'enfant et finance son entretien lorsqu'il est à l'école. Ce mécanisme donne à l'éducation reçue par l'enfant une valeur financière et incite ses parents à le laisser à l'école. Un don de 1 000 dollars produit une bourse annuelle de 60 dollars, ce qui est suffisant pour un enfant à l'école primaire. Il faut 2 000 dollars pour soutenir un enfant lors de ses études secondaires et 3 000 dollars lorsqu'il fait des études supérieures. Selon les instructions du donateur, le même élève peut bénéficier d'une bourse jusqu'au terme de ses études ; à ce moment-là, un nouvel élève lui succédera.

Le donateur peut préciser quel type de bénéficiaire il

choisit : un garçon ou une fille, un orphelin, un enfant issu d'une famille très pauvre, un enfant venant d'un district ou d'un village particulier. La bourse peut même être dédiée à une personne ou à une cause : le donateur peut par exemple lui donner le nom d'un ami cher ou d'un parent. Il reçoit chaque année un rapport présentant les progrès du ou des élèves qu'il soutient. Il peut enfin choisir soit de cesser de financer une bourse et de récupérer son argent, soit de la maintenir pour une durée illimitée.

À la mi-2007, le « programme de bourses d'études » venait en aide à mille deux cents enfants grâce à cent trente donateurs. Grameen Shikkha travaille dur pour développer ce programme. Son objectif est de financer dix mille bourses par an dès 2012, ce qui nécessite un dépôt de 10 millions de dollars. Jusqu'à maintenant, Grameen Shikkha a mobilisé 1,2 million de dollars : il lui reste à trouver un peu moins de 9 millions.

Relier chaque village au monde :
Grameen Telecom et Grameen Phone

Les nouvelles technologies de l'information ont créé un monde de communications instantanées : distances et frontières ont été supprimées. Avec le temps, le coût de ces technologies a considérablement diminué ; elles sont ainsi devenues source d'énormes opportunités pour les pauvres. Si le village le plus reculé du Bangladesh peut être relié électroniquement aux places de marché du monde entier, les nouvelles opportunités économiques ouvertes aux pauvres seront formidables.

En 1996, nous avons franchi une première étape sur le chemin de l'apport des technologies de l'information aux pauvres du Bangladesh. En partenariat avec trois entreprises étrangères – Telenor de Norvège, Marubeni du Japon, et la société new-yorkaise Gonofone Development Company –, nous avons créé une compagnie de téléphonie mobile au Bangladesh et l'avons appelée Grameen Phone. À l'époque de sa fondation, 35 % de Grameen Phone étaient détenus par Grameen Telecom, une organisation à but non lucratif que nous avions créée à cette fin. La propriété de Grameen Phone est actuellement partagée entre deux sociétés : Telenor (62 % des parts) et Grameen Telecom (38 %).

En 1996, Grameen Phone était l'une des quatre entreprises auxquelles le gouvernement avait attribué une licence de téléphonie mobile. Les experts doutaient à l'origine du potentiel du marché bangladais. Telenor avait demandé à un cabinet de conseil britannique d'évaluer la taille du marché de la téléphonie mobile au Bangladesh. En se fondant sur le taux de croissance des ventes de téléviseurs couleur, ces consultants avaient prévu qu'il y aurait 250 000 téléphones portables actifs au Bangladesh en 2005.

Bien que je n'aie aucune expertise en matière de technologie, ce chiffre me semblait beaucoup trop bas. Parce que j'y vis, je sais que les gens du Bangladesh cherchent ardemment le moyen de communiquer tant avec les autres habitants qu'avec l'étranger. Notre pays avait à cette époque le plus bas taux au monde d'équipement téléphonique : on ne comptait que 400 000 postes pour 120 millions d'habitants. Comme la plupart des 80 000 villages du Bangladesh ne sont pas reliés au réseau de téléphone fixe, il me semblait que la téléphonie sans fil pourrait faire entrer notre pays dans l'âge des communications électroniques. Je conseillai à Telenor de ne pas prêter attention aux prévisions de ses consultants et de se préparer à répondre à une demande massive. (En 2005, il y avait 8 millions de téléphones portables au Bangladesh, soit trente-deux fois le chiffre annoncé par les consultants.) À la mi-2007, Grameen Phone était devenue l'entreprise la plus importante du Bangladesh avec plus de 16 millions d'abonnés.

Ce qui importe davantage de mon point de vue est que la téléphonie mobile soit devenue un incroyable instrument de pouvoir pour les emprunteurs de la Grameen et pour les pauvres bangladais en général. Parce que nous avons décelé des synergies potentielles entre le microcrédit et les nouvelles technologies de l'information, nous avons créé à travers Grameen Telecom un programme fournissant des prêts de la Grameen Bank à des femmes pauvres désireuses d'acheter des téléphones portables. C'était une nouvelle source de croissance pour le Bangladesh : le développement des « dames téléphone » qui représentaient le seul lien de leur village avec le monde extérieur. Armée d'un simple téléphone portable, la « dame téléphone » pouvait vendre des communications téléphoniques par tranches de quelques minutes à tous ceux qui avaient besoin d'entrer en contact avec un ami, un membre de leur famille, ou un partenaire en affaires.

Ainsi que je l'ai mentionné précédemment, l'activité des « dames téléphone » a beaucoup diminué depuis 2005. Nous essayons de trouver des alternatives, comme la fourniture d'accès à Internet au moyen de téléphones mobiles. Les « dames téléphone » peuvent par ailleurs exercer une nouvelle fonction : recueillir les paiements des abonnés aux services téléphoniques prépayés de Grameen Phone. Elles sont rémunérées par le versement d'une commission.

La plupart des habitants des pays développés considèrent l'accès aux services téléphoniques comme quelque chose de naturel. Il leur est donc difficile de comprendre pleinement l'impact révolutionnaire de l'introduction de ces services sur le villageois bangladais typique.

Imaginez que vous soyez un fermier d'un village reculé. Avant l'arrivée du téléphone mobile, vous n'aviez aucun moyen pour connaître le prix proposé pour votre récolte sur les marchés de Dhaka ou d'autres grandes villes. Vous ne pouviez pas parler aux fournisseurs d'outils ou d'équipements – une nouvelle pompe à irrigation par exemple – pour comparer les prix et négocier une date de livraison. Votre unique possibilité était de marcher ou de conduire jusqu'au marché le plus proche, qui pouvait se trouver à des kilomètres, et accepter le prix qui vous y serait proposé.

Grâce au téléphone portable, le même fermier peut désormais comparer les offres des fournisseurs et les fluctuations des cours. Il est ainsi en bien meilleure position pour conclure un accord équitable avec les marchands locaux ou les intermédiaires. L'information, c'est le pouvoir : la révolution du téléphone mobile rend un peu de pouvoir aux pauvres des campagnes.

Depuis le tout début, j'avais l'intention de transformer Grameen Phone en social-business en transférant aux pauvres la majorité des parts de la société.

Grameen Telecom a été créée pour gérer les actions des pauvres. Mais je me trouve à présent face à un obstacle : Telenor refuse de céder ses parts. Même lors des festivités entourant la remise du prix Nobel de la Paix, la presse norvégienne bruissait des échos du conflit survenu entre Telenor et Grameen Telecom à propos du protocole d'accord signé lors de la création de Grameen Phone. Cet accord prévoyait, tout comme le pacte d'actionnaires, que Telenor réduirait sa participation à moins de 35 % six ans après la fondation de Grameen Phone ; l'entreprise norvégienne vendrait alors ses actions à Grameen Telecom afin que celle-ci devienne l'actionnaire principal de Grameen Phone. Telenor refuse d'honorer cet accord au motif qu'il serait légalement inapplicable. Grameen Telecom soutient que Telenor devrait tenir ses promesses.

J'ai été très heureux de voir que la presse et le peuple de Norvège se montraient incroyablement favorables à la position de Grameen. Les négociations pour régler ce différend se poursuivent. J'espère que notre rêve de faire de Grameen Phone un social-business deviendra bientôt réalité.

L'énergie renouvelable pour les campagnes du Bangladesh : Grameen Shakti

L'accès aux technologies de l'information n'est pas le seul moyen de regagner du pouvoir économique : il en va de même de l'accès à l'énergie, en particulier à l'électricité. La majorité des Bangladais n'en disposent pas. 70 % de la population n'est pas reliée au réseau.

Même quand les services électriques sont disponibles, ils restent peu fiables. Il y a là matière à développer une action efficace pour apporter à tous les bienfaits des technologies modernes.

Nous avons longtemps réfléchi à la manière de créer une offre énergétique accessible aux habitants du Bangladesh. Étendre le réseau national à tous les villages reculés du pays serait une entreprise colossale et très onéreuse. Une telle solution ne serait de surcroît pas très écologique. Dans un monde où les réserves de combustible fossile diminuent et où les changements climatiques provoqués par les émissions de gaz carbonique constituent une menace grandissante, nous voulions trouver une source d'énergie qui répondrait aux besoins de notre population sans provoquer davantage de problèmes qu'elle n'en résoudrait. Après avoir expérimenté les éoliennes ainsi que d'autres technologies, nous avons opté pour l'énergie solaire.

Fondée en 1996, Grameen Shakti (Grameen Énergie) travaille à apporter cette technologie aux habitants du Bangladesh. Elle est devenue l'un des plus importants fournisseurs mondiaux de produits fonctionnant grâce à l'énergie solaire. Grameen Shakti a installé cent mille systèmes domestiques de panneaux solaires à travers le pays et en vend trois mille cinq cents de plus chaque mois. Elle a l'ambition d'en installer un million d'ici 2012.

Les systèmes domestiques de production d'énergie solaire proposés par Grameen Shakti sont accessibles à tous les villageois, riches ou pauvres. Les clients apprécient le système de règlement proposé par la société : ils peuvent payer par petites mensualités réparties sur deux ou trois ans. Les employés de Shakti passent chaque mois pour collecter les versements et entretenir l'unité solaire. La taille du système varie selon les ressources des propriétaires de la maison. Une unité de 50 watts est constituée d'un petit panneau solaire installé sur le toit et d'un transformateur qui permettra de produire suffisamment d'énergie pour alimenter quatre ampoules durant quatre heures chaque soir : c'est assez pour permettre aux enfants de faire leurs devoirs et aux parents d'écouter les informations à la radio ou à la télévision. Quelques campagnards astucieux achèteront une unité solaire et tendront des câbles vers les maisons ou les magasins voisins : l'énergie électrique pourra de la sorte être partagée. De cette façon, le propriétaire de l'unité gagnera un petit revenu, et les bienfaits de l'électricité toucheront plusieurs familles.

Grameen Shakti donne aux pauvres l'occasion de faire des affaires et d'avoir du travail. L'énergie solaire, l'accès payant à des kiosques où l'on peut regarder la télévision, la commercialisation de communications téléphoniques sont devenus des activités rémunératrices. Dans vingt centres de technologie Grameen disséminés à travers le pays, des ingénieurs femmes enseignent aux femmes des campagnes la manière d'entretenir les équipements de production d'énergie solaire. Les techniciennes certifiées Shakti proposent aux clients un service de maintenance après l'expiration du contrat les liant à Grameen Shakti. Elles sont également employées par les centres de technologie Grameen Shakti pour travailler à la fabrication d'accessoires destinés aux systèmes de production d'énergie solaire.

L'énergie solaire n'est pas le seul domaine d'activité de Grameen Shakti. Elle produit également du biogaz, une forme d'énergie renouvelable qui présente l'avantage d'utiliser des ressources communément disponibles comme les bouses de vaches, les excréments de volailles et autres déchets. Grameen Shakti utilise un équipement simple qui permet de transformer les déchets en méthane, lequel peut être utilisé directement pour cuisiner, voire être transformé en électricité au moyen d'un équipement léger. À la mi-2007, plus de mille trois cents de ces équipements étaient déjà en place ; cent cinquante nouvelles installations ont lieu chaque mois.

Le programme dernier-né de Grameen Shakti consiste à recourir à de jeunes ruraux pour commercialiser dans les campagnes des fourneaux de cuisine de très bonne qualité.

Apporter la santé aux pauvres :
Grameen Kalyan et Grameen Health Care Services

La mission de Grameen Kalyan (Grameen Santé) est de fournir des soins médicaux de bonne qualité et abordables aux membres de la Grameen Bank ainsi qu'aux autres villageois. L'expérience montre que l'un des problèmes majeurs auxquels sont confrontés les pauvres du Bangladesh est le coût exorbitant des services de santé, particulièrement lorsqu'il s'agit du traitement d'une maladie grave. Grameen Kalyan est notre réponse à ce problème.

Le système public de santé du Bangladesh est bien

moins efficace qu'il ne devrait l'être. En théorie, il est universellement accessible. Mais la réalité est très différente. Le gouvernement consacre des sommes énormes au secteur de la santé, mais les services de soin n'atteignent que rarement les gens, et encore moins les pauvres. De nombreux villageois ont recours à des guérisseurs à peu près dépourvus de formation et à de prétendus pharmaciens vendant leurs propres médicaments, lesquels peuvent se révéler inadéquats ou dangereux.

En pratique, seuls les riches ont accès aux soins médicaux. Ils se les procurent dans de coûteuses cliniques privées ou dans des hôpitaux. Une assurance maladie privée semblable à celle dont disposent de nombreux Américains n'existe pas au Bangladesh. La plupart des agences gouvernementales et des employeurs privés accordent à leurs employés une assurance forfaitaire permettant de couvrir les soins médicaux normaux. Les services de santé privés, bien que très onéreux, sont de plus en plus populaires. De nombreuses personnes des classes moyenne et supérieure vont se faire soigner en Inde, en Thaïlande ou à Singapour. (C'est ainsi que procèdent les membres des couches les plus basses de la classe moyenne lorsque le désespoir s'empare d'eux. Certains vendent tout ce qu'ils possèdent pour payer leur voyage pour Kolkata, Chennai ou Mumbai, et partir à la recherche d'un traitement pour une maladie grave.) Un pourcentage important des voyageurs bangladais à destination de l'Inde sont des malades accompagnés de membres de leurs familles. C'est pourquoi nous savions que nous allions mener une bataille difficile quand nous avons décidé de créer Grameen Kalyan en 1996.

Nous avons enregistré au fil des ans des progrès

lents mais continus. Grameen Kalyan fait à présent fonctionner trente-trois cliniques, toutes affiliées à la division locale de la Grameen Bank. Les familles membres de la Grameen Bank qui vivent dans le ressort de la clinique peuvent disposer d'une couverture de santé pour un montant d'environ 2 dollars par famille et par an. Les familles non membres paient 2,5 dollars par an. Quant aux mendiants, ils sont soignés gratuitement. Au total, un demi-million de personnes environ sont couvertes par ce programme d'assurance. Plus d'un quart de million de consultations ont lieu chaque année. Un autre million et demi de femmes bénéficient de soins à domicile prodigués par les assistantes médicales qu'emploie Grameen Kalyan.

Le service fourni par les cliniques est basique mais parfaitement fiable. Le personnel de chacune d'entre elles comprend un médecin ainsi que des infirmiers et des assistants qui peuvent répondre aux questions courantes, réaliser des tests simples et s'occuper des programmes d'éducation à la santé. Les cliniques ont des laboratoires permettant de réaliser les analyses courantes. Des médecins spécialisés passent selon une fréquence déterminée pour prendre en charge les affections plus sérieuses : un spécialiste de la cataracte vient ainsi régulièrement réaliser des interventions de chirurgie correctrice. Dans la plupart des cas, les patients atteints d'une maladie mortelle, peu répandue, ou simplement complexe, sont adressés à l'hôpital public le plus proche.

Si nous voulons préserver et développer les services apportés par Grameen Kalyan, il nous faudra attirer et retenir suffisamment de médecins. Grameen Kalyan leur offre de bons salaires à l'aune des standards bangladais, mais éprouve cependant des difficultés à conserver ses médecins. C'est surtout le relatif isolement impliqué par la vie dans des villages isolés qui pose problème. De nombreux jeunes médecins préféreraient vivre et travailler dans une grande ville plutôt que dans les campagnes bangladaises où le rythme de vie est lent et où les opportunités économiques, sociales et culturelles sont rares. Les médecins qui collaborent avec Grameen Kalyan sont souvent des idéalistes pleins d'énergie, ou encore de jeunes médecins attendant un poste dans la fonction publique.

Il est possible que Grameen Kalyan soit un jour amenée à ouvrir sa propre école de médecine pour répondre à ses besoins en personnel. En attendant, nous avons prévu de consacrer une partie de l'argent du prix Nobel accordé à la Grameen Bank à des bourses d'études Nobel pour les étudiants en médecine. En échange de ce soutien apporté à leurs études, nous leur demanderons de s'engager à travailler pendant un certain nombre d'années pour Grameen Kalyan.

La surveillance médicale de la grossesse est l'une de mes préoccupations principales en matière de santé. Bien que les chiffres se soient notablement améliorés au cours des dernières années, la mortalité maternelle et infantile reste élevée au Bangladesh. 96 % des bébés naissent à la maison de mères n'ayant pas ou peu eu accès à une surveillance prénatale. Le manque d'accès aux médecins ne représente qu'une partie du problème : les facteurs culturels jouent eux aussi un rôle. Dans une société conservatrice comme la nôtre, on ne parle pas ouvertement de la grossesse. Son existence peut même passer inaperçue : une femme aura soudain un bébé, comme s'il venait de nulle part ! (Sans les pudiques superpositions de vêtements que portent les femmes bangladaises, cela ne serait guère possible.)

Mues par un conservatisme inné, beaucoup de femmes refusent de surcroît de s'entretenir de sujets intimes avec un médecin homme. Certaines vont jusqu'à dire qu'elles préféreraient mourir. C'est aussi pour cela que de nombreuses femmes évitent de recourir à des soins médicaux alors même qu'elles sont enceintes. Si nous pouvions engager beaucoup de médecins femmes dans nos cliniques, cela permettrait de faire bouger les choses. Mais le Bangladesh produit malheureusement moins de médecins femmes que de médecins hommes. Beaucoup de femmes préfèrent par ailleurs exercer leur métier en ville, près de leurs parents. Pour elles, vivre dans un village isolé signifierait se séparer de leurs familles.

En lieu et place d'obstétriciens, de nombreux villages ont des sages-femmes « non officielles » : ce sont des femmes qui n'ont pas ou peu de formation médicale, mais qui ont assisté à un grand nombre d'accouchements et sont donc jugées compétentes en la matière par les autres villageois. Le gouvernement a consenti un effort de formation en direction de ces femmes, mais leur niveau de connaissances reste encore trop faible. Il résulte de l'ensemble de ces facteurs que le suivi médical des grossesses est généralement insuffisant. Les complications sont souvent décelées tardivement, ce qui provoque des morts inutiles.

Pour tenter de résoudre ce problème, les membres de la direction de Grameen Kalyan ont eu l'idée de construire à côté de chaque clinique des kiosques consacrés à l'accouchement. Les examens prénataux et postnataux ainsi que les *check-up* peuvent y être réalisés. On y apporte également une assistance aux femmes en train d'accoucher. Certains de ces kiosques sont déjà en place. Ils sont animés par le personnel de la clinique. Notre espoir est que leur existence accroîtra la visibilité de l'accouchement à un moment où les soins médicaux sont essentiels, et qu'elle procurera aux femmes les plus pudiques un endroit réservé aux femmes où elles se sentiront en sécurité.

Étant donné le très faible coût des soins de santé dans les cliniques de Grameen Kalyan, on pourrait penser que cette opération fonctionne sur une base strictement caritative. Ce n'est pas le cas. Notre objectif est de rendre Grameen Kalyan totalement autonome et de lui permettre de financer sa propre expansion. Bien que le chiffre d'affaires des cliniques soit très variable, le programme est dans l'ensemble financièrement sain. Grameen Kalyan couvre actuellement 90 % de ses coûts, et nous pensons atteindre les 100 % d'ici à quelques années.

Les deux derniers ajouts à la liste des sociétés Grameen sont Grameen Healthcare Trust (GHT) et Grameen Health Care Services (GHS). GHT est une organisation à but non lucratif. Elle reçoit les fonds de donateurs et investit essentiellement dans des social-business. GHS est un social-business depuis sa fondation. L'un de ses premiers programmes a consisté en la création d'hôpitaux ophtalmologiques dont chacun pourra effectuer dix mille opérations de la cataracte par an, pour les patients pauvres comme pour ceux qui ne le sont pas. Le premier de ces hôpitaux est en construction et sera ouvert en 2007. Les médecins et les équipes hospitalières reçoivent une formation à l'hôpital ophtalmologique Aravind de Madurai (Inde), qui a été fondé par feu le docteur Govindappa Venkataswamy et dont la réputation a fait le tour du monde.

Ce premier hôpital ophtalmologique, appelé Grameen Green Children Eye Hospital, est totalement détenu par GHT. En tant que social-business, GHT sera remboursé de ses dépenses d'investissement par l'hôpital mais ne percevra aucun dividende.

Dans le futur, d'autres hôpitaux seront installés dans différentes zones rurales du Bangladesh pour proposer des opérations de la cataracte et soulager des centaines de milliers de personnes touchées par ce problème. Les investisseurs nécessaires à la construction de trois hôpitaux supplémentaires ont déjà été trouvés.

Le modèle économique de ces hôpitaux a fait l'objet d'études attentives. La tarification sera conforme au principe de Robin des Bois. Pour les clients ordinaires, l'intervention sera facturée au prix du marché, alors que les pauvres ne verseront qu'un montant symbolique. Si nos calculs sont justes, et si nous sommes capables de fournir des soins ophtalmologiques de premier ordre et d'attirer de la sorte des clients à contribution élevée, les hôpitaux devraient être financièrement autonomes et aptes à développer leur offre de soins.

Le potentiel de Grameen Health Care Services m'enthousiasme beaucoup, et je suis impatient de découvrir les résultats de cette expérience de social-business. C'est un programme qu'il est important de surveiller en raison de l'immensité des besoins de soins abordables et de bonne qualité. Les pays en développement d'Asie, d'Afrique et d'Amérique latine ont bien évidemment un besoin urgent de soins médicaux pour les pauvres. Mais certains pays développés ont des problèmes de soins médicaux presque aussi graves : c'est notamment le cas des États-Unis.

Aux États-Unis, les 47 millions d'individus qui n'ont pas de couverture maladie pourraient constituer un marché important pour des social-business bien conçus et innovants. On pourrait même affirmer que seul le social-business a le potentiel nécessaire pour traiter les problèmes de soins médicaux existant aux États-Unis : c'est la seule forme d'organisation capable d'éliminer l'énorme ponction économique exercée par les entreprises maximisant le profit tout en préservant les incitations produites par la concurrence. Libéré de la course aux investissements, un social-business proposant une assurance maladie aux pauvres ne serait pas enclin à laisser de côté les personnes malades et âgées ou à refuser de rembourser des traitements onéreux à la seule fin d'accroître sa rentabilité. Sa mission consisterait à se concentrer sur les clients habituellement laissés pour compte tout en générant des recettes suffisantes pour couvrir ses dépenses.

Le social-business est une nouvelle frontière économique

Ce qui précède n'est pas la liste exhaustive de toutes les sociétés Grameen, juste un échantillon d'un vaste ensemble en croissance. Quelques-unes de ces entreprises ont déjà remarquablement rempli leurs objectifs sociaux ; d'autres travaillent encore à les atteindre. Certaines sont une réussite financière ; d'autres cherchent encore à couvrir leurs coûts. Certaines sont très actives et développent rapidement leurs programmes ; d'autres sont en sommeil : c'est le cas de Grameen Information Highway Ltd. et de Grameen Star Education. En un sens, les sociétés Grameen ressemblent à bien d'autres groupes : même pour les entreprises qui ont atteint le sommet, toutes les aventures ne remportent pas un succès égal.

D'une certaine manière cependant, toutes les sociétés que nous avons lancées ont été des succès. Elles nous ont permis d'acquérir une expérience qui a nourri le concept de social-business. Lorsque nous avons eu des difficultés, c'est généralement parce que nous avions mal évalué le marché ou échoué à structurer l'entreprise en question de manière à ce qu'elle devienne autonome. Lorsque nous avons réussi, c'est parce que nous avons su créer une entreprise capable de répondre à de vrais besoins du marché. Ce sont des considérations essentielles pour tracer les contours des social-business du futur.

Ce qui est vraiment particulier aux entreprises Grameen, c'est l'esprit d'innovation et d'expérimentation qui les anime. Nous sommes constamment à la recherche de nouvelles idées d'activité qui pourraient bénéficier à la collectivité, en particulier au monde, et nous n'avons pas peur d'essayer quelque chose que personne n'a encore jamais fait. (La Grameen Bank est sans doute la meilleure illustration de cet état d'esprit.) Si notre modèle économique de départ fonctionne, c'est merveilleux. Si ce n'est pas le cas, nous finirons par trouver une solution qui marchera.

Les sociétés Grameen représentent la première esquisse du monde du social-business. Elles sont aussi un modèle pour des milliers d'entreprises qui, je l'espère, se mettront un jour au service des besoins sociaux.

Le social-business est la pièce manquante du système capitaliste. Son introduction peut permettre de sauver le système en lui donnant le moyen de traiter les enjeux globaux qui lui sont actuellement étrangers. Lancer des idées de social-business est le défi majeur que nous devons relever aujourd'hui. Dès que ces idées circuleront, il ne faudra qu'un peu de temps pour que les meilleures d'entre elles se transforment en actions concrètes permettant d'améliorer le sort du genre humain.

5.

La bataille contre la pauvreté : au Bangladesh et ailleurs

Il y a trois décennies, j'ai commencé par m'attaquer à un petit problème dans un petit village. J'étais choqué par les difficultés que produisaient les conditions des prêts à intérêt, mais enthousiasmé par la simplicité de la solution que j'ai trouvée. Cette solution a fonctionné. Elle m'a conduit à chercher le moyen de donner aux pauvres un accès au système bancaire. Comme je n'y suis pas parvenu, j'ai créé une banque d'un nouveau type. Je suis venu en aide à des millions de femmes. Mais c'était au moyen d'un seul instrument : le microcrédit. Les pauvres avaient besoin d'aide dans de nombreux autres domaines. Pour les aider, j'ai entrepris de construire des institutions et des stratégies nouvelles en matière de technologies de l'information, d'éducation, de santé, d'agriculture, d'élevage, de textile, d'énergie renouvelable, de commercialisation, etc. J'ai compris comment le concept d'entreprise pouvait être reformulé en déconnectant la notion d'investissement de celle de retour financier sur investissement. C'est ainsi qu'est né le concept de social-business.

Je crois que le social-business est capable de porter le combat pour l'élimination de la pauvreté à un niveau supérieur. Le social-business peut constituer un cadre très puissant pour le secteur privé, le secteur public, les philanthropes, les donateurs, les ONG, les groupes confessionnels, ou n'importe qui d'autre. Comment l'idée de social-business peut-elle être appliquée à la lutte contre la pauvreté, à la fracture numérique, ou à la crise liée au changement climatique ? Ces questions sont des éléments importants du contexte dans lequel l'idée de social-business devrait être examinée.

Depuis sa création, le Bangladesh a toujours été l'un des pays les plus pauvres du monde. Au début des années 1970, Henry Kissinger, qui était alors le conseiller pour la sécurité nationale du président Nixon, avait qualifié la situation du Bangladesh de « sans espoir ». Lors des décennies écoulées, notre histoire a été celle d'une bataille ininterrompue contre des conditions de vie parmi les plus difficiles du monde – surpopulation extrême, crues annuelles, déforestation, érosion et épuisement des sols – fréquemment exacerbées par d'imprévisibles catastrophes naturelles : cyclones, tornades, raz de marée.

Une nouvelle préoccupation s'ajoute aujourd'hui à cette litanie : l'élévation du niveau de la mer due au réchauffement climatique menace les plaines du Bangladesh d'inondations de grande ampleur. Il n'est pas surprenant que tant de gens à travers le monde pensent au Bangladesh – quand, du moins, ils y pensent – comme une terre de désastres.

Qu'est-ce qui ne va pas avec le Bangladesh ? Notre pays est-il condamné à être en permanence à deux doigts de la destruction totale, chaque nouveau désastre anéantissant les ressources accumulées par les habitants depuis le cataclysme précédent ?

Je ne crois pas que nous puissions blâmer le destin, la nature, ou Dieu pour les difficultés que nous rencontrons. Les catastrophes naturelles ne sont pas le vrai problème du Bangladesh : c'est la pauvreté, qui est une création humaine. Les cyclones, les inondations, les raz de marée frappent d'autres pays. Ils ne font pas dans la plupart d'entre eux autant de dégâts humains qu'au Bangladesh parce que, dans ces pays, les gens sont suffisamment riches pour mettre en place des systèmes de protection et construire des digues solides. (Au Canada, en Grande-Bretagne, en France, les rivières entrent en crue tout comme au Bangladesh. Les draguer et construire des digues permet de minimiser les effets des crues et de réduire la menace pesant sur les vies humaines.) De surcroît, la misère et la surpopulation ont poussé d'innombrables pauvres bangladais à chercher des moyens de subsistance dans les régions les moins sûres du pays.

La pauvreté ne condamne pas seulement les êtres humains à une vie de difficulté et de malheur : elle peut les conduire à mettre leur vie en danger. Parce que la pauvreté retire aux gens toute forme de contrôle sur leur destinée, elle est la négation ultime des droits de l'homme. Quand la liberté d'expression ou de religion est violée dans un pays, des manifestations ont souvent lieu pour la défendre. Mais quand la pauvreté viole les droits de la moitié de la population mondiale, la plupart d'entre nous tournent la tête et continuent leur chemin.

Pour la même raison, la pauvreté est peut-être la menace la plus sérieuse pesant sur la paix du monde. Elle est plus dangereuse que le terrorisme, le fondamentalisme religieux, les conflits interethniques, les rivalités politiques, ou n'importe laquelle des causes de violence ou de guerre couramment citées. La pauvreté mène au désespoir, lequel conduit les individus à commettre des actes désespérés. Ceux qui ne possèdent rien n'ont pas de raison de reculer devant la violence, même si une toute petite chance d'améliorer sa condition vaut mieux que de ne rien faire et d'accepter passivement son destin. La pauvreté produit par ailleurs des réfugiés économiques et provoque de la sorte des conflits entre populations. Elle conduit à de sévères affrontements entre individus, clans ou nations pour le partage des ressources rares – l'eau, les terres cultivables, les sources d'énergie, enfin toute ressource échangeable. Les nations prospères qui commercent les unes avec les autres et consacrent leur énergie à la croissance de l'économie entrent rarement en guerre ; les pays dont les citoyens souffrent de la pauvreté voient dans la guerre un exutoire accessible.

C'est pourquoi il est bon que le comité Nobel ait accordé en 2006 le prix Nobel de la Paix à la Grameen Bank – non pas le prix Nobel d'Économie, mais celui de la Paix. En aidant les gens à sortir de la pauvreté, le microcrédit bâtit les conditions de la paix. Le cas du Bangladesh montre de façon éclatante les résultats qui peuvent être obtenus.

Le Bangladesh d'aujourd'hui est un laboratoire vivant : l'un des pays les plus pauvres du monde se transforme en ayant recours à une conception innovante de la société et de l'activité économique. Lors des deux dernières décennies, les conditions d'existence des pauvres du Bangladesh se sont nettement améliorées. Les statistiques racontent cette histoire [1].

— Le taux de pauvreté (mesuré par des organisations d'aide internationale comme la Banque mondiale) a chuté de 74 % en 1973-1974 à 57 % en 1991-1992, puis à 49 % en 2000 et à 40 % en 2005.

---

1. La plupart des chiffres qui suivent sont issus d'études statistiques conduites par la Banque mondiale et la Banque asiatique de développement.

Bien qu'il soit toujours trop élevé, il continue de diminuer d'environ 1 % par an. Chaque point de pourcentage représente une amélioration significative des conditions de vie de centaines de milliers de Bangladais. Le pays est sur la bonne voie pour remplir l'objectif de réduction de moitié de la pauvreté d'ici 2015 qui fait partie des Objectifs du Millénaire pour le développement.

— Plus remarquable encore : la croissance économique rapide du Bangladesh s'est accompagnée d'une faible augmentation des inégalités. L'indice de Gini, communément utilisé pour mesurer les inégalités, n'est passé que de 0,30 en 1995 à 0,31 en 2005. Il faut noter que, depuis 2000, le revenu réel par habitant du décile inférieur de la population a progressé selon le même taux de croissance annuel que celui du décile supérieur (2,8 %).

— Cette nette réduction de la pauvreté se reflète dans les évolutions de la croissance économique, de l'emploi, ainsi que des structures de l'économie. Le taux de croissance de l'économie du Bangladesh – qui, avec une taille de 71 milliards de dollars, est la troisième d'Asie du Sud après l'Inde et le Pakistan – a été en moyenne de 5,5 % par an depuis 2000 et a atteint 6,7 % en 2006. Ces résultats doivent être comparés au taux de croissance annuel moyen de 4 % enregistré dans les années 1980. Le taux annuel moyen de croissance par habitant est passé de 1 % dans les années 1980 à 3,5 % actuellement. La part de l'agriculture diminue progressivement : en 2005, le travail non agricole a supplanté le travail agricole comme principale source de revenu dans les zones rurales. 50 % du produit intérieur brut du Bangladesh vient désormais des services.

— La croissance de la population – qui est un problème essentiel au Bangladesh, l'un des pays les plus densément peuplés de la planète – a fortement diminué : elle est passée d'un taux annuel moyen de 3 % dans les années 1970 à 1,5 % en 2000, ce qui est proche du chiffre indien de 1,4 % et mieux que les 2,5 % du Pakistan. Ce ralentissement signifie que davantage de familles ont les moyens de s'occuper de leurs enfants et de leur fournir une éducation convenable. Il montre également que des millions de femmes sont sorties du cycle sans fin de la maternité et ont désormais une chance d'aider leur famille à améliorer ses conditions d'existence au moyen d'un travail productif.

— Le déclin de la croissance de la population est largement dû à l'amélioration des soins de santé. (Quand davantage d'enfants survivent, les parents acceptent plus facilement de recourir au contrôle des naissances. Ils n'ont plus besoin de mettre au monde cinq enfants pour qu'il leur en reste deux à élever.) Durant les années 1980, le pourcentage de mères bangladaises recevant des soins prénataux a doublé. La réduction de la mortalité infantile en a été la conséquence : le taux de mortalité infantile a chuté de plus de la moitié en 1990 et 2006 (il est passé de 100 ‰ à 41 ‰). Le taux de mortalité des enfants de moins de cinq ans est de 52 ‰ au Bangladesh contre 87 ‰ en Inde et 98 ‰ au Pakistan. En 2005, le pourcentage d'enfants atteignant l'âge de un an (chez les 20 % de ménages les plus pauvres bénéficiant d'une couverture vaccinale complète) a atteint 50 % au Bangladesh, contre 21 % en Inde et 23 % au Pakistan. Environ 81 % des enfants ont été vaccinés contre la rougeole, contre 58 % en Inde. Et bien que la malnutrition infantile demeure un problème sérieux, le pourcentage des enfants souffrant d'un retard de croissance est tombé d'environ 70 % en 1985-86 à 43 % en 2004.

— L'espérance de vie à la naissance, qui est restée voisine de 56 ans tout au long des années 1990, a commencé à progresser. En 2006, l'espérance de vie était estimée à 65,4 ans. Alors que l'espérance de vie des femmes était – contrairement à ce qui est généralement constaté – inférieure à celle des hommes, la situation s'est finalement renversée : l'espérance de vie est actuellement de 65,9 ans pour les femmes et de 64,7 ans pour les hommes.

— Les opportunités d'éducation pour les enfants se sont également améliorées. La part des enfants accomplissant cinq années de scolarité est passée de 49 % en 1990 à 74 % en 2004. Le taux national d'alphabétisation a augmenté : de 26 % seulement en 1981, il est passé à 34 % en 1990 et à 41 % en 2002. Les années 1990 ont vu tripler le nombre des enfants accédant à l'enseignement secondaire. Parmi eux, les filles sont désormais plus nombreuses que les garçons, ce qui constitue un exploit en Asie du Sud. C'est aussi un remarquable accomplissement : au début des années 1990, il y avait trois fois plus de garçons que de filles dans les écoles secondaires.

— La qualité du logement ainsi que l'accès au système sanitaire et aux télécommunications se sont significativement améliorés au cours des dernières années. En 2000, 18 % des ménages vivaient sous des toits de chaume ; en 2005, cette proportion était tombée à 7 %. Un programme sanitaire a permis un meilleur accès à des latrines saines : cela concernait 54 % de la population en 2000 et 71 % en 2005. La révolution de la téléphonie mobile a fait passer la fraction de la population ayant accès aux services téléphoniques de 1,8 % en 2000 à 14,2 % actuellement.

— La capacité du Bangladesh à affronter des désastres naturels s'est significativement améliorée. Après les inondations massives de 1998, le produit intérieur brut par habitant avait chuté brutalement. Mais en 2004, une inondation similaire n'a eu qu'un impact négligeable sur la croissance économique. Cette résilience doit être attribuée à une économie plus diversifiée et à de meilleures capacités de réponse aux situations d'urgence dans le pays tout entier, ce qui inclut des mécanismes d'alerte précoce et des abris anticycloniques.

— Entre 1980 et 2004, l'indice de développement humain (un indice largement répandu associant des indicateurs-clés de mesure du développement des nations) a crû de 45 % au Bangladesh contre 39 % en Inde et 16 % au Sri Lanka – ce en dépit du fait qu'à compter de 2004 le produit intérieur brut par habitant était de 68 % supérieur en Inde à ce qu'il était au Bangladesh et de 200 % supérieur au Sri Lanka.

Ainsi que le montrent ces chiffres, le problème posé par la pauvreté au Bangladesh est certes en voie d'amélioration, mais il n'est pas encore résolu. Le Bangladesh est toujours l'un des pays les plus pauvres du monde : des dizaines de millions d'individus vivent tout juste au-dessus du niveau de subsistance. Mais les évolutions économiques et sociales vont dans le bon sens.

De nombreux Bangladais ont pour la première fois confiance en l'avenir. Nous sommes prêts à présent à nous engager pour remplir plusieurs objectifs cruciaux : dépasser un revenu annuel par habitant de 1 000 dollars ; viser un rythme de croissance annuel d'au moins 8 % (contre 6,7 % actuellement) ; et amener le taux de pauvreté sous la barre des 25 %. Je crois que tous ces objectifs peuvent être atteints au cours de la prochaine décennie, à condition que nous fassions les bons choix.

Les défis et les opportunités qui attendent le Bangladesh illustrent certains traits communs à la plupart des pays en développement :

— la nécessité de penser stratégiquement les questions relatives au développement et d'établir la manière dont un pays pourra se saisir d'opportunités de croissance dans sa région comme ailleurs dans le monde ;
— la nécessité de passer outre les mythes, les stéréotypes et les suppositions au sujet des pays pauvres et de leurs relations avec leurs voisins ;
— la nécessité de trouver de nouvelles approches du développement qui mettent l'accent sur les forces d'un pays et de sa population, non sur leurs seuls problèmes ;
— la nécessité de réfléchir à la manière dont le social-business peut répondre aux problèmes sociaux et économiques qui sont habituellement laissés aux gouvernements.

Ces idées donnent de l'espoir pour atténuer les pires effets de la pauvreté au Bangladesh comme dans de nombreux autres pays à travers le monde.

Les programmes contre la pauvreté qui fonctionnent

Pendant trop longtemps, les habitants des pays développés ont eu une attitude fataliste à l'égard de la pauvreté. Le problème paraissait si vaste et si compliqué que beaucoup étaient tentés de hausser les épaules et de laisser tomber. La vérité est que l'on peut faire beaucoup de choses à condition d'avoir la volonté d'appliquer un nouveau mode de pensée à la pauvreté comme aux moyens d'y remédier.

S'occuper des pauvres relevait traditionnellement de la responsabilité collective. Les politiques et les institutions destinées au traitement de la pauvreté reposent sur cette hypothèse. Il en résulte que la capacité des pauvres à réaliser des contributions positives et à faire bénéficier la collectivité de leur travail a rarement été reconnue. Une fois que nous reconnaissons cette capacité, nous pouvons créer des programmes offrant aux pauvres un soutien et, ainsi, ne plus nous priver de leurs dons créatifs.

Le social-business contribuera de façon importante à cet effort. Mais il restera de la place pour des programmes de lutte contre la pauvreté financés par les gouvernements et les ONG. Rendre une communauté ou une nation autonome prend souvent beaucoup de temps. Durant cette transition, les programmes apportant aux pauvres les ressources dont ils ont besoin sont essentiels, particulièrement quand restent à traiter des maux tels que la faim, l'absence de logement, la maladie et les catastrophes naturelles.

Mais tous les programmes de lutte contre la pauvreté ne se valent pas. L'observation et l'expérience nous ont enseigné que certains étaient très efficaces tandis que d'autres gaspillaient de l'énergie et de l'argent. Quelles sont les caractéristiques des programmes efficaces de lutte contre la pauvreté ?

Pour qu'un programme soit efficace, il doit tout d'abord débuter avec une définition claire et opérationnelle de la pauvreté. Des règles doivent exclure du bénéfice de ces programmes ceux qui ne sont pas pauvres afin de ne pas détourner les ressources dont les pauvres ont ardemment besoin.

Chaque pays et chaque région auront probablement leur propre définition de la pauvreté. Les pauvres du Bangladesh mènent une vie très différente de celle des pauvres des États-Unis. (En Amérique, la plupart des pauvres disposent par exemple d'un poste de télévision.) Certains analystes du développement global se plaignent de l'incohérence des définitions de la pauvreté. Mais je pense qu'il s'agit là du résultat normal de la diversité des niveaux de vie, des habitudes culturelles, et des conditions d'existence d'un pays à l'autre. Cette incohérence peut poser problème à des analystes essayant de réaliser des comparaisons internationales. Mais ce qui importe davantage est de disposer de définitions utiles pour les collaborateurs présents sur le terrain.

À la Grameen Bank, nous avons dû développer notre propre définition de la pauvreté pour évaluer la manière dont nous parvenions à faire sortir les gens de la pauvreté grâce au microcrédit. Nous aurions pu réaliser une comparaison basée sur le revenu monétaire – l'équivalent de 1 à 2 dollars par jour. Ces deux valeurs sont largement utilisées comme indicateurs de pauvreté par la communauté internationale du développement.

Mais nous pressentions que ce système ne serait pas commode pour prendre quotidiennement les décisions qui s'imposaient. Nous avons donc développé un programme en dix points décrivant l'ensemble des conditions de vie. Lorsqu'une famille a réussi à franchir chacun de ces dix obstacles, la Grameen Bank considère qu'elle a échappé à la pauvreté. Ces dix points sont les suivants :

1. Chaque membre de la banque ainsi que sa famille vit dans une maison au toit de tôle ondulé ou dans une maison d'une valeur au moins égale à 25 000 takas (ce qui équivaut environ à 370 dollars). Les membres de la famille dorment dans des lits ou sur des châlits plutôt que sur le sol.
2. Le membre et sa famille boivent de l'eau pure provenant de puits sains, de l'eau bouillie, ou de l'eau désinfectée avec de l'alun, des tablettes purifiantes ou des filtres.
3. Les enfants de tous les membres physiquement et mentalement aptes et ayant plus de six ans vont à l'école primaire ou ont terminé ce cycle d'enseignement.
4. Le remboursement hebdomadaire minimal versé par chaque membre est de 200 takas (environ 3 dollars).
5. Tous les membres de la famille utilisent des latrines saines.
6. Tous les membres de la famille ont suffisamment de vêtements pour satisfaire à leurs besoins quotidiens, ce qui inclut des vêtements d'hiver, des couvertures et des moustiquaires.
7. La famille a des sources de revenu complémen-

taires, comme un jardin potager ou des arbres fruitiers, de manière à avoir de quoi subsister si le besoin s'en fait sentir.
8. Les membres conservent en moyenne 5 000 takas (environ 75 dollars) sur leur compte épargne.
9. Le membre a la capacité d'offrir à sa famille trois repas complets par jour tout au long de l'année.
10. Tous les membres de la famille prennent soin de leur santé, suivent les traitements adéquats, et peuvent payer des frais médicaux en cas de maladie.

Nos dix points ont été conçus pour caractériser un individu et une famille qui sont sortis de la pauvreté. Mais l'absence de ces indicateurs peut être utilisée pour caractériser ceux qui sont encore pauvres. Si on lui fait subir les modifications appropriées, ce système d'indicateurs pourra être employé dans d'autres pays en développement. Dans certains cas, on aura besoin d'une définition prenant en compte les conditions locales. Le point important est que la pauvreté doit être clairement définie afin que le programme de lutte contre la pauvreté puisse identifier ses bénéficiaires ainsi que un ou plusieurs objectifs à atteindre.

Hiérarchiser les besoins est également important. Les non-pauvres ne devraient pas être exclus d'un programme de lutte contre la pauvreté, mais les pauvres et les très pauvres devraient avoir la priorité. L'une des principales raisons de l'échec de ce type de programme réside en l'attribution de leurs ressources à des individus qui ne sont pas directement concernés. Les programmes de lutte contre la pauvreté les plus efficaces sont par ailleurs des programmes conçus pour répondre aux besoins des pauvres, non des programmes globaux destinés à servir la collectivité, fournir des services sociaux ou stimuler l'activité économique. Les programmes de construction d'infrastructures, de fourniture de soins médicaux ou de préparation à l'emploi peuvent être de bonnes choses. Mais l'expérience montre que si l'on ne cible pas précisément la pauvreté, les plus riches finiront par percevoir la part du lion de leurs bénéfices et que la situation des pauvres ne s'améliorera pas, voire empirera. L'expérience enseigne également qu'il est important de cibler aussi les femmes : si ce n'est pas le cas, elles ne seront vraisemblablement pas touchées par le programme.

Dans de nombreux cas, cela signifie qu'il faudra créer de nouveaux programmes d'aide aux pauvres au lieu de tenter d'adapter les programmes existants. Lorsque des institutions et des politiques ont échoué à répondre de façon satisfaisante aux besoins des pauvres, il est généralement inutile de croire qu'il sera possible de les rendre efficaces. Il vaut mieux construire de nouveaux programmes en partant de zéro.

Il est enfin nécessaire que les investisseurs s'engagent dans un programme pour une période longue. L'autonomie ne s'acquiert pas en une nuit, surtout quand un grand nombre d'individus sont restés englués dans la pauvreté pendant des décennies ou même des générations. Même un programme bien conçu connaîtra des moments de difficulté qui inciteront les investisseurs à relâcher leurs efforts. Si l'on veut parvenir à une issue satisfaisante, ces périodes difficiles devront être surmontées avec détermination, souplesse et intelligence.

De nombreux efforts de lutte contre la pauvreté sont consentis par des gens bien intentionnés venant des pays développés – qu'il s'agisse d'ONG, d'aides gouvernementales, ou d'aides apportées par des agences internationales. Il est désolant de voir qu'une grande partie de cet argent est gaspillée. Dans de nombreux cas, l'argent qui est supposé aider les pauvres finit par donner du travail à des entreprises et à des organisations du monde développé – actions de formation, fourniture d'équipements et de matériels, services de conseil ou d'expertise, etc. Dans d'autres cas, il finit par tomber dans l'escarcelle de gouvernements corrompus ou de groupes sociaux puissants.

Lorsque cela se produit, les gens qui se préoccupent de la pauvreté et qui cherchent à aider les personnes dans le besoin deviennent amères et cyniques. D'anciens idéalistes deviennent insensibles au sort des pauvres et mettent un terme à leur aide. C'est une tragédie inutile.

Ceux qui, dans le monde développé, veulent venir en aide aux pauvres devraient s'engager à créer une forme de solidarité avec la moitié déshéritée de la population des pays en développement, en particulier avec les femmes. Les contribuables des pays donateurs devraient faire clairement comprendre aux responsables de l'aide au développement et aux parlementaires qu'ils veulent que leur argent serve directement à la réduction de la pauvreté en soutenant les capacités des pauvres eux-mêmes. Placer l'accent sur des critères similaires à ceux que je viens de présenter pourrait être un bon début.

Le crédit vient en premier

Nous avons dressé la liste des principales caractéristiques que doit présenter un programme efficace de lutte contre la pauvreté. Mais par quoi devrait-il débuter ? Par l'éducation ? Qu'en est-il des infrastructures ? Des soins médicaux ? Des technologies de l'information et de la communication ? Des conditions sanitaires ? Du logement ? Les besoins sont presque infinis, et il est délicat d'établir un ordre de priorité.

Tous ces points sont importants. L'idéal serait d'engager simultanément la bataille sur tous les fronts. Mais à la Grameen Bank, nous nous sommes concentrés sur le crédit : nous avons donné de l'argent liquide à des personnes pauvres afin de les engager sur le long chemin qui leur permettrait de sortir de la pauvreté. C'était une stratégie risquée. Elle mérite un mot d'explication, d'autant plus que la plupart des programmes de lutte contre la pauvreté procèdent différemment.

Je crois fermement que tous les êtres humains ont une capacité innée qui passe généralement inaperçue : la capacité à survivre. Le simple fait que les pauvres sont vivants prouve qu'ils possèdent cette compétence. Ils n'ont pas besoin que nous leur montrions comment survivre : ils le savent déjà ! Plutôt que de perdre notre temps à les doter de capacités nouvelles, nous avons cherché à les aider à tirer le maximum de bénéfices de celles qu'ils possédaient déjà. Autoriser les pauvres à accéder au crédit leur permet de mettre immédiatement en pratique les compétences dont ils disposent : tisser, monder le riz, élever des vaches, conduire un pousse-pousse. L'argent qu'ils gagnent grâce à leurs efforts devient alors un outil, une clé qui leur permettra d'acquérir de nouvelles compétences.

Cela ne signifie pas que les pauvres aient toujours conscience des compétences qu'ils possèdent. Lorsque nous sommes allés voir pour la première fois les femmes pauvres des villages pour leur proposer des prêts, elles refusaient d'accepter notre argent en disant qu'elles n'avaient pas la moindre idée de ce qu'elles pourraient en faire. Ces femmes avaient de nombreuses compétences, mais des années d'exposition à des attitudes répressives avaient ancré en elles un tel sentiment de peur et d'insécurité qu'elles ne le savaient même pas. En leur prodiguant nos encouragements et en leur racontant un certain nombre d'expériences heureuses, nous les avons progressivement débarrassées de leurs angoisses. Ces femmes réalisèrent rapidement qu'elles étaient suffisamment compétentes pour employer de l'argent à faire de l'argent.

Les responsables gouvernementaux, les consultants internationaux ainsi que de nombreuses ONG se fondent fréquemment sur l'hypothèse inverse : les pauvres sont pauvres parce qu'ils ne savent rien faire. Ils construisent leurs efforts de lutte contre la pauvreté sur cette base et développent des programmes d'apprentissage sophistiqués. Cela semble logique – et cela préserve les intérêts des experts de la lutte contre la pauvreté. Cela crée de nombreux emplois appuyés sur des budgets importants. Dans le même temps, cela dégage ces experts de l'obligation de produire des résultats concrets. Après tout, ils pourront toujours estimer avoir réussi en faisant référence aux milliers de gens qui auront suivi ces formations, sans se soucier de savoir si ces personnes et leur famille seront ou non sorties de la pauvreté.

Soyons justes : la plupart des experts engagés dans la lutte contre la pauvreté sont bien intentionnés. Ils choisissent de concentrer leurs efforts sur des programmes de formation parce que c'est ce que leur dictent leurs hypothèses erronées. Mais si vous passez suffisamment de temps parmi les pauvres, vous découvrirez que leur pauvreté vient de ce qu'ils ne peuvent conserver le fruit de leurs efforts. La raison en est claire : ils ne contrôlent pas le capital. Les pauvres travaillent au profit de quelqu'un d'autre qui contrôle le capital. Ce peuvent être des prêteurs comme ceux qui exploitaient les pauvres gens de Jobra. Ce peuvent être des propriétaires terriens, des propriétaires d'usines, ou des agents qui recrutent les pauvres et les font travailler dans des conditions proches de l'esclavage. Ils ont en commun leur habileté à voler le travail des pauvres.

Et pourquoi est-ce le cas ? Parce que les pauvres n'héritent d'aucun capital et que personne ne leur donne accès au capital ou au crédit. Les pauvres ont la réputation de ne pas être solvables. J'ai acquis la conviction que changer cette hypothèse est une première étape indispensable à l'éradication de la pauvreté.

Que faut-il penser de la formation professionnelle ? Elle n'est pas mauvaise en elle-même. Elle peut contribuer de façon importante à aider les gens à surmonter leurs difficultés économiques. Mais elle ne peut bénéficier qu'à un petit nombre d'individus. Pour répondre aux besoins d'un grand nombre de pauvres, la meilleure stratégie consiste à laisser leurs capacités naturelles s'épanouir avant de leur apporter de nouvelles compétences. Faire crédit aux pauvres et les laisser profiter du fruit de leur labeur, souvent pour la première fois de leur vie, aident à créer une situation dans laquelle ils éprouveront le besoin de se former. Ils se mettront en quête d'une formation et seront même prêts à payer pour l'acquérir (même s'il ne s'agit que d'une somme symbolique). Telles sont les conditions dans lesquelles la formation peut réellement avoir du sens et produire des effets.

La charité n'est pas toujours la réponse

L'importance de la charité ne peut être niée. Elle convient aux situations de désastre. On peut également y recourir pour aider ceux qui sont trop handicapés pour faire quelque chose par eux-mêmes. Mais nous avons parfois tendance à nous reposer sur la charité.

Je suis en général opposé aux cadeaux et aux aumônes. Ils privent les individus du sens de l'initiative et de la responsabilité. Si les gens savent que les choses peuvent être obtenues « gratuitement », ils auront tendance à utiliser leur énergie et leurs compétences à rechercher les choses « gratuites » plutôt qu'à employer cette même énergie et ces mêmes compétences pour accomplir quelque chose par eux-mêmes. L'aumône encourage davantage la dépendance que l'autonomie et la confiance.

Même en cas de désastre, la Grameen Bank encourage ses emprunteurs à créer leurs propres fonds de sécurité plutôt qu'à compter sur les dons. Quand nous avons distribué gratuitement du blé aux emprunteurs Grameen lors de l'inondation de 1998, nous les incitions à placer chaque semaine de petites sommes sur un fonds mobilisable en cas de catastrophe naturelle. Lorsque la situation revint à la normale et qu'ils recommencèrent à gagner de l'argent, le montant cumulé représentait la valeur du blé qu'ils avaient reçu. Cette nouvelle cagnotte servira de fonds communautaire et pourra être utilisée pour aider les emprunteurs à faire face à une catastrophe future.

La charité encourage aussi la corruption. Quand des dons sont réalisés au profit des pauvres, les responsables de la distribution gratuite de biens et services ainsi que leurs amis proches sont souvent les premiers bénéficiaires du programme qu'ils pilotent.

La charité crée finalement une relation à sens unique. Les bénéficiaires cherchent à obtenir des faveurs plutôt qu'à recevoir ce qui leur est dû. Ils n'ont en conséquence pas voix au chapitre, et la responsabilité comme la transparence disparaissent. Toutes les relations de ce type sont inéquitables et ne font que rendre les pauvres plus vulnérables à l'exploitation et à la manipulation.

Pour renforcer la capacité des pauvres à créer, développer et améliorer leurs propres communautés, j'attirerais l'attention sur la nécessité de créer des institutions démocratiques afin de favoriser l'autonomie locale. Plus l'étendue sur laquelle le pouvoir local exerce sa juridiction est réduite, plus les pauvres ont de chances d'être entendus. Les pauvres doivent avoir la possibilité de participer aux décisions qui les touchent. Même s'il est bien intentionné, le paternalisme mène à une impasse. Si les pauvres ont la capacité de se prendre en charge, ils peuvent faire beaucoup plus et beaucoup plus vite.

Le Bangladesh et les pays développés

Le Bangladesh peut continuer à croître économiquement si le contexte d'ensemble lui est favorable. Cela requiert trois éléments : des montants élevés d'investissement direct étranger, un accès libre de droits de douane de ses produits au marché américain, et un accès permanent aux marchés du travail d'outre-mer.

L'investissement direct étranger (IDE) peut aider le Bangladesh à obtenir une croissance économique élevée ainsi qu'à construire une économie forte. Les pays qui ont réussi à attirer des IDE importants connaissent un développement rapide. On estime par exemple que l'IDE explique 14 % du produit intérieur brut du Vietnam : il apporte environ 1 milliard de dollars par an au budget de l'État, génère 800 000 emplois directement et en soutient indirectement 2 millions. Le Vietnam a su attirer 18 milliards de dollars d'IDE nouveaux au cours des cinq dernières années – 10 milliards pour la seule année 2006 – alors que le Bangladesh, dont la population est deux fois plus importante, n'en a recueilli que 700 millions en 2005. Rien n'empêche le Bangladesh de profiter comme le Vietnam des avantages des IDE.

Tous les IDE ne sont pas nécessairement bénéfiques. L'une des priorités devrait consister à attirer des investisseurs dans des usines produisant des biens destinés au marché mondial. Créer et entretenir des zones dédiées à la production manufacturière, fournir des infrastructures et organiser une régulation transparente sont des éléments essentiels pour attirer ce type d'investissement.

Une deuxième condition déterminante d'une croissance économique soutenue au Bangladesh est la liberté d'accès au marché américain. Le Bangladesh fait partie de la demi-douzaine des pays les moins développés d'Asie dont la plupart des exportations vers les États-Unis sont soumises à des droits de douane élevés. Le Bangladesh se voit actuellement appliquer le quatrième régime douanier le plus sévère parmi ceux que les États-Unis opposent à leurs partenaires commerciaux. Sur 3,3 milliards de dollars d'exportations réalisées vers les États-Unis en 2006, le Bangladesh a versé un demi-milliard de dollars de droits de douane – le même montant que celui versé par le Royaume-Uni sur des exportations d'une valeur de 54 milliards.

Les exportations annuelles de vêtements en provenance du Bangladesh ont atteint 9 milliards de dollars en 2006, ce qui représente 80 % de nos exportations totales. À ce rythme, le Bangladesh dépassera bientôt l'Inde pour ce qui est de ce type d'exportation. Les effets induits par le libre accès de nos produits au marché des États-Unis dépasseraient le strict champ de l'économie. J'ai expliqué comment le microcrédit a permis de rendre le pouvoir aux femmes du Bangladesh lors des deux dernières décennies. Un second facteur essentiel de ce changement social a consisté en la croissance de notre industrie vestimentaire.

Aujourd'hui, deux millions de jeunes filles bangladaises travaillent dans une fabrique de vêtements. C'est un témoignage silencieux de la manière dont les interdits religieux relatifs au travail féminin ont été surmontés. De nombreuses jeunes filles pauvres choisissent de travailler, de gagner de l'argent et d'économiser pour mener une existence décente plutôt que de se marier précocement ou, ce qui est bien pire, d'être victimes d'abus comme la traite internationale des femmes. Leurs enfants recevront une meilleure éducation et auront des perspectives plus souriantes que ceux des jeunes filles qui se seront mariées très tôt.

Cette nouvelle génération de travailleuses adoptent des comportements libéraux et modernes qui promettent de transformer notre culture traditionnelle. La pauvreté et l'impuissance sont le terreau du terrorisme. Les familles de ces femmes ne fourniront pas un tel terreau.

Si les produits bangladais sont autorisés à entrer librement sur le marché des États-Unis, je crois que les volumes exportés doubleront en l'espace de cinq ans, que les salaires monteront, et que le taux de croissance de l'économie bangladaise augmentera – de même que les exportations de coton et d'autres biens des États-Unis vers le Bangladesh. Et comme l'industrie textile bangladaise est concentrée sur les produits d'entrée de gamme que les entreprises américaines ont depuis longtemps délaissés, elles seront rares à souffrir de notre concurrence. Tout le monde sera gagnant.

Les Objectifs du millénaire pour le développement adoptés en 2000 incluent l'engagement de donner aux économies les moins développées un libre accès aux marchés mondiaux. Si cet engagement était honoré, cela aiderait énormément le Bangladesh.

Le Bangladesh a enfin besoin de disposer d'un accès permanent au marché international du travail.

Lors de mes voyages autour du monde, j'ai rencontré de nombreux jeunes gens du Bangladesh – non seulement dans de grandes villes comme New York, mais aussi dans des villages espagnols, sur des îles italiennes, dans des villes d'Argentine, du Chili ou de Colombie. La plupart s'en sortent bien : ils maîtrisent la langue du pays et se sont fait des amis dans la population locale. Mais lorsque je leur demande comment ils sont arrivés là, ils me racontent des histoires de persévérance, de ténacité et d'aventures risquées : ils ont souvent traversé de nombreux pays et ont effectué des travaux de toutes natures. Ces récits relatent aussi des abus : ils ont été trompés par des agents de main-d'œuvre, maltraités par des personnels d'aéroport, harcelés, volés, ignorés par les responsables publics.

Mais ces jeunes gens contribuent de façon importante à l'économie du Bangladesh. En 2006, le Bangladesh a reçu 6 milliards de dollars de fonds envoyés par des ressortissants vivant à l'étranger (ce qui représente un tiers des échanges du pays avec l'étranger), contre 21,7 milliards pour l'Inde et 21,3 milliards pour la Chine. Si l'on considère que la population indienne est plus de sept fois plus importante que celle du Bangladesh et que celle de la Chine l'est presque neuf fois, c'est un résultat remarquable.

Ces envois de fonds contribuent de surcroît directement à la réduction de la pauvreté. Selon les perspectives économiques de la Banque mondiale, ces entrées de capitaux ont permis de réduire de 6 % la prévalence de la pauvreté au Bangladesh. C'est un fascinant exemple de la manière dont les individus à faible revenu contribuent directement et stratégiquement aux objectifs économiques et sociaux de la nation : ils procèdent de la même manière que lorsqu'il s'agit de changer leur propre vie.

Le Bangladesh doit faire davantage pour soutenir ses jeunes émigrants et pour limiter les risques qu'ils prennent en s'aventurant en terre inconnue. Nous devons réformer les pratiques de nos agences gouvernementales pour réduire le stress, le sentiment d'humiliation et l'anxiété qui est leur lot lorsqu'ils sont confrontés aux fonctionnaires de l'émigration.

Étant donné la réalité démographique et économique du monde, on peut aisément prévoir que de plus en plus de travailleurs venant du Bangladesh et des pays voisins seront appelés à travailler dans d'autres pays, notamment en Chine. La demande de billets d'avion va exploser. Ce sera l'occasion d'envisager la création d'un *hub* aérien au Bangladesh afin de faciliter les déplacements d'un grand nombre de travailleurs de la région et de gens qui voyagent pour affaires.

Vers une paix et une prospérité régionales

Comme celui de nombreux pays en développement, l'avenir du Bangladesh est étroitement lié à la paix et à la prospérité de la région. Le passé politique importe peu : les pays d'Asie du Sud – l'Afghanistan, le Bangladesh, le Bhutan, l'Inde, les Maldives, le Népal, le Pakistan et le Sri Lanka – ne pourront achever rapidement leur mue économique et sociale qu'à la condition de s'associer étroitement et irrévocablement. Il n'y a pas de raison que l'Asie du Sud échoue à réaliser le même type de miracle économique que celui dont ont bénéficié les membres de l'Union européenne ; les conséquences positives sur des millions de vies pourraient même être supérieures.

C'est précisément pour cette raison que l'Association sud-asiatique pour la coopération régionale (ASACR) a été créée en 1985. Mais au cours des vingt-deux années écoulées, l'esprit qui a présidé à sa création n'a pas pu s'épanouir. Les sommets de l'ASACR donnent davantage l'occasion aux personnalités politiques de se faire valoir qu'ils ne permettent de chercher les moyens de renforcer la coopération et la confiance entre les peuples.

L'Asie du Sud est par conséquent la région la moins intégrée du monde. Le commerce régional n'atteint pas 2 % du produit intérieur brut, contre plus de 20 % en Asie de l'Est. Le commerce annuel entre l'Inde et le Pakistan est estimé à 1 milliard de dollars alors qu'il pourrait en représenter 9. Le coût des échanges frontaliers dans la région est trop élevé. Les postes-frontières entre l'Inde et le Bangladesh sont si encombrés que les files d'attente du côté indien dépassent 1 000 camions ; un voyage qui devrait durer vingt et une heures peut en durer quatre-vingt-quinze ou plus. Ce manque d'intégration contribue à faire de l'Asie du Sud l'épicentre de la pauvreté mondiale : on y trouve près de 40 % de la population pauvre du monde.

Certaines parties d'Asie du Sud souffrent des handicaps typiques des pays enclavés ou isolés. C'est le cas du nord de l'Inde, du nord-ouest du Pakistan, du nord du Bangladesh, de fractions du Népal et de l'Afghanistan. La coopération régionale pourrait transformer ces régions, notamment en ce qui concerne les transports et la facilité des échanges. Le nord du Bangladesh deviendra une région dynamique lorsque le commerce avec le Népal et l'Inde tournera à plein régime.

Les pays membres de l'ASACR reconnaissent le potentiel de l'intégration économique régionale. C'est la raison pour laquelle ils ont conclu en janvier 2004 un accord créant la Zone de libre-échange d'Asie du Sud (ZLEAS). Si les projets contenus dans cet accord sont mis en œuvre, presque tous les produits circuleront librement en Asie du Sud à partir de 2015.

La ZLEAS est un bon accord sur bien des points, même s'il reste des problèmes particuliers auxquels il faudra répondre. Il devrait couvrir les échanges de services aussi bien que ceux de biens manufacturés ou de produits agricoles. La perte de recettes douanières ou de recettes de TVA générée par la libéralisation des échanges créera des difficultés, en particulier pour les plus petites économies de la région. De surcroît, l'application de l'accord devra être surveillée de manière à ce que les producteurs les moins efficaces de la région n'évincent pas les concurrents extérieurs à la zone. Des produits de meilleure qualité provenant de pays voisins (la Chine, la Corée du Sud, la Malaisie, la Thaïlande) ne pourront pas rivaliser avec les produits indiens ou pakistanais parce que ces derniers seront libres de droits de douane. Le consommateur y perdra.

Nous nous heurterons au départ à des difficultés. Les pays rejoignant une organisation de libre-échange devront affronter certains problèmes durant la phase de transition. La ZLEAS n'en constitue pas moins un grand pas dans la bonne direction. Elle peut conduire le secteur privé à se défaire progressivement de la défiance mutuelle qui a empoisonné la vie de notre région depuis tant d'années. À mesure que le commerce régional se développera, il désamorcera les risques de conflits armés entre des rivaux régionaux comme l'Inde et le Pakistan.

Les gouvernements, la société civile et la communauté des affaires peuvent faire beaucoup de choses pour tisser des liens étroits entre les pays de la région. J'ai par exemple proposé que chaque université des pays de l'ASACR offre au moins une bourse à un étudiant issu d'un autre pays d'Asie du Sud. Un programme d'échange similaire pourrait être créé pour les enseignants. De nombreuses personnes ont souligné que les sommets de l'ASACR réunissant les ministres de la région pourraient s'accompagner de rencontres régionales entre chefs d'entreprise, journalistes, écrivains, responsables d'ONG et étudiants, ainsi que de festivals culturels et de programmes d'éducation. L'ASACR devrait concerner les gens, pas seulement les gouvernements : elle devrait contribuer à unir les peuples de la région.

Les restrictions aux déplacements entre les pays de l'ASACR devraient par ailleurs être progressivement levées. À l'heure actuelle, seul le Népal accorde automatiquement des visas à tous les ressortissants des pays membres de l'ASACR, ce qui a eu pour effet une augmentation importante des voyages vers le Népal entrepris à partir d'un autre pays de l'ASACR. Ses partenaires devraient s'inspirer de son exemple.

J'ai toujours plaidé pour que les pays de l'ASACR accordent des passeports de l'ASACR à des personnalités importantes de la région. Chaque année, une liste négociée de personnalités éminentes pourrait être publiée ; elle ferait référence à leur contribution au rayonnement régional en matière politique, sociale, culturelle ou économique. Ces personnalités recevraient des passeports ou des cartes d'identité de l'ASACR en complément des papiers délivrés par les autorités nationales. Le processus pourrait démarrer par la sélection de cinq mille citoyens des huit pays de l'ASACR. Ces hommes et ces femmes remarquables pourraient circuler sans visa dans toute la région, contribuant de la sorte à répandre leurs idées et jouant le rôle d'ambassadeurs de bonne volonté. Leur nombre augmenterait d'année en année jusqu'à ce que la liberté de circulation en Asie du Sud devienne la norme plutôt que l'exception.

J'ai entendu certaines personnes dire que gérer les passeports de l'ASACR serait un cauchemar technique. Je ne vois pas pourquoi. Avec les technologies de l'information modernes, créer une base de données pour les titulaires de ces passeports ne devrait pas présenter de difficulté. On pourrait y ajouter des informations biométriques. Je ne doute pas que cette initiative contribue énormément à établir un climat de confiance.

Tout comme pour d'autres problèmes qui paraissaient impossibles à régler, le social-business peut jouer un rôle majeur dans le changement de l'environnement économique, social et culturel de la région. On pourrait commencer par doter l'ASACR d'un fonds de social-business lancé par des hommes et des femmes d'affaires de la région. Ce fonds commencerait par financer au moins un social-business dans chaque pays, ce quel que soit son objectif : lutte contre la pauvreté, fourniture de soins médicaux aux pauvres, lutte contre le trafic de femmes et d'enfants, fourniture d'eau potable, soins apportés aux mères, etc. Le fonds pourrait débuter avec des moyens modestes et lancer de petits programmes dans chaque pays pour créer de la confiance et montrer que nous pouvons joindre nos efforts afin de traiter nos problèmes communs. L'avantage que présente un fonds de ce type est que personne ne verra en lui une manière de faire des affaires dans un pays donné afin de profiter de sa supériorité financière ou technologique – puisqu'un social-business est par définition une entreprise qui ne cherche pas à maximiser le profit.

Parmi d'autres projets, les social-business de l'ASACR pourraient s'engager dans la construction d'infrastructures comme des ponts enjambant des rivières communes à deux pays ou des routes reliant deux pays. Ces infrastructures pourraient être détenues par les pauvres des deux côtés de la frontière. Elles seront des symboles d'amitié, mais elles permettront aussi d'améliorer la vie des pauvres en stimulant les économies locales, en encourageant les échanges et en facilitant les communications.

À long terme, le succès de l'ASACR et de la ZLEAS dépendra tout particulièrement de l'attitude et de l'action de l'Inde, le pays le plus vaste et le plus puissant de la région. L'Inde a des frontières avec presque tous les autres pays de l'ASACR. Il n'est pas inhabituel que des pays voisins aient des difficultés politiques. Mais il existe un problème entre deux pays de l'ASACR qui exerce un sérieux impact sur l'ensemble de la région et qui influe largement sur les relations entre l'Inde et le Pakistan : c'est celui du Cachemire. L'Inde et le Pakistan se sont par trois fois affrontés militairement pour affirmer leurs droits sur le Cachemire. C'est en raison de cette rivalité que les deux pays ont mis sur pied d'immenses armées équipées des armes les plus sophistiquées, dont l'arme nucléaire qui menace gravement la stabilité de la région.

Le problème du Cachemire peut-il être résolu ? Bien sûr. Tous les conflits humains peuvent être résolus parce qu'ils s'enracinent dans l'esprit humain, qui est le vrai champ de bataille sur lequel nous devrions nous concentrer. Quand tous les pays de la région seront prêts à former une véritable union politique et économique, il sera beaucoup plus aisé de trouver une solution juste au problème du Cachemire.

Le Bangladesh et ses puissants voisins

Le Bangladesh est un pays chanceux. Il lui est facile de créer une dynamique économique en exploitant sa situation géographique attractive : deux de ses voisins, l'Inde et la Chine, sont des géants économiques en pleine croissance. L'Inde a déjà atteint un taux de croissance de 8 %, tandis que la Chine a dépassé les 11 % ; tous deux ont ramené leur taux de pauvreté à moins de 25 %. Ces pays sont devenus de telles locomotives économiques que le monde entier leur accorde de l'attention.

Le Bangladesh pourrait profiter de ce voisinage. Des voisins en pleine croissance sont des sources commodes de technologies, d'expériences, de compétences et de contacts. En échange, le Bangladesh pourrait proposer diverses formes de sous-traitance. Même si nous ne recueillions qu'une petite partie de l'activité de l'Inde et de la Chine, notre économie serait florissante.

Certains Bangladais craignent que notre petit pays ne soit dévoré par son voisin indien si nous nous convertissons au libre-échange. Ils affirment que l'Inde profitera de l'existence d'une zone de libre-échange pour inonder nos marchés de ses produits et pour étouffer le potentiel industriel du Bangladesh.

Mais l'Inde « inonde » déjà le marché bangladais de biens. Elle le fait de façon clandestine, ce qui ne procure aucune ressource à notre gouvernement (en dehors des pots-de-vin versés aux agents des postes-frontières et aux responsables des douanes). Selon les chiffres publiés par la Banque du Bangladesh, les importations en provenance d'Inde représentaient officiellement 1,8 milliard de dollars en 2005-2006, alors que le montant des importations clandestines serait de 50 % supérieur. Le passage au libre-échange se traduirait par la légalisation de ces flux de biens et l'apparition de ressources supplémentaires pour le gouvernement. Si des ajustements raisonnables sont réalisés et si des garde-fous sont mis en place pour empêcher l'exploitation des faibles par les puissants, les petits pays pourraient bénéficier du libre-échange autant que les grands. Des accords bilatéraux de libre-échange sont déjà en vigueur entre certains pays de l'ASACR – l'Inde et le Sri Lanka par exemple. Si le minuscule Sri Lanka, dont la population n'atteint pas 20 millions de personnes, peut profiter de l'ouverture des frontières avec l'Inde, pourquoi n'en irait-il pas de même du Bangladesh ?

Il y a de nombreuses raisons pour lesquelles le Bangladesh devrait avoir de bonnes relations avec l'Inde. Mais le degré de tension entre les deux pays reste inutilement élevé. Bien que le Bangladesh soit reconnaissant à l'Inde de l'aide militaire qu'elle nous a apportée lors de notre guerre de libération, l'Inde continue à nous faire peur. Cela peut se comprendre : l'Inde est sept fois plus grande que le Bangladesh, elle l'entoure presque totalement, elle a la troisième armée du monde et elle est majoritairement hindoue (même si l'Inde a en fait une population musulmane plus importante que celle du Bangladesh). Certains hommes politiques bangladais exploitent l'anxiété de leurs concitoyens en rendant l'Inde responsable de tout ce qui ne va pas dans notre pays et en promettant de « protéger » le Bangladesh des menaces informulées que l'Inde est supposée faire peser sur lui.

L'Inde se plaint pour sa part de l'immigration illégale des pauvres bangladais qui vont chercher du travail sur son territoire. (Sur ce point, l'Inde et le Bangladesh ont une relation comparable à celle qui existe entre les États-Unis et le Mexique, où les pauvres qui traversent la frontière en quête d'opportunités économiques provoquent des tensions internationales.) L'Inde reproche aussi au Bangladesh d'abriter et de soutenir les leaders des guérillas actives dans l'est de son territoire. Les responsables bangladais persistent à rejeter cette accusation, mais rien n'y fait.

Dans un climat de défiance générale, il est facile d'alimenter les peurs des gens – ici, la peur de la domination par un voisin gigantesque. Mais dans le monde contemporain, les pays soucieux d'exercer leur domination utilisent généralement l'outil économique plutôt que l'outil militaire. Si le Bangladesh reste pauvre, tout le monde le dominera, et pas seulement l'Inde. Gravir l'échelle économique aussi vite que possible constitue la meilleure protection contre la domination étrangère.

La situation stratégique du Bangladesh

La situation stratégique du Bangladesh pourrait être la clé de notre avenir. Placé à un carrefour régional, le Bangladesh pourrait devenir le point convergent des échanges internationaux de tous ses voisins. Tout ce qu'il a à faire est de proposer des facilités de transport aux pays totalement ou partiellement enclavés : le Népal, le Bhoutan, l'est de l'Inde, l'ouest de la Chine, le nord du Myanmar. Ces régions ont une population totale supérieure à 300 millions d'habitants. Leur économie est par ailleurs en pleine croissance : le revenu annuel par habitant s'élève rapidement au-delà de la barre des 1 000 dollars.

Le Bangladesh doit se préparer à se développer. Il lui faut se doter d'équipements portuaires ainsi que d'un réseau d'autoroutes permettant aux pays voisins d'accéder à ses ports. Un méga-port en eaux profondes pourrait être construit près de Cox's Bazar, une ville située à 150 kilomètres au sud de Chittagong, près de la frontière avec le Myanmar. Ce méga-port serait au service de l'ensemble de la région et pourrait apporter une plus grande prospérité à des millions de gens.

Dans les conditions actuelles, les produits bangladais souffrent d'un désavantage comparatif par rapport à ceux d'autres pays. Il faut beaucoup plus de temps pour acheminer les produits destinés à l'exportation au Bangladesh qu'à Singapour ; pour les exportateurs, le coût moyen supporté au Bangladesh est presque le double de celui qu'ils assument en Indonésie. Si un méga-port était construit à Cox's Bazar et doté d'équipements lui permettant d'accueillir les navires marchands utilisés aujourd'hui comme les bateaux de plus en plus imposants du futur, cela permettrait de résoudre ces problèmes. Le port devrait disposer des technologies les plus récentes ; il serait relié aux régions et aux pays voisins par des autoroutes sur lesquelles circulerait un flot ininterrompu de véhicules transportant des containers.

C'est grâce à son port stratégiquement situé que Singapour est devenu l'un des pays les plus riches du monde. Il n'y a pas de raison pour que Cox's Bazar ne contribue pas de façon similaire au développement du Bangladesh. (Le Myanmar est déjà en train de construire un port à Akyab, ce qui ne diminue pas pour autant la nécessité de bâtir un méga-port au Bangladesh. Akyab servirait de relais à Cox's Bazar, tout comme le méga-port de Hong Kong profite des facilités offertes par Guangdong.)

Le méga-port pourrait être un social-business

Transférer aux pauvres la propriété d'une infrastructure est le meilleur moyen de s'assurer qu'ils en bénéficieront. Nous pourrions appliquer cette idée au méga-port de Cox's Bazar.

Voici comment cela pourrait se faire. Quand les investisseurs sociaux apporteront les fonds, ils accepteront de céder la société à un trust dès qu'ils auront récupéré leur mise. Le trust sera détenu par des pauvres, dont au moins 50 % de femmes. Le prix auquel il acquerra le port sera fixé sur la base des profits futurs attendus.

D'où viendront les investissements permettant de construire le port ? Les investisseurs sociaux pourront réunir des fonds en sachant qu'ils céderont la société dès qu'ils auront totalement ou partiellement recouvré leur investissement. Le trust gérera la société au nom des pauvres. Comme les investisseurs ne récupéreront pas davantage d'argent que ce qu'ils ont investi, et qu'ils en auront peut-être déjà récupéré une partie, ils pourront vendre l'entreprise pour une somme égale au reliquat. Le méga-port pourrait être transféré au trust sur la base d'un paiement différé. Le trust s'assurera les services d'une société spécialisée pour gérer le méga-port.

Il existe un scénario alternatif : un pays donateur ou un consortium de donateurs pourrait fournir les fonds nécessaires à la construction du méga-port et suivre une procédure qui se distinguerait de celle présentée précédemment par un élément important. La procédure existante est issue de l'aide apportée par le Japon au Bangladesh. Une agence d'aide japonaise a fourni le prêt qui a permis de construire l'aéroport de Chittagong. L'argent a été utilisé pour acheter des équipements, payer les services des bureaux d'étude et engager des entreprises de construction dont la plupart étaient japonais. L'essentiel des fonds mobilisés est donc retourné dans l'économie japonaise. Lorsqu'une certaine période se sera écoulée, le Japon annulera sa dette et la transformera de la sorte en don. Le Bangladesh disposera ainsi d'un aéroport qui ne lui aura rien coûté. C'est le gouvernement bangladais qui deviendra propriétaire de l'aéroport.

Le scénario alternatif que je propose pour créer un social-business autour du projet de méga-port est le suivant. Sur la base d'un accord avec les donateurs, le gouvernement du Bangladesh fondera pour gérer le méga-port un trust ainsi qu'une entreprise portuaire qui sera détenue par ledit trust. Cette entreprise revêtira la forme traditionnelle des entreprises cherchant à maximiser le profit. Le gouvernement bangladais transférera la propriété du méga-port au trust. Le conseil d'administration du trust réunira essentiellement des personnalités éminentes qui auront fait la preuve de leur engagement auprès des pauvres. Les autres membres représenteront le gouvernement du Bangladesh, la municipalité de Cox's Bazar, ainsi que les pauvres qui seront les bénéficiaires de ce projet.

Les « actions fantômes » de cette entreprise seront vendues par le trust aux pauvres. 50 % des actions fantômes seront réservées aux pauvres de la région. La moitié au moins des actions fantômes vendues devront aller à des femmes pauvres. Une action fantôme ne donnera pas à son détenteur de droit de propriété sur le port géant, mais elle ouvrira un droit au versement de dividendes dans des proportions déterminées par le conseil d'administration. Le détenteur d'une action fantôme ne pourra la céder qu'au trust. Une telle action pourra être vendue à crédit : son acquéreur la remboursera au moyen des dividendes qu'il percevra.

Le trust pourra s'assurer les services d'une société spécialisée pour gérer le méga-port, ou confier cette tâche à la société du méga-port si elle dispose des compétences nécessaires.

Ce scénario est applicable à n'importe quelle infrastructure. Sa détention pourrait être assurée de diverses manières. Quelle que soit la configuration retenue, je souhaiterais que ces infrastructures soient organisées sous forme de social-business, soit *1)* sous la forme d'une entreprise ne réalisant pas de pertes mais ne versant pas de dividendes, soit *2)* sous celle d'une entreprise dont la majorité des actions sont détenues par les pauvres – dont une moitié de femmes – à travers un trust.

Le méga-port serait un social-business de très grande taille. Ce serait également un impressionnant défi économique et social. Afin de mettre des expériences de conception et de réalisation de social-business au service des projets d'infrastructures, nous pourrons souhaiter débuter par des projets de taille plus modeste : des ponts, des routes, des tunnels, etc. Au regard du système qui prévaut actuellement au Bangladesh et dans lequel le droit de collecte des péages est attribué au meilleur enchérisseur, il ne s'agit que d'un petit pas. Au lieu de retenir l'auteur de l'enchère la plus élevée, nous pourrions attribuer ce droit à un trust se consacrant à l'amélioration du sort des pauvres. Lorsque la confiance dans notre système progressera, des projets de plus en plus importants pourront être transformés en social-business.

Les infrastructures ne sont que l'un des éléments qui devront être mis en place au Bangladesh pour lui permettre de devenir un carrefour prospère d'Asie du Sud. Il faudra régler d'autres problèmes. Le premier consiste à établir une bonne gouvernance et à réduire fortement le degré de corruption à tous les niveaux du gouvernement. La fourniture d'énergie électrique ainsi que l'accès aux technologies de l'information et de la communication méritent également d'être améliorés. Certains de ces défis pourront être relevés en s'inspirant de ce que j'ai proposé pour le projet de méga-port : en cherchant les opportunités de création de social-business concentrés sur la création de bénéfices de long terme pour l'économie nationale, et en particulier pour les pauvres.

Je suis convaincu que dans un avenir prévisible, vers 2030, le Bangladesh aura complètement échappé à la pauvreté. Lorsque nous aurons atteint cet objectif – et je crois que nous y parviendrons –, nous aurons réalisé une percée majeure. Car si le Bangladesh, dont la situation était qualifiée il n'y a pas si longtemps de « sans espoir », peut sortir de la pauvreté, tous les pays du monde pourront faire de même.

6.

Dieu est dans les détails

Nous arrivons maintenant au récit de la manière dont l'idée de social-business est devenue réalité.

Au début de ce livre, j'ai raconté comment le président d'une grande entreprise avec lequel j'avais déjeuné dans un restaurant parisien à la mode avait accepté de travailler avec moi. Nous étions plus qu'enthousiastes. Franck Riboud a pris ce jour-là une décision importante. Il voulait participer à une entreprise qui ne rapporterait pas d'argent à Danone, mais qui contribuerait à lutter contre la malnutrition des enfants pauvres dans une partie du Bangladesh.

Lors des quelques semaines qui suivirent ce déjeuner parisien d'octobre 2005, le partenariat entre Grameen et Danone commença à prendre forme. Le processus débuta par une visite au Bangladesh d'Emmanuel Faber et de l'équipe de Danone.

Emmanuel, qui présidait Danone Asie, se révéla un leader enthousiaste pour le projet Grameen Danone. En novembre 2005, il arriva à Dhaka, la capitale du Bangladesh, avec une équipe importante qui comprenait des experts issus des bureaux de Shanghai et Jakarta ainsi que d'autres venant du siège parisien de Danone.

Notre projet semblait fait pour Emmanuel. Il me raconta qu'il avait suivi l'histoire de la Grameen Bank depuis 1987. À cette époque, certains de ses meilleurs amis étaient partis pour Santiago du Chili juste après avoir achevé leurs études. Ils avaient participé à divers projets parmi lesquels la création de Contigo, un programme inspiré de la Grameen qui est devenu depuis l'une des principales organisations de microcrédit du Chili.

Emmanuel lui-même avait travaillé comme volontaire parmi les pauvres de Majnu ka Tila, un bidonville situé au nord de Delhi. Il y avait observé ce qu'il appelait « une approche très pragmatique destinée à permettre à des individus extrêmement pauvres de surmonter des conditions de vie très dures ». Il avait découvert ce que j'avais compris des années plus tôt : les pauvres ont une formidable capacité de survie qu'ils acquièrent à l'école la plus exigeante du monde – l'école de la pauvreté. C'est certainement en raison de cette expérience qu'Emmanuel s'impliqua aussi totalement dans l'aventure Grameen Danone. Pour cette mission, il disposait de l'indispensable soutien de Franck Riboud et du conseil d'administration de Danone.

De notre côté, nous avions confié le projet à Imamus Sultan, un gestionnaire expérimenté de Grameen. Il n'avait aucune expérience en matière de développement d'une entreprise produisant des biens de grande consommation, mais il connaissait parfaitement les pauvres du Bangladesh. Je savais qu'il apprendrait vite et qu'il saurait d'instinct ce qui, dans une telle entreprise, pourrait ou non bénéficier aux pauvres. J'avais une totale confiance en Sultan : je savais que je pouvais compter sur lui pour construire notre relation avec Danone et superviser le projet. Il était déjà responsable de la surveillance de la mise en œuvre d'autres social-business : la chaîne d'hôpitaux ophtalmologiques dont j'ai déjà parlé.

Premier rendez-vous de travail

La toute première tâche d'Emmanuel Faber consistait à comprendre précisément ce que j'avais à l'esprit lorsque j'avais dit à Franck Riboud que nous devrions créer Grameen Danone au Bangladesh et en faire un social-business. Emmanuel et son équipe voulaient passer deux jours pleins avec moi pour que je leur donne un maximum de détails. Mais notre conversation était à double sens : je savais très clairement ce que j'entendais par social-business, mais je n'avais pas de plan précis en tête lorsque je proposai à Franck Riboud de créer Grameen Danone. Transformer une idée générale en plan d'action ne pouvait se faire qu'en partenariat.

Mon idée consistait à créer une *joint venture* avec Danone afin de produire des aliments permettant d'améliorer le régime des enfants du Bangladesh. L'aliment auquel je pensais était un « aliment de sevrage » destiné à nourrir les enfants lorsqu'ils quittent le sein de leur mère. J'y pensais depuis longtemps, parce que j'avais vu ce qui arrivait aux enfants dans les villages du Bangladesh. Ils passent souvent directement du lait maternel au riz, lequel ne leur apporte pas les nutriments dont ils ont besoin à ce stade de leur croissance. Plusieurs années auparavant, la Grameen Bank avait développé un projet expérimental de production locale d'aliments de sevrage afin d'offrir une alternative aux aliments pour bébés importés. Nous avions appelé ce produit Cerevit et l'avions commercialisé à un prix très inférieur à celui des produits importés. Mais nous n'avions pas réussi, probablement parce que nous n'avions pas le partenaire dont nous aurions eu besoin.

Je pensais à présent que Grameen Danone pourrait être notre meilleure chance de succès.

Emmanuel et son équipe soulevèrent toutes les questions clés relatives à notre concept : « Quel type de bien voulez-vous produire ? Quelles sont les informations dont vous disposez sur le marché ? Existe-t-il des études relatives à la malnutrition au Bangladesh ? Quels sont les aliments pour bébé disponibles sur le marché ? Quel est leur prix ? Qui produit, distribue et vend ces aliments ? » Les questions n'arrêtaient pas.

Au départ, je trouvais que l'équipe de Danone se montrait trop académique dans son mode d'analyse et trop soucieuse d'obtenir des chiffres précis. Le caractère scientifique de leur approche nous mettait sous pression. Nous pensions que nous savions ce qu'il y avait à savoir des besoins nutritionnels des Bangladais, même si nous ne pouvions pas l'exprimer sous forme chiffrée. Mais après des heures de discussion, nous avions compris pourquoi les informations que nos partenaires de Danone nous demandaient étaient tellement nécessaires. Lorsque nous avons eu davantage d'informations à notre disposition, nous avons commencé à abandonner nos vieilles idées et à en développer de nouvelles, à réfléchir à de nouveaux modèles économiques, et à donner à notre entreprise une forme originale.

Par bonheur, Emmanuel était parfaitement préparé à cette situation. Il n'attendait pas de nous que nous lui fournissions toutes les réponses. Accompagnés par certains de mes collègues de la Grameen, les membres de son équipe parcouraient Dhaka et visitaient les épiceries, les centres commerciaux, les supermarchés et les bazars. Ils interrogèrent les propriétaires des boutiques et leurs clients, achetèrent des échantillons de toutes sortes de produits alimentaires – biscuits (cookies et crakers), boissons lactées, yaourts, bonbons, etc. – et rassemblèrent des informations sur les marques, les prix, les emballages ainsi que nombre d'autres détails. Ils rencontrèrent des scientifiques travaillant dans des instituts de recherche alimentaire, des fonctionnaires du ministère bangladais de la Santé, des experts venant d'agences des Nations unies. Ils visitèrent de grandes usines de produits laitiers et de biscuits, de petites entreprises fabriquant ces mêmes produits, et des usines produisant de l'eau en bouteille ainsi que d'autres boissons conditionnées.

Le temps, l'énergie et les moyens que Danone consacra aux efforts de recherche et développement destinés à notre projet étaient réellement impressionnants. Cela montrait ce qui pouvait être accompli lorsque des spécialistes issus du monde de l'entreprise mettaient leurs compétences au service des problèmes que connaissent les citoyens les plus pauvres.

Du yaourt enrichi pour les enfants

Il devint rapidement clair que Grameen Danone ne ferait pas ses premiers pas dans la production d'aliments pour bébé. Pour Danone, qui ne disposait à l'époque dans ce domaine d'aucune expérience en dehors de la France, c'était beaucoup trop risqué. Nous décidâmes de mettre cette idée de côté pour l'avenir.

Nous partagions le sentiment qu'il était essentiel de toucher les enfants en bas âge. Et plus nous discutions, plus nous pensions que produire des yaourts serait un bon début. Il y avait à cela plusieurs raisons. Comme tous les produits laitiers, le yaourt contient des nutriments essentiels à la santé. Les bactéries utilisées pour sa préparation favorisent une bonne santé intestinale et réduisent les effets de la diarrhée, qui est un vrai fléau dans le monde en développement. Des micronutriments peuvent être ajoutés au yaourt. Et, bien sûr, Danone est le leader mondial de la production de yaourts.

Le yaourt est de surcroît un produit dont les enfants bangladais et leurs parents sont friands. C'est crémeux et légèrement sucré – exactement le genre de nourriture qu'aiment les enfants du monde entier. Et nous apprécions traditionnellement la consommation de yaourt. Connu sous le nom de *mishti doi* (yaourt doux), il tient lieu de collation ou de dessert. Il est présenté dans des pots de terre cuite, et on le vend dans les commerces locaux ou dans les échoppes au bord des routes. Mais le *mishti doi* coûte environ 20 takas (30 cents), ce qui le met hors de portée de la plupart des gens. Si nous pouvions fabriquer un yaourt Danone enrichi destiné aux enfants bangladais et vendu à un prix permettant aux pauvres de le consommer régulièrement, nous tiendrions un produit gagnant.

C'est ainsi que la décision a été prise : Grameen Danone lancerait un yaourt enrichi. D'autres produits pourraient s'ajouter ultérieurement à notre gamme. Mais, pour le moment, notre activité consisterait à produire des yaourts.

Nous avons alors dû répondre à une nouvelle série de questions. Où installerions-nous notre usine de yaourts ? Quelle serait sa taille ? Comment pourrions-nous garantir notre approvisionnement en lait ? Quels circuits de commercialisation utiliserions-nous ? Quel serait le bon prix pour notre produit ?

Au cours de l'une de nos premières conversations, je me suis nettement prononcé en faveur d'une usine aussi petite qu'il était techniquement possible et économiquement viable de le faire. Cette idée plut à Emmanuel. Elle correspondait à ce qu'il appelait le « modèle économique de proximité », lequel consistait à raccourcir au maximum le circuit de production, de distribution et de consommation d'un bien. Il pensait également que cela réduirait le coût du produit, parce que produire localement nous dispenserait de créer la « chaîne du froid » qu'utilise Danone dans la plupart des pays du monde. La production quotidienne de yaourts pourrait être écoulée dans le voisinage en moins de quarante-huit heures, ce qui nous dispenserait des expéditions à longue distance, des chambres froides, des camions réfrigérés et d'autres coûteux outils de distribution.

Guy Gavelle, un expert en sécurité alimentaire qui est le directeur industriel de Danone Asie, écoutait attentivement les propos qu'Emmanuel et moi tenions. Guy avait conçu des sites de production dans de nombreux pays, dont la Chine – où il avait travaillé pour Danone pendant dix-huit ans –, le Brésil et l'Inde. Plusieurs semaines plus tard, alors qu'il me faisait part des impressions qu'il avait éprouvées lors de notre première rencontre, il m'avoua que la tournure que la conversation avait prise l'avait effrayé. Il n'aimait pas l'idée d'une petite usine. Mais il n'avait rien dit alors, parce qu'il savait que ce sujet ne serait pleinement traité qu'à une date ultérieure.

Nous avons ensuite évoqué la mise en œuvre de notre concept de social-business. Quels seraient notre mode de gouvernance et notre modèle économique ? De quel type de personnes aurions-nous besoin pour gérer notre activité ?

J'expliquai que le mode de gouvernance et la politique de recrutement ne distinguaient pas un social-business d'une entreprise cherchant à maximiser le profit. « C'est la même chose. Vous voulez avoir la meilleure personne pour faire le job, et vous la payez au salaire du marché. Il faut définir les qualités qui permettent de recruter la personne la plus adaptée aux objectifs de l'entreprise. Vous vous demandez ensuite si elle comprend votre objectif et si elle est prête à s'y consacrer. Une fois que vous avez identifié la personne qui satisfait à ces critères, vous aurez trouvé la bonne personne pour le job. »

Dans le cas de Grameen Danone, notre objectif consistait à procurer aux enfants mal nourris des yaourts enrichis. Nous devions rendre ce produit savoureux et attractif pour des enfants de façon à ce qu'il leur plaise et à ce qu'ils aient envie d'en consommer davantage. Il ne fallait pas qu'ils le considèrent comme un médicament. Le prix devait être suffisamment faible pour que les parents pauvres puissent acquérir ce produit. Quant à nos méthodes de distribution, elles devaient nous permettre de toucher prioritairement les familles pauvres et rurales qui avaient le plus besoin de ce yaourt.

Au même moment, nous avons réalisé qu'une partie de nos produits finirait entre les mains de familles urbaines relativement aisées. En raison du prestige attaché à la marque Danone, notre yaourt attirerait des familles riches prêtes à payer leurs produits alimentaires plus cher. Dans ces conditions, les distributeurs du produit voudraient le commercialiser dans les magasins des villes à un prix plus élevé. Certains pauvres ayant la bosse des affaires achèteraient peut-être nos yaourts pour les revendre en ville.

Vendre des yaourts Grameen Danone à des familles aisées ne faisait pas partie des objectifs de notre social-business. Mais l'insuffisance de l'offre de yaourts nuirait à notre action. La solution consistait à accroître notre production et à vendre nos yaourts à tout le monde. Nous avons même envisagé de commercialiser un yaourt plus cher destiné à des clients aux revenus plus élevés. Les profits tirés de ces ventes aideraient à financer l'expansion de notre entreprise au bénéfice des pauvres.

Après avoir réalisé des recherches préliminaires – parcourir la ville, rassembler une fascinante collection d'échantillons de produits alimentaires – et avoir beaucoup discuté, nous nous comprenions mieux et avions une idée plus claire de la nouvelle entreprise et de ses objectifs. Un plan d'action fut préparé et approuvé. Il fut décidé que l'équipe Danone préparerait une ébauche de modèle économique sur la base des discussions que nous avions eues et des informations que d'autres équipes Danone collecteraient lors de séjours ultérieurs au Bangladesh. Il fut également décidé que notre accord de *joint venture* devrait pouvoir être signé en mars 2006. Franck Riboud avait hâte de venir à Dhaka et de faire de cette signature un événement public.

De nombreuses décisions importantes ont été prises lors de ces premières rencontres avec Danone. J'étais très impressionné par l'intérêt que ses représentants portaient à notre petit projet. Les personnes les plus importantes de Danone se réunissaient à Dhaka et accordaient toute leur attention à un projet qui ne présentait guère d'intérêt financier pour leur entreprise. Emmanuel Faber m'expliqua plus tard que l'engagement financier comptait moins pour Danone que l'implication philosophique et affective.

Je n'avais jamais entendu auparavant un haut responsable d'une énorme entreprise multinationale tenir ce type de propos. Je ne savais pas si je devais le prendre au sérieux ou considérer qu'il s'agissait là d'un discours promotionnel. J'ai compris que j'avais beaucoup à apprendre de la manière dont fonctionnait le monde des affaires.

En quête de réponses

Après cette première réunion, nous avons reçu la visite de nombreux responsables de Danone. Ils recueillaient toute l'information qui leur était nécessaire et rencontraient des responsables publics bangladais, des régulateurs, des designers, des architectes, des entrepreneurs – et des consommateurs. Ils demandaient des rapports, faisaient réaliser des sondages, et testaient les goûts des consommateurs au moyen d'échantillons de yaourts produits en Espagne et en Indonésie. Les personnels de la Grameen, leurs familles ainsi que les emprunteurs Grameen – en particulier les enfants – furent mis à contribution : on leur demanda de manger pot de yaourt sur pot de yaourt et de remplir des questionnaires pour indiquer leurs préférences en ce qui concernait le goût, la texture, la présence de sucre, la couleur, le parfum, etc.

Ashvin Subramanyam, le directeur marketing d'origine indienne de Danone en Indonésie, vint plusieurs fois au Bangladesh pour comprendre ce qui distinguait notre pays des autres régions d'Asie du Sud. Lui et son équipe apprirent beaucoup de choses à propos des préférences et des habitudes des consommateurs bangladais. Ils constatèrent par exemple le manque de diversité du régime alimentaire des campagnards ; la prédilection des gens du Bangladesh pour les plats salés, épicés et sucrés ; l'inquiétude répandue et justifiée concernant la qualité de l'eau. Ils reconnurent aussi que le prix d'une collation destinée aux pauvres bangladais ne pouvait pas excéder 10 takas (environ 15 cents).

L'équipe Danone se déploya à travers le pays pour étudier les habitudes alimentaires des villageois bangladais. Quels étaient leurs aliments préférés ? Quels ingrédients appréciaient-ils ou détestaient-ils ? Combien faisaient-ils de repas par jour ? Où et quand les prenaient-ils ?

Ils voulaient tout savoir des besoins nutritionnels de nos enfants. Souffraient-ils de carences que les produits Grameen Danone pourraient corriger ? Un déjeuner était-il servi aux enfants des écoles, et si c'était le cas, était-il possible d'ajouter nos yaourts à leur menu ?

Les spécialistes de Danone étudiaient l'environnement concurrentiel de Grameen Danone : comment fonctionnaient les producteurs locaux d'aliments et de boissons ; quels étaient les systèmes disponibles de production, de conditionnement et de distribution ; quels étaient les outils utilisés pour le marketing, la publicité, la promotion et la vente ; et quels étaient les comportements, les centres d'intérêt, les besoins et les préférences des consommateurs bangladais. Ils s'attachaient particulièrement aux comportements de consommation de notre cible principale : les villageois des campagnes et leurs enfants, qui faisaient partie de la fraction de la population disposant au plus de 2 dollars par jour.

Une étude de marché complète fut commandée, une équipe de recherche fut constituée et placée sous l'autorité d'Ashvin, et un cabinet de conseil de renommée internationale fut engagé pour réaliser un rapport sur la réception des échantillons de notre produit.

Tout en préparant le lancement de notre yaourt enrichi, l'équipe Danone travaillait sur deux autres pistes : les aliments pour bébés et l'eau. Des spécialistes de l'eau vinrent de Paris pour étudier la possibilité de produire de l'eau en bouteille destinée aux populations à bas revenu. Un spécialiste des aliments pour bébé vint également : André Carrier, le directeur de Blédina, une filiale de Danone spécialisée dans la production de préparations alimentaires pour les jeunes enfants. Nous avons fait en sorte qu'André puisse rencontrer une équipe de nutritionnistes dirigée par le docteur David A. Sack, le directeur du Centre international de recherche sur les maladies diarrhéiques (CIRMD). Ce centre était devenu mondialement connu en développant des traitements salins par voie buccale permettant de traiter la diarrhée : des millions d'enfants avaient été sauvés ainsi.

Les études déjà réalisées montraient que les habitants du Bangladesh souffraient de sérieuses carences nutritionnelles et avaient un besoin urgent d'aide. Des millions d'enfants bangladais ne recevaient pas suffisamment de calories ; ils manquaient par ailleurs de fer, de vitamine A, de calcium, d'iode et d'autres nutriments indispensables. Il en résulte que plus de 40 % des enfants des campagnes souffrent d'un retard de croissance entre leur naissance et l'âge de quinze mois.

Notre choix de produire un yaourt enrichi destiné aux enfants fut validé par les nutritionnistes consultés en février 2006. Lors une conférence qu'ils donnèrent alors, le docteur Sack et son équipe de médecins affirmèrent que le meilleur moyen qu'avait Grameen Danone de contribuer à améliorer la nutrition des enfants bangladais consistait à proposer un aliment sain, enrichi en nutriments, offrant une alternative au gruau de riz que les mères donnaient aux nourrissons. Ils expliquèrent également qu'un aliment encourageant les enfants à se nourrir eux-mêmes au lieu d'être nourris à heures fixes par leurs parents leur permettrait d'acquérir des habitudes alimentaires saines. Un yaourt crémeux et doux, présenté dans un petit emballage facile à manipuler, serait parfaitement approprié.

Une nouvelle entreprise prend forme

Beaucoup des premières conversations entre les membres des équipes de Danone et de Grameen portèrent sur le modèle économique et la structure de la future entreprise. Nous voulions que la conception de la première multinationale organisée sous forme de social-business soit irréprochable. Et comme il s'agissait d'une première expérience de social-business, nous voulions veiller à son organisation et à sa mise en œuvre. Il nous fallait développer une combinaison adéquate d'incitations, de rémunérations et de risques. Il fallait évaluer les recettes et les profits que nous pourrions réaliser. Et, enfin, l'intérêt mutuel de Grameen et de Danone devait être mis en évidence afin que notre partenariat puisse surmonter d'éventuelles difficultés et se révéler durable. Si ce premier social-business se révélait être un succès en termes économiques comme en termes de bénéfices humains, cela pourrait inciter d'autres entrepreneurs à s'engager dans notre voie. Mais si nous échouions, ce serait un coup porté au social-business.

Un social-business doit être au moins aussi bien géré qu'une entreprise cherchant à maximiser le profit. Si vous songez à lancer un social-business, il faut que vous soyez certain de faire mieux que si vous lanciez une entreprise classique. Lors des premières années d'existence de ce nouveau modèle, nous devons être certains que chaque social-business sera une illustration de la bonne manière de procéder : ces entreprises serviront à l'avenir de référence.

Voilà près de cinquante ans, l'architecte américano-allemand Ludwig Mies van der Rohe a dit que « Dieu était dans les détails ». Si vous y réfléchissez, vous comprendrez que cette affirmation peut s'appliquer à toute organisation complexe – à un social-business par exemple. Veillez à ce que le moindre détail des fondations soit à sa place, et l'ensemble tiendra le coup.

En février 2006, la Grameen Bank et le Groupe Danone avaient trouvé un accord sur la structure et les objectifs du projet. Il y avait là la base d'un protocole d'accord entre nos deux organisations. Ce protocole précisait que nous allions créer une *joint venture* dont chaque partenaire détiendrait 50 % afin de fonder une entreprise appelée « Aliments Grameen Danone – Un social-business ». La moitié du capital initial serait apportée par le Groupe Danone, l'autre par les entreprises Grameen. (Cela ne comprenait pas les investissements qu'avait déjà consentis Danone pour organiser notre activité, financer son effort de recherche et développement, et amener sur place certains des experts les plus reconnus en matière de production et de distribution d'aliments à haute valeur nutritive afin de leur permettre d'identifier les besoins des enfants du Bangladesh.)

Nous allions gérer notre activité de manière à ne pas réaliser de pertes et à générer un petit profit. Ce profit permettrait de rembourser les investissements initiaux des deux parties. Il nous autoriserait ensuite à verser aux investisseurs un dividende annuel de 1 %.

Pourquoi un dividende ? J'avais défini le social-business comme une entreprise ne réalisant pas de pertes et ne distribuant pas de dividendes. Cette définition convenait parfaitement à Danone. Mais à la dernière minute, nous avons ajouté au protocole d'accord une clause prévoyant un dividende symbolique de 1 %.

Ce dividende traduirait la propriété de l'entreprise et permettrait à Danone de l'introduire dans ses comptes. (Avec le recul et après y avoir repensé, je suis à présent favorable à la suppression de cette clause. Si Danone l'accepte, nous rendrons notre entreprise conforme à la définition que j'ai donnée d'un social-business.)

Une nouvelle conception de la production et de la distribution

La décision de produire un yaourt enrichi nous amena à la question suivante : où et comment produirions-nous ce yaourt ?

Pour Danone comme pour la plupart des entreprises multinationales de production alimentaire, la procédure habituelle consistait à construire une grande usine capable d'approvisionner une vaste zone géographique. En Indonésie par exemple, Danone n'a qu'une usine pour un marché de 200 millions d'habitants. J'avais insisté pour que soient construites au Bangladesh des installations aussi petites que l'autorisaient les conditions techniques et qu'elles soient situées au plus près des consommateurs.

« Souvenez-vous que cela doit être un social-business, répétais-je. Notre objectif n'est pas seulement d'être financièrement efficients : nous devons aussi maximiser les bénéfices sociaux de notre activité. Grameen Danone produira des yaourts savoureux et nutritifs. Mais notre entreprise devrait aussi chercher d'autres moyens de servir la collectivité. Le lait que nous utiliserons pourrait venir des producteurs locaux. De nombreux villageois bangladais ont des vaches laitières. Beaucoup d'entre eux achètent leur première vache grâce à un prêt de la Grameen Bank.

Ces gens pourraient être non seulement nos clients, mais aussi nos fournisseurs. Si l'usine est petite et si sa production est aussitôt vendue aux gens qui vivent à côté d'elle, ils la considéreront comme *leur* usine. »

Mon idée plut à Emmanuel Faber, et nous décidâmes de commencer par une mini-usine. Si ce modèle fonctionnait, nous le développerions aussi rapidement que possible. Une cinquantaine d'usines pourraient *in fine* mailler le territoire.

Pour notre première implantation, nous avons choisi de chercher un emplacement dans les zones industrielles créées par l'Agence gouvernementale pour les petites entreprises et l'artisanat. Une équipe de cinq étudiants encadrés par un professeur d'anthropologie d'une université bangladaise fut chargée de trouver quatre emplacements possibles. Ils visitèrent des zones rurales comme des zones urbaines, rédigèrent des notes relatives aux conditions économiques et démographiques, demandèrent aux habitants de remplir des questionnaires afin de collecter des informations sur leurs habitudes alimentaires, leurs préférences et leurs croyances. Les questions étaient détaillées et révélatrices.

Nous avons finalement retenu un emplacement à la sortie de la ville de Bogra, à 225 kilomètres au nord-ouest de Dhaka. Bogra se trouve près du centre de la région du Nord-Bengale. La ville est reliée au reste de la région par des routes bien construites et bien entretenues. Dans son voisinage immédiat, on trouve une population de 3 millions de consommateurs potentiels. L'emplacement disponible était parfaitement adapté à la taille et à la forme de notre usine. Il n'avait pas été pollué par un précédent occupant. Il y avait des routes, un approvisionnement en eau ainsi qu'une source de gaz naturel permettant de faire fonctionner un générateur électrique. Comme la fourniture d'électricité dans les campagnes bangladaises est pour le moins irrégulière, il était important que notre usine dispose de sa propre source d'énergie électrique. Il fallait aussi que l'usine ne se trouve pas dans une zone inondable.

Bogra était également un bon choix pour une dernière raison. Il se trouve que Bogra est connue au Bangladesh pour sa production de yaourts – un mélange sucré et épais que l'on consomme habituellement comme dessert. Les gens du Bangladesh connaissent bien et apprécient le *mishti doi* (yaourt doux) fabriqué à Bogra. Y lancer notre yaourt serait une bonne idée marketing.

L'idée de bâtir de nombreuses petites usines plutôt qu'une grande a beaucoup surpris les responsables de Danone chargés de la conception des sites de fabrication. C'était la première expérience de Guy Gavelle au Bangladesh, et c'était la première fois qu'on lui demandait de construire une petite usine plutôt qu'une grande.

Guy se mit à passer plus de temps au Bangladesh qu'en Indonésie. Il vint un jour me trouver, débordant d'enthousiasme et arborant un grand sourire. « Professeur, j'ai de très bonnes nouvelles pour vous. J'ai dessiné l'usine que vous voulez – une très petite usine. Mais elle n'est pas seulement petite. Elle est aussi très jolie et très efficace, et elle disposera des techniques les plus sophistiquées du moment. Elle sera en fait plus moderne que les grandes usines que j'ai conçues au Brésil, en Indonésie, en Chine et en Inde. J'en suis très heureux. »

Guy me confessa qu'il avait tout d'abord été effrayé par mon insistance à mettre en place une série de petites usines. Il pensait que cela rendrait la production de yaourts coûteuse et inefficace. Mais son travail de conception de l'usine l'avait convaincu du contraire. Contrairement à ce qu'il pensait depuis des années, ce qui était petit pouvait être aussi efficace que ce qui était grand.

Le changement de mode de pensée qu'impliquait la conception de notre petite usine de Bogra était en réalité encore plus brutal. Dans le reste du monde, les yaourts Danone sont produits en grandes quantités. Des camions réfrigérés les emportent vers des chambres froides à partir desquelles les yaourts partent pour les supermarchés et les épiceries. À chaque étape du processus, la réfrigération est utilisée pour conserver le produit à la bonne température et pour maintenir en sommeil les bactéries contenues dans le yaourt (c'est ce qu'on appelle la « chaîne du froid »). Cela préserve les yaourts Danone de toute variation d'acidité ou de goût.

Faire fonctionner ce type de système de réfrigération serait impossible au Bangladesh. La plupart des villages bangladais ne sont pas reliés au réseau électrique. Beaucoup de magasins et d'échoppes n'ont pas l'électricité. Les réfrigérateurs sont peu répandus.

Cette situation ne fait pas courir de risque sanitaire aux consommateurs de yaourts. Les Bangladais mangent beaucoup de *mishti doi* présenté dans des pots de terre cuite que l'on stocke dans les rayons des magasins, et cela ne les rend pas malades. Mais Danone devait faire preuve de souplesse, et toute notre équipe devait se montrer créative. Notre système de distribution devait permettre de réduire au maximum la distance entre le producteur et le consommateur : le yaourt sortant de l'usine un matin devait se retrouver moins de quarante-huit heures plus tard dans l'estomac d'un enfant. Ce serait le seul moyen de prévenir les variations de goût, de texture et d'acidité des yaourts.

Nous avons commencé à établir des plans en tenant compte de ces exigences inhabituelles. Le système de distribution que nous avons développé repose sur des « dames Grameen » qui sont des emprunteurs de la Grameen Bank et habitent les villages dans lesquels elles travaillent. Ces femmes deviendraient les chevilles ouvrières de la commercialisation de nos yaourts. Leur collaboration garantirait que les yaourts demeureraient savoureux et sains tout au long du processus de distribution et de commercialisation, avec ou sans système de réfrigération.

Trouver la formule gagnante

Un social-business doit être préparé à entrer en concurrence avec des entreprises traditionnelles. Il doit fournir aux consommateurs des produits et des services de grande qualité à un prix adapté et doit offrir le même niveau de commodité et de facilité d'usage que n'importe quelle entreprise, si ce n'est plus. Un social-business ne peut espérer avoir des clients simplement parce qu'il est géré par de gentilles personnes pleines de bonnes intentions. C'est en étant le meilleur qu'il attirera et fidélisera les consommateurs. De cette façon, il s'en sortira financièrement et sera apte à remplir la mission sociale pour laquelle il a été créé.

Sur le marché des biens de consommation, le marketing est devenu un élément fondamental. C'est particulièrement vrai dans le cas des produits destinés aux enfants. Généralement, les parents choisissent et achètent les aliments qu'ils donnent à leurs enfants. Mais si les enfants n'aiment pas ces produits, les ventes chuteront et l'entreprise fera faillite.

C'est la raison pour laquelle nous devions développer un plan marketing qui rendrait nos yaourts populaires chez les enfants du Bangladesh. L'énorme expérience acquise par Danone en matière de marketing des produits laitiers tout autour du monde, et notamment en Asie, jouerait un rôle déterminant. Mais la connaissance intime qu'avait Grameen de la culture bangladaise ainsi que l'étroitesse des liens économiques et sociaux que nous avions tissés avec la population des villages seraient tout aussi fondamentales.

Pour lancer avec succès un produit alimentaire, il faut tout d'abord trouver la bonne composition. Les spécialistes de la nutrition employés par Danone avaient déterminé les substances nutritives que devaient contenir nos yaourts. Ils seraient produits à partir de lait entier contenant en moyenne 3,5 % de matières grasses. Ils seraient enrichis en vitamine A (bonne pour les yeux), en fer, en calcium, en zinc, en protéines et en iodine (afin de préserver la fonction thyroïdienne). Les bactéries contenues dans les yaourts sont elles aussi bénéfiques aux enfants : elles permettent de réduire la fréquence et la gravité des diarrhées. Ces caractéristiques permettraient à notre yaourt de contribuer à améliorer la santé des enfants des villages – à condition que nous puissions les convaincre d'en consommer.

Danone devait enfin s'assurer que le goût des yaourts plairait aux enfants comme à leurs mères. Danone développa une première recette et commença à réaliser des tests gustatifs. Un échantillon représentatif de la clientèle que nous visions fut constitué : il comprenait des mères et des enfants de la région de Bogra dont nous espérions qu'ils deviendraient des consommateurs enthousiastes de notre produit. Des équipes d'analystes recueillirent leurs réactions au printemps 2006.

Les premiers résultats n'étaient guère positifs. L'ajout de nutriments donnait au yaourt un goût particulier ; les experts de Danone s'employèrent donc à modifier sa saveur. Imamus Sultan proposa de sucrer le produit avec de la mélasse faite à partir de dattes, l'une des saveurs les plus utilisées dans les desserts bangladais. Dans la plupart des pays du monde, les yaourts Danone ne sont pas sucrés. Mais les Bangladais apprécient particulièrement le sucre ; ils sont de surcroît habitués à consommer des yaourts au goût sucré. L'équipe de Grameen Danone testa différentes recettes afin de trouver la concentration en sucre qui plairait aux enfants des villages tout en conservant au produit son caractère sain.

Nous avons aussi testé le concept du produit et son conditionnement. En se fondant sur son expérience de commercialisation de produits alimentaires sains destinés aux jeunes enfants, Danone avait proposé de faire d'un sympathique animal le symbole de nos yaourts.

Sur le conseil des spécialistes de Danone, Grameen avait réalisé auprès des enfants une enquête portant sur la popularité de divers animaux. À notre grande surprise, c'est le singe qui remporta la palme. Or nous avions songé à appeler notre yaourt « *Shokti Doi* », ce qui signifie « le yaourt pour être fort ». C'était un nom intéressant parce qu'il faisait passer l'idée des nutriments venus enrichir le yaourt. Mais nous ne pensions pas que le singe puisse symboliser la force.

Après le singe, les animaux les plus populaires étaient le tigre et le lion. Le premier est très aimé au Bangladesh qui est le pays du tigre royal du Bengale, l'un des félins les plus beaux et les plus rares du monde. Mais comme le tigre avait déjà été utilisé au Bangladesh comme symbole d'autres produits, nous avons choisi le lion.

Lorsque nos analystes parcouraient les villages pour tester notre concept marketing, ils emportaient des échantillons de pots en plastique portant l'image d'un lion ainsi que le tout nouveau logo Grameen Danone. Ce logo montre les fameuses lettres bleues de Danone entourées du symbole rouge et vert de Grameen. C'était la première fois que le logo de Danone apparaissait *à l'intérieur* d'un autre logo.

Les analystes expliquaient de façon détaillée ce que contenait le produit. Ils en vantaient la douceur, le goût crémeux, mais aussi les nombreux effets positifs sur la santé. Les mères comme les enfants semblaient séduits par ce concept. Ils appréciaient l'idée d'un yaourt abordable et savoureux qui améliorerait leur alimentation. Ces réactions positives nous amenèrent à croire que nous étions sur la bonne voie.

Le lancement officiel

En mars 2006, Franck Riboud se rendit à Dhaka pour signer et rendre public le protocole d'accord qui créerait officiellement la *joint venture* Grameen Danone.

Le protocole d'accord prévoyait que chacun des partenaires fournirait 50 % du financement initial du projet (75 millions de takas au total, soit 1,1 million de dollars) : une moitié pour Danone, une moitié pour quatre entreprises Grameen – Grameen Byabosa Bikash, Grameen Kalyan (Protection sociale Grameen), Grameen Shakti (Grameen Energie) et Grameen Telecom, l'organisation à but non lucratif qui est l'actionnaire majoritaire de Grameen Phone.

Le protocole d'accord mentionnait également la mission pour laquelle Danone et Grameen avaient uni leurs forces :

MISSION :

Réduire la pauvreté grâce à un modèle économique de proximité permettant d'apporter quotidiennement des éléments nutritifs aux pauvres.

La *joint venture* sera conçue et fonctionnera comme un social-business. Elle cherchera à partager ses bénéfices avec tous ceux que son activité concernera.

OBJECTIFS PARTICULIERS :

Apporter quotidiennement des éléments nutritifs aux pauvres :

Permettre aux consommateurs à bas revenu du Bangladesh d'avoir quotidiennement accès (en termes de prix et de disponibilité) à une gamme d'aliments et de boissons savoureux et nutritifs de façon à bénéficier d'une meilleure alimentation.

Plus particulièrement, aider les enfants du Bangladesh à grandir correctement grâce à des aliments et des boissons sains et nutritifs qu'ils pourront consommer chaque jour, et les autoriser ainsi à disposer d'un avenir meilleur.

Un modèle économique de proximité original :

Concevoir un modèle de production et de distribution qui implique les populations locales.

Réduire la pauvreté :

Améliorer les conditions d'existence de la partie la plus pauvre de la population :

— en amont, en impliquant les fournisseurs locaux (fermiers) et en les aidant à améliorer leurs pratiques ;

— lors de la production : en impliquant les populations locales dans un processus de production intensif en main-d'œuvre ;

— en aval : en contribuant à créer des emplois dans le circuit de distribution.

Le protocole d'accord prévoyait clairement que Grameen Danone serait un social-business : il chercherait non à maximiser son profit, mais à produire les bénéfices sociaux les plus importants possibles. Il précisait très clairement de quelle manière nous avions l'intention d'aider les pauvres : en leur proposant une nourriture saine pour améliorer leur alimentation ; en créant des emplois dans notre usine et autour d'elle ; en dynamisant enfin l'économie locale grâce aux gens de la région qui seraient nos fournisseurs et nos distributeurs. Emmanuel résumait notre stratégie en parlant d'un « modèle économique de proximité » original.

Comme bien des aspects de notre *joint venture*, le protocole d'accord est inhabituel. La combinaison des aspirations sociales (nourrir les pauvres, réduire la pauvreté) et des détails pratiques traduit l'essence du social-business. Et parce qu'il affirme notre engagement de réinvestir presque tous les profits dans l'expansion et l'amélioration de notre entreprise, le protocole d'accord montre nettement que Grameen Danone n'est pas un projet permettant à Danone de se présenter comme une « entreprise socialement responsable » qui ferait du profit en s'abritant derrière un objectif caritatif. Il s'agit réellement d'un social-business, c'est-à-dire de quelque chose de totalement nouveau dans le monde des affaires.

J'espère que les particularités de notre protocole d'accord seront utiles aux futurs créateurs de social-business.

Franck était impatient d'avancer. Après la signature,

il demanda à ses collègues de Danone à quelle date ils prévoyaient d'ouvrir l'usine.

« Avant un an », répondit Guy.

Franck agita la tête en signe de désapprobation. « Non, faites-le cette année ! insista-t-il. Je veux revenir en novembre pour l'inauguration ! »

J'aimais ce que Franck disait. J'aimais aussi ce qu'il faisait. Une fois qu'un concept d'activité est prêt, j'ai moi aussi hâte de le faire avancer. Si c'est un succès, il pourra être rapidement développé. Si c'est un échec, il pourra être amendé et relancé selon un nouveau plan.

Après que Franck eut fixé la date d'ouverture, tout le monde fut très occupé. En juin, nous avions bien avancé, mais il restait mille détails à régler. Emmanuel m'envoya une liste de questions pendantes.

L'une de ces questions était l'achat du terrain sur lequel notre usine serait construite. Les négociations traînaient en longueur, notamment à cause du prix de cession. Le propriétaire avait réalisé qu'une grande entreprise multinationale était impliquée dans le projet ; il avait alors décidé d'obtenir le prix le plus élevé possible. Les plans de l'usine étaient prêts : la construction pourrait donc commencer dès que l'acte de vente serait signé. Mais nous avions si peu de temps pour construire l'usine qu'il nous fallait acquérir ce terrain aussi rapidement que possible.

Un autre défi consistait à concevoir de façon détaillée les modalités de distribution de nos produits. Avec l'aide d'une équipe d'étudiants d'HEC, la célèbre école de commerce française, un responsable des ventes et du marketing fut chargé d'établir une carte de la zone dans laquelle nous allions opérer. Il s'agissait de sélectionner dans un rayon de vingt-cinq kilomètres une centaine de dépôts où stocker les yaourts ainsi que les magasins dans lesquels les yaourts seraient vendus. Il fallait aussi préparer le recrutement des « dames Grameen » qui vendraient nos yaourts de maison en maison. Nous devions nous attacher aussi rapidement que possible à mettre en œuvre ce programme.

Il nous fallait par ailleurs saisir rapidement une nouvelle opportunité. L'Alliance globale pour une meilleure alimentation (Global Alliance for Improved Nutrition – GAIN) est une organisation basée à Genève qui a fait beaucoup pour apporter aux pauvres du monde entier une meilleure alimentation. En février, Danone était devenu un partenaire de la GAIN, et Franck Riboud était entré à son conseil d'administration. Après avoir entendu Franck parler de Grameen Danone, la GAIN s'était déclarée prête à nous apporter son soutien.

La GAIN nous fournirait son expertise dans divers domaines. Elle nous aiderait à présenter aux consommateurs le bénéfice nutritionnel de nos produits, à nous montrer précis, aisément compréhensibles et attractifs. Elle nous aiderait aussi à concevoir les outils de « marketing nutritionnel » dont nous aurions besoin (des prospectus et des posters, par exemple). Et elle nous aiderait à former les « dames Grameen » à distribuer notre produit. Les experts de la GAIN réaliseraient des études de suivi détaillées selon les meilleurs protocoles scientifiques pour évaluer les effets du Shokti Doi sur la santé des consommateurs.

Ce soutien était inestimable. Mais pour en bénéficier, il nous fallait développer rapidement un protocole de travail avec la GAIN. Si Grameen Danone avait été une entreprise installée de longue date, nous aurions simplement confié cette tâche à l'un de nos collaborateurs. Mais nous inventions notre activité jour après jour, et nous cherchions le moyen de traiter un problème au moment où il se présentait.

Quand arriva l'été, il ne nous restait que six mois pour tout préparer.

7.

Un pot de yaourt après l'autre

Lors d'un après-midi de début février 2007, Guy Gavelle de Danone et Imamus Sultan de Grameen rencontrèrent soixante femmes de la région de Bogra. La rencontre se déroula dans une sorte de centre culturel – un bâtiment au toit de tôle ondulée. À l'un des murs était accroché un portrait de Rabindranath Tagore, le poète qui reçut le prix Nobel en 1913 et dont l'œuvre fait partie de notre patrimoine national. Le sol était recouvert de nattes de bambou. La lumière venait de deux ampoules nues qui se balançaient au bout de cordons électriques. Les femmes, dont quelques-unes tenaient de petits enfants sur leurs genoux, étaient assises sur des chaises en plastique. Guy et Sultan leur faisaient face, installés derrière une table de bois brut sur laquelle avait été posé un micro. Des images de près de deux mètres de haut décoraient les murs : elles montraient la face souriante d'un lion de bande dessinée. Le lion est le symbole de Shokti Doi – « le yaourt pour être fort » qui est le premier produit de Grameen Danone.

Cet atelier constituait un élément important de notre nouveau social-business. Ces femmes, les « dames Grameen », formeraient le premier réseau de distribution de Grameen Danone. Elles vendraient des pots de yaourt soit en allant frapper aux portes de leurs amis et de leurs voisins, soit en les proposant dans de petites épiceries ou dans des échoppes comme celles où se fournissent les habitants de milliers de villages à travers le Bangladesh. Il s'agissait de mères bangladaises typiques, très similaires à la clientèle que nous visions. Si elles étaient convaincues de l'apport nutritionnel et du potentiel commercial de Shokti Doi, elles feraient d'excellentes vendeuses et permettraient à notre entreprise de prendre un bon départ.

Imamus Sultan, président par intérim de la société, et Guy Gavelle, directeur industriel des produits laitiers Danone pour la région Asie Pacifique, parlèrent pendant un peu plus d'une heure. Ils exposèrent les raisons pour lesquelles Shokti Doi devrait faire partie intégrante du régime de base des Bangladais, tout particulièrement des enfants.

« Il s'agit d'un aliment très bon pour la santé, expliqua Guy. Il est enrichi avec des protéines, du fer, de la vitamine A, et d'autres nutriments dont les enfants ont besoin pour grandir. Et c'est un aliment vivant. Le yaourt contient de bonnes bactéries qui combattent les mauvaises bactéries de votre estomac. Il contribuera à protéger vos enfants de la diarrhée – et s'ils tombent malades, ils le seront moins gravement et guériront plus vite. » À mesure que Guy évoquait ces points dans un anglais teinté d'accent français, Sultan traduisait en bengali. Les femmes écoutaient attentivement. Beaucoup étaient penchées en avant ; certaines faisaient des signes de tête ou commentaient à voix basse ce que disait Sultan.

Guy donna également des conseils aux premières vendeuses de Shokti Doi. « Vous devez savoir quelques petites choses sur la manière dont le produit est fabriqué. Nous introduisons les bactéries dans le lait à une température de 38 degrés, la même que celle de votre corps, et nous les y laissons pendant environ huit heures. C'est ce qui transforme le lait en yaourt. Durant ce laps de temps, nous surveillons le degré d'acidité. Dès que le bon niveau est atteint, nous ramenons la température du yaourt à 4 degrés pour interrompre le processus.

» Cela signifie que vous devrez conserver les yaourts au frais lorsque vous aurez reçu votre provision. Mettez-les au réfrigérateur si vous en avez un. Sinon, conservez-les dans un endroit frais. Lorsque vous irez vendre les yaourts d'une maison à l'autre, placez-les dans le sac bleu isotherme que nous vous donnerons. De cette matière, le yaourt ne se modifiera pas. Si la température devenait trop élevée – si elle atteignait ou dépassait les 20 degrés –, les bactéries recommenceraient à se multiplier. Cela aura pour conséquence une augmentation de l'acidité, et les enfants n'aimeront pas le goût du yaourt. Nous ne voulons pas que cela se produise ! Comprenez-vous ? »

Partout dans la salle, les têtes se hochèrent.

« Laissez-moi vous parler du goût du yaourt, poursuivit Guy. Danone produit des yaourts dans cinquante pays. Nous n'ajoutons du sucre à nos yaourts que dans un petit nombre de ces pays. Mais ici, au Bangladesh, nous additionnons nos yaourts d'une faible quantité de sucre. Pourquoi ? Parce que nos tests qualitatifs ont montré que c'est ce que vous et vos enfants préférez. Vous avez l'habitude de consommer des yaourts sucrés. Nous produisons donc un yaourt adapté à vos goûts. Mais il n'est pas trop sucré. Nous mettons juste un peu de sucre dans chaque pot – moins que dans le *mishti doi* qui est commercialisé sur le marché local. C'est meilleur pour vos enfants. N'ajoutez pas davantage de sucre au yaourt lorsque vous le servez ! Il est plus sain que vos enfants apprennent à manger des aliments moins sucrés.

» Un mot sur la manière de vendre les yaourts. Au début, lorsque vous sortirez pour les vendre, n'en emportez pas trop. Imaginez que vous mettiez cinquante pots dans votre sac. Il se peut que vous n'en vendiez que vingt. Les trente autres se réchaufferont progressivement, deviendront plus acides, et perdront leur bon goût. Si vous les vendez un jour ou deux plus tard, les gens qui les mangeront leur trouveront mauvais goût. Et ils n'en rachèteront pas.

» Emportez-en plutôt vingt, et vendez-les tous. Si davantage de gens veulent en acheter, dites-leur que vous reviendrez le lendemain avec plus de yaourts. Mieux vaut faire attendre le consommateur un jour ou deux plutôt que de lui vendre un mauvais produit. Si le consommateur doit attendre, il n'en appréciera que davantage un bon yaourt. Mais si vous lui vendez un yaourt gâté, vous perdrez définitivement un client, et vous finirez peut-être par perdre votre emploi ! » Les dames approuvaient de la tête.

Il était temps de prononcer quelques mots d'encouragement.

« Souvenez-vous que lorsque vous vendez un pot de Shokti Doi, vous faites beaucoup de bonnes choses, ajouta Guy. Vous gagnez de l'argent pour vous et pour votre famille. Vous fournissez de bons aliments aux enfants. Vous donnez du travail aux fermiers qui nous vendent leur lait. Vous donnez du travail aux ouvriers de notre usine. Et vous contribuez au développement de l'entreprise. Si nous réussissons ici à Bogra, nous construirons une autre usine ailleurs au Bangladesh. Puis une autre, puis encore une autre. »

Imamus Sultan se leva alors. C'est un homme aux manières douces, qui porte des lunettes et fait montre d'une certaine timidité. Mais il est l'un des collaborateurs les plus expérimentés de Grameen. Grâce à ses années de travail à la Grameen Bank, il a acquis une compréhension profonde des conditions dans lesquelles les « dames Grameen » vendraient notre nouveau produit.

Sultan s'exprima en bangladais pendant plusieurs minutes. Il présentait sous de vives couleurs les bénéfices de ce nouveau social-business. Il récapitula les avantages de Shokti Doi pour la santé. Il rappela aux femmes ce qu'un médecin leur avait appris plus tôt dans la journée des bénéfices nutritionnels du yaourt. Il parla du réseau de fournisseurs locaux qui tireraient profit de l'activité de Grameen Danone – y compris certaines des « dames Grameen » dont les petites fermes laitières vendraient du lait à l'usine. Il évoqua enfin le potentiel que présentaient les ventes de yaourts : une commission d'un demi-taka par pot vendu pourrait procurer au budget familial jusqu'à quelques centaines de takas par mois.

Les « dames Grameen » semblaient très intéressées.

Est-ce que quelqu'un avait des questions ? Beaucoup en avaient. L'une après l'autre, les femmes se levèrent pour poser des questions. Guy et Sultan répondirent à toutes.

Un petit débat survint autour de l'utilisation de cuillères pour manger les yaourts. Certaines des villageoises s'inquiétaient du manque de cuillères, particulièrement lorsqu'on ne mange pas chez soi. Leurs clients devraient-ils manger leur yaourt avec les doigts ? Sultan fit remarquer que notre yaourt était suffisamment fluide pour être bu à même le pot. Après quelques échanges supplémentaires, il fut convenu que Grameen Danone fournirait de petites cuillères en plastique disponibles à l'usine au prix d'un demi-taka l'unité, ce qui était le prix le plus bas possible. Les « dames Grameen » pourraient en emporter une provision lors de leurs tournées. Chaque client désireux de consommer son yaourt sur-le-champ pourrait acheter une cuillère.

L'une des femmes se leva finalement pour livrer son sentiment personnel. « Nous avons toutes eu la chance de goûter ce yaourt, dit-elle. Nous l'apprécions. Il est un peu sucré, mais pas trop. Il a bon goût. La semaine dernière, j'ai distribué quelques-uns des échantillons que vous nous avez confiés. Je les ai donnés à mes amis. Tous ont dit que le yaourt était bon, à l'exception d'un enfant qui ne l'a pas trouvé assez sucré. Mais le lendemain, il demandait s'il pouvait en avoir un autre ! » Des rires éclatèrent à travers la salle. « Ce sera un produit populaire », conclut-elle avant de se rasseoir.

Un super-héros du sport donne le coup d'envoi

À l'époque où se déroula cet atelier avec les « dames Grameen », la nouvelle *joint venture* Grameen Danone était presque prête à entrer en action. Si l'on tient compte du fait que des aspects très importants n'étaient pas réglés six mois plus tôt, c'est presque étonnant. Il est difficile de croire que nous avons accompli tant de choses en si peu de temps.

Au début de juin 2006, nous étions embourbés dans les négociations relatives à l'achat d'un terrain pour notre usine. Parce qu'il rêvait de réaliser un énorme profit en cédant son bien à une entreprise multinationale, le propriétaire du terrain exigeait un prix exorbitant. Nous avions fini par sortir de l'impasse en trouvant une localisation alternative dans les faubourgs de

Bogra. Ce nouveau terrain avait une surface voisine de 2 hectares, ce qui était légèrement supérieur à nos besoins. Mais nous avons décidé de l'acheter pour un peu moins de 15 millions de takas, ce qui équivaut à un peu plus de 200 000 dollars.

Grameen Danone n'acheta en fait que 0,2 hectare. Le reste fut acquis par le Groupe Grameen. Nous avons l'intention d'utiliser la surface supplémentaire pour un autre social-business : un hôpital qui proposera aux pauvres des opérations de la cataracte à un prix nettement inférieur au prix du marché.

Après avoir trouvé ce nouveau site, nous avons rapidement réalisé la transaction – suffisamment vite pour débuter officiellement les travaux le 14 juillet et les avoir quasiment achevés en novembre.

Nous devions également élaborer un plan de travail avec la GAIN, l'organisation basée en Suisse et spécialisée dans les problèmes de nutrition qui nous aiderait à développer, à tester et à valider nos programmes destinés à procurer aux pauvres du Bangladesh les bienfaits de notre nouveau produit. Cela aussi s'est mis en place. En juin et juillet, Bérangère Magarinos, responsable des investissements et des partenariats pour la GAIN, avait emmené une équipe de spécialistes au Bangladesh ; ils avaient travaillé en étroite collaboration avec nous sur nos programmes nutritionnels. Nous avons mené ensemble de nouvelles enquêtes auprès des consommateurs afin de comprendre ce qui les encourageait à acheter Shokti Doi et ce qui les dissuaderait de le faire. Ils ont par ailleurs évalué les supports de formation que nous avions développés pour présenter aux « dames Grameen » les bénéfices apportés par les yaourts et la meilleure manière d'en faire profiter les enfants – et ils nous ont aidés à les améliorer.

Nous avions à présent confiance en notre capacité à agir de façon à apporter notre yaourt et ses bénéfices aux enfants de la région de Bogra. La GAIN avait de surcroît accepté de mener une étude destinée à mesurer l'impact nutritionnel de notre yaourt au cours de l'année qui suivrait sa mise sur le marché.

C'était important. Nous avions besoin de disposer de données scientifiques relatives aux bénéfices que Grameen Danone pouvait procurer aux enfants. Un social-business doit veiller à mesurer les bénéfices qu'il crée et à surveiller leur évolution. Cela permettra de savoir si le dur travail réalisé par l'entreprise et les investissements en temps, en argent et en autres ressources consentis par la société ainsi que par ses partenaires portent leurs fruits. En fonction de ces résultats, les gestionnaires décideront soit d'accroître l'échelle de leur action, soit de modifier les conditions d'exercice de leur activité afin d'obtenir de meilleurs résultats dans le futur.

Franck Riboud, le P-DG de Danone, était venu une deuxième fois au Bangladesh en novembre pour l'inauguration de l'usine Grameen Danone. Un printemps et un été d'intense planification, d'improvisation inspirée et de travail acharné avaient fait de la vision de Guy Gavelle une réalité.

L'usine de Bogra occupe 700 m^2. Elle regorge d'équipements flambant neufs : des tuyaux en acier inoxydable ; des réservoirs immaculés pour faire chauffer le lait puis le refroidir ; un tapis roulant sur lequel avancent des petits pots attendant d'être remplis de yaourts et étiquetés ; et une chambre froide pour stocker les produits. De nombreuses caractéristiques contribuent à rendre cette usine respectueuse de l'environnement. Un équipement permet de traiter l'eau à l'entrée et à la sortie de l'usine, de manière à garantir que l'eau que nous rejetons est aussi pure et saine que celle que nous utilisons. Des panneaux solaires fournissent l'énergie dont nous avons besoin.

Guy Gavelle dit que concevoir et construire l'usine de Bogra a été l'une des expériences les plus enrichissantes qu'il ait connues au cours de sa longue carrière chez Danone. Il a appris tant de choses qu'il a la conviction de pouvoir construire une deuxième et une troisième usines de yaourts dans d'autres régions du Bangladesh pour un coût de 20 ou 30 % inférieur à celui, pourtant modeste, de l'usine de Bogra.

Lors de sa visite de mars, Franck m'avait posé la question suivante : « Y a-t-il une célébrité française que tout le monde connaît au Bangladesh – quelqu'un que nous pourrions faire venir afin de donner de la publicité à notre nouvelle entreprise ? »

Les villageois bangladais ne savent pas grand-chose de la France. Je songeais à des vedettes de cinéma, des mannequins, des personnalités politiques ; mais je ne parvenais pas à trouver un nom qui me satisfasse. Voyant que j'hésitais, Franck reprit : « Pourquoi pas un sportif ? Les Bangladais aiment-ils le football ? »

« Absolument ! ai-je répondu. Ils en sont fous. Vous devriez venir à Dhaka pendant la coupe du monde de football. Tout le monde au Bangladesh a une équipe favorite. Lorsqu'on regarde la *skyline* de Dhaka, on voit des milliers de drapeaux sur les toits – brésiliens, argentins, allemands, français, italiens, espagnols. Et dans les campagnes, chaque village soutient une équipe. Les gens ne savent pas où se trouve le pays de chaque équipe, mais ils connaissent les noms de tous les joueurs.

— Zinédine Zidane serait-il par hasard connu au Bangladesh ? demanda Franck.

— Quoi ? Zinédine Zidane ? m'exclamai-je. C'est

un super-héros pour tous les Bangladais, même pour les habitants des villages les plus reculés. S'il venait au Bangladesh, il faudrait déployer la totalité des forces de police pour le protéger de ses fans. »

Franck souriait largement. « Zizou est l'un de mes amis. Je lui demanderai de venir. Et il viendra ! » déclara Franck avec un ton d'absolue confiance.

Je pouvais à peine en croire mes oreilles. Zizou venant au Bangladesh pour lancer Grameen Danone ? Le pays entier deviendrait fou !

La nouvelle électrisa l'équipe de Grameen Danone. Elle faisait les gros titres des journaux : « Zizou vient au Bangladesh ! »

(Durant la finale de la coupe du monde de juillet 2006, Zizou, que l'on considère comme le plus grand joueur de football de sa génération, devint plus célèbre encore lorsqu'il fut contraint de quitter le terrain pour avoir donné un coup de tête à un joueur de l'équipe adverse qui l'insultait. La polémique n'altéra en rien sa popularité chez les fans de foot bangladais.)

Zizou arriva en novembre, suivi de Franck, de ses collaborateurs et d'une nuée de journalistes français. Sa venue fit sensation.

Zizou visita le village de Bashan Gazipur et rencontra les emprunteurs de la Grameen Bank, ce qui lui permit de s'initier au microcrédit. Il y avait des centaines de milliers de gens le long de la route reliant Dhaka à Bashan. Alors que la caravane de voitures accompagnant Zizou s'étirait sur la route, tout ce que l'on pouvait entendre était le tonnerre des voix scandant « Zi-zou ! Zi-zou ! Zi-zou ! ».

Zizou mit les villageois en émoi en jouant au football avec un groupe d'écoliers locaux. Je suis sûr que ces jeunes gens ainsi que les villageois qui ont assisté au match n'oublieront jamais ce moment. Plus tard, dans un stade plein à craquer de Dhaka, Zizou se joignit à deux équipes composées de garçons de moins de 16 ans et se livra à une démonstration de ses talents. La foule était surexcitée : les gens poussaient des acclamations et scandaient son nom.

Zizou mit un point d'orgue à sa visite en apposant sa signature sur une plaque de marbre. Cette dernière deviendrait la première pierre de l'usine Grameen Danone de Bogra. C'était le type de lancement spectaculaire que seule l'une des plus grandes entreprises du monde pouvait organiser.

Quand Zidane rencontra le président du Bangladesh au terme de sa visite, il promit de revenir avec ses enfants afin de leur faire rencontrer les enfants bangladais qui avaient produit une si forte impression sur lui.

Une victoire pour l'entreprise, une victoire pour les pauvres

Peu après la visite de Zizou, nous avons eu le plaisir de goûter les premiers prototypes de notre yaourt. Ils étaient délicieux, avec un goût sucré original venant de la mélasse faite à base de jus de datte – une boisson très populaire au Bangladesh. En 2007, le premier lot de Shokti Doi destiné à la vente sortit des lignes de production. Le yaourt était présenté dans de jolis pots de plastique ornés du dessin d'un lion faisant rouler ses muscles (il s'agissait de montrer que le yaourt était enrichi). Un pot de 80 grammes coûte 5 takas, ce qui équivaut à peu près à 7 cents. Si vous rapportez votre pot vide à l'usine, on vous donnera 90 grammes de yaourt pour le même prix.

Fournir une meilleure alimentation aux enfants est le

principal objectif social de Grameen Danone. Grâce aux recherches de la GAIN, nous saurons précisément dans quelle mesure nous parviendrons à remplir cette mission. Mais la nutrition n'est pas le seul objectif que nous poursuivons. Notre modèle économique a été conçu afin de fournir d'autres avantages à la collectivité.

Certains de ces avantages apparaissent en aval de notre activité, du côté de notre réseau local de distribution et de vente. Si vous pensez à une usine de produits laitiers Danone, des images de camions rutilants acheminant de grandes quantités de produits vers des dépôts et des supermarchés vous viendront sans doute à l'esprit. Ce n'est pas de cette façon que fonctionne le système que nous avons mis en place à Bogra. Nos distributeurs sont des villageois des environs – des femmes qui sont membres de la Grameen Bank et ont déjà utilisé des microprêts pour créer de petites entreprises familiales. Elles ont ajouté la distribution du yaourt Grameen Danone à leurs activités quotidiennes.

Lorsque j'ai envoyé un courrier électronique à Danone au printemps 2006 pour proposer cet arrangement, j'ai écrit la chose suivante :

> *En employant les « dames Grameen », nous réaliserons des gains économiques et sociaux.*
>
> *Nous pouvons nous appuyer sur une communauté disciplinée d'entrepreneurs qui existe déjà et attend de nouvelles opportunités.*
>
> *Les jeunes enfants des familles Grameen qui sont alphabétisés peuvent participer à cette nouvelle activité.*
>
> *Grameen peut procurer le financement nécessaire aux familles Grameen qui souhaiteront prendre part*

à ce projet. Il nécessitera de la sorte une mise de fonds moins importante et sera moins risqué.

S'il s'avère nécessaire de créer un système de distribution à deux niveaux, comprenant des grossistes et des détaillants, les emprunteurs Grameen pourront être impliqués à ces deux niveaux.

Emmanuel et le reste de l'équipe Danone approuvaient mon raisonnement. Nous suivons actuellement de très près le plan que j'ai proposé. C'est ce qui a conduit à l'atelier pour « dames Grameen » que j'ai évoqué au début de ce chapitre.

Une approche similaire peut être retenue pour examiner l'amont de la chaîne de production. Les gens de la région sont aussi nos fournisseurs. Le lait que nous transformons à l'usine nous est vendu par les villageois qui possèdent quelques vaches. Les autres ingrédients – essentiellement du sucre et de la mélasse – viennent aussi des campagnes bangladaises. Les employés de l'usine, qui sont une vingtaine environ, sont issus de la région. (Nous avions des gens de Danone sur place pendant la phase de construction de l'usine. Mais maintenant qu'elle existe et qu'elle fonctionne, elle n'emploie que du personnel bangladais.) Notre activité soutient ainsi directement l'économie locale et nationale.

Organiser la collecte de lait pour l'usine Grameen Danone est un défi en soi. Environ 90 % du lait bangladais est produit de manière informelle. Afin d'éviter d'entrer en concurrence avec d'autres acheteurs de lait, Grameen Danone a choisi de créer une série de microfermes. Ces dernières seront partiellement financées au moyen de microprêts fournis par la Grameen Bank.

Les villageois auxquels appartiennent ces microfermes utiliseront l'argent qu'ils emprunteront pour acheter davantage de vaches. Ils vendront le lait qu'ils produisent à Grameen Danone. En échange, nous leur garantirons un prix fixe sur l'année. Les autres entreprises Danone sont aussi impliquées. La Fondation Grameen pour l'agriculture organise et perfectionne la production de lait dans la région de Bogra en collaboration avec les spécialistes de Danone. Nous utilisons un programme d'ensemble pour l'élévation des rendements agricoles qui associe amélioration du cheptel, accroissement de la qualité du lait, utilisation d'engrais biologiques et production de biogaz. L'entreprise Grameen qui produit de l'énergie renouvelable, Grameen Shakti, sera également impliquée. Des installations de production d'engrais biologiques et de biogaz seront mises en place afin d'aider les fournisseurs de Grameen Danone à gagner en autonomie.

Ces efforts pour travailler avec la communauté locale – et particulièrement avec les emprunteurs de la Grameen Bank – sont un aspect important de ce qui fait de Grameen Danone un social-business. L'existence de la fabrique de yaourts bénéficiera directement et indirectement à l'économie locale, ce qui exercera un effet multiplicateur positif pour de nombreuses familles. Cela illustre la manière dont nous avons défini la mission de Grameen Danone : « Réduire la pauvreté au moyen d'un modèle économique de proximité original qui apportera quotidiennement des éléments nutritifs aux pauvres. »

L'usine Grameen Danone n'est pas un animal lointain et monstrueux. C'est une amie de la communauté qui fait partie intégrante de son écosystème.

Faire appel à des fournisseurs et à des distributeurs locaux nous permet également de remplir des objectifs économiques. Il serait difficile de trouver des distributeurs et des vendeurs capables de promouvoir plus efficacement notre produit que ne le font les « dames Grameen ». Elles font elles-mêmes partie de la clientèle que nous visons (des familles villageoises, en particulier les parents de jeunes enfants) : elles sont des membres connus de la communauté ; elles connaissent les clients potentiels et savent ce qui peut leur plaire ; et elles sont déjà en contact quotidien avec des clients pour leur propre activité, qu'il s'agisse d'élevage de volailles ou de vaches laitières, d'artisanat, de production de services, de vente de produits alimentaires, etc.

Acheter le lait dont nous avons besoin à des producteurs locaux présente autant d'avantages économiques que sociaux. Le prix du lait est un élément majeur de la structure de coût de Grameen Danone. Lorsque nous avons cherché à déterminer le prix de vente d'un pot de yaourt à l'automne 2006, le prix de gros d'un litre de lait au Bangladesh s'établissait entre 14 et 16 takas (soit entre 20 et 25 cents). À l'époque où Grameen Danone est devenue active, la hausse de la demande avait fait monter le prix du lait : il s'échelonnait alors entre 20 et 22 takas (30 à 35 cents). Cette différence est suffisamment importante pour rogner notre marge bénéficiaire, qui est déjà mince.

Il était devenu évident que la gestion de Grameen Danone exigerait de porter une attention particulière aux variations du cours du lait. C'est en cela que le recours aux producteurs locaux constitue un grand avantage. Avoir des fermiers de la région sous contrat nous protégera dans une certaine mesure des oscillations du prix du lait. Cela aidera aussi les fermiers. Même si les prix régionaux ou nationaux chutaient, Grameen Danone leur assurerait une source de revenu et amortirait de la sorte les chocs économiques potentiels.

Nous prévoyons que l'usine de Bogra produira

3 tonnes de yaourt par jour durant sa première année d'existence. La production devrait atteindre 10 tonnes par jour lors de la troisième année.

La leçon que nous devons tirer de cette histoire est la suivante : s'il est bien conçu, un social-business peut être une entreprise saine. L'entreprise vient en aide à la collectivité, et la collectivité soutient l'entreprise. Les deux peuvent grandir et se développer ensemble, et permettre aux familles comme aux individus d'accéder à un niveau de vie supérieur.

Des pots comestibles ?

Grameen Danone ne s'arrêtera pas là. Nous chercherons à améliorer notre produit et à accroître les bénéfices qu'il procure aux habitants du Bangladesh.

Voici un petit exemple. Dès le départ, nous avons cherché des pots biodégradables pour nos yaourts. Les yaourts sont généralement vendus dans des pots de plastique qui ne sont pas biodégradables ; or le traitement des déchets pose des problèmes de plus en plus importants. Grameen Danone entreprit donc de développer les premiers emballages « verts » pour yaourts.

À la mi-2006, Guy Gavelle et son équipe technique avaient trouvé un fournisseur potentiel en Chine : une entreprise produisant des emballages biodégradables à base d'amidon de céréales. Un représentant de Danone visita l'usine chinoise et nous fit le rapport suivant : « Le coût par kilogramme de ce matériau est plus élevé que celui du plastique. Mais sa résistance est telle que la quantité utilisée pour fabriquer un pot serait nettement plus faible que la quantité de plastique nécessaire, ce qui pourrait nous permettre de réaliser des économies par rapport à nos prévisions actuelles. »

(Un emballage plus léger permet d'économiser de l'argent lors de la production, mais aussi lors de l'expédition.)

Nous voulons commencer à utiliser des pots réalisés avec ce nouveau matériau. Notre usine de Bogra a mis en place des installations permettant de recycler les pots usagés – une cuve dans laquelle les pots sont déposés et où la pression et la chaleur les transforment en une substance utilisable pour fertiliser les sols. Cela ressemble un peu aux tas de compost qu'entretiennent les jardiniers et les fermiers.

L'utilisation de pots en amidon de céréales constitue un grand pas en avant. Mais je ne suis toujours pas satisfait ! J'aimerais que nous puissions trouver un pot comestible que les enfants pourraient manger après avoir dégusté leur yaourt. (Songez à la manière dont vous mangez la glace que contient un cône glacé avant de croquer le cône lui-même.) Le pot procurerait des éléments nutritifs supplémentaires, le problème de la gestion des déchets disparaîtrait totalement, le recyclage ne serait pas nécessaire – et tout le monde en profiterait.

Un pot comestible devrait également présenter toutes les qualités d'un emballage destiné aux produits alimentaires : être empilable, solide, léger, attractif ; résister à l'expédition et aux changements de température ; être susceptible d'être imprimé pour porter un logo, la liste des ingrédients, et d'autres informations encore. Cela semble impossible ? Pour le moment, ça l'est. Mais les chercheurs de Danone travaillent à résoudre ce problème, et je crois qu'ils trouveront une solution. À ce moment-là, j'espère que le Bangladesh deviendra un pionnier de l'utilisation des emballages alimentaires comestibles. Qui sait : cela deviendra peut-être une tendance de fond dans le conditionnement de produits alimentaires.

Donner du sens à la vie des affaires

En novembre 2006, le Comité Nobel norvégien annonça que la Grameen Bank et moi-même recevrions conjointement le prix Nobel de la Paix. Comme vous pouvez l'imaginer, j'ai reçu un déluge de félicitations, d'appels téléphoniques, de courriers électroniques, ainsi que de messages officiels venant de chefs d'État et de gouvernement, de personnalités du monde académique, de praticiens du microcrédit et de beaucoup d'autres admirateurs. J'ai également reçu des mots manuscrits envoyés par des amis et des collègues du monde entier.

Parmi ces messages, il y avait une lettre de félicitations officielles venant du conseil d'administration du Groupe Danone. Après quelques propos flatteurs évoquant Grameen ainsi que notre travail, le conseil rappelait que j'avais prévu d'investir la moitié du montant du prix qui me revenait dans un social-business. Le conseil s'engageait à ajouter à mon investissement une somme du même montant, quel que soit le social-business que je choisirais de soutenir.

J'ai également reçu un message plus personnel venant du bureau d'Emmanuel Faber à Shanghai :

Cher Yunus,

Ce doit être la fin de l'une des journées les plus longues de votre vie... et vous devez avoir reçu tant de courriers électroniques que vous ne trouverez jamais celui-ci en bas de votre écran !

Je viens de réaliser que vous avez rencontré Franck voilà un an et un jour. Au cours de cette année, vous avez changé la vie de notre entreprise. Et grâce à votre vision et à votre enthousiasme, nous pourrions bien changer un peu la manière dont les multinationales font des affaires. (Nous aurons lundi une réunion du conseil d'administration qui évoquera votre approche du social-business.*)*

Nous ne vous remercierons jamais assez d'avoir donné du sens à nos vies de gens d'affaires.

Bien à vous, Em

Ce mot a pour moi une signification particulière. Il illustre tout ce que j'ai pu dire de l'immense satisfaction que procurerait aux gens le fait de s'engager dans un social-business. Le titre d'un article publié par Sheri Prasso dans le magazine *Fortune* véhiculait le même message : « Sauver le monde un pot de yaourt après l'autre. » Cette idée a également été confirmée par de nombreux responsables du Groupe Danone, qui m'ont dit que les employés du groupe considéraient Grameen Danone comme une part très importante de son activité. Ils suivent ses progrès avec intérêt, en parlent continuellement entre eux, et mentionnent fièrement ce projet lorsqu'ils parlent de leur entreprise en public.

Il peut sembler surprenant qu'une petite entreprise d'un million de dollars joue un rôle aussi déterminant dans une société de 16 milliards de dollars. Mais l'un des traits les plus solidement ancrés chez les êtres humains consiste à vouloir faire du bien à d'autres gens. C'est un aspect de la nature humaine que le monde des affaires ignore complètement. Le social-business satisfait cette aspiration : c'est ce que les gens trouvent très enthousiasmant.

Je ne suis pas d'accord avec ceux qui affirment que le social-business ne prendra jamais véritablement pied dans le monde des affaires. Les réactions des gens quand on leur parle de social-business me laissent penser que ce modèle s'enracinera et s'épanouira rapidement. Les gens veulent donner du sens à leur vie – le type de sens que l'on ne trouve qu'en contribuant à faire du monde un endroit meilleur.

Le social-business procure ce type de sens. C'est pour cela que les gens y sont sensibles.

III
Un monde sans pauvreté

8.

Diversifier le marché

Depuis la fin des années 1980, j'ai fréquemment évoqué la notion d'« entreprise à vocation sociale ». J'ai également créé des entreprises à but lucratif ainsi que des entreprises à but non lucratif dotées d'objectifs sociaux. Aucun désir de gain personnel n'est entré dans cette équation : je ne détiens pas la moindre action d'une entreprise à but lucratif que j'aurais créée. C'est la poursuite d'un objectif social qui me motive.

Grâce à mes voyages et à mes conversations avec des gens du monde entier, je sais que je ne suis pas le seul à penser de la sorte. J'ai la certitude que de nombreuses personnes aimeraient créer des entreprises à vocation sociale si celles-ci étaient reconnues par le système économique. L'un des échecs majeurs du système économique actuel consiste à ne pas prendre en compte ces aspirations humaines fondamentales.

Au cours des dernières années, j'ai formulé plus clairement mon idée de social-business et j'ai commencé à l'évoquer partout où je le pouvais. J'ai parlé de social-business à la radio, à la télévision, lors d'entretiens accordés à des journaux, à l'occasion de réunions du Forum économique mondial, lors de réunions privées de personnes de grande valeur désireuses d'investir des capitaux de manière constructive, ou encore lors des conférences sur l'entreprenariat social organisées par la Fondation Skoll à la Saïd School of Business de l'université d'Oxford.

Je me suis parallèlement rendu compte qu'il était important de créer un véritable social-business pour rendre mes idées plus concrètes. J'ai décidé que les hôpitaux ophtalmologiques seraient organisés sous forme de social-business. En 2005, quatre entreprises Grameen (Grameen Byabosa Bikash, Grameen Kalyan, Grameen Shakti et Grameen Telecom) sont devenues des investisseurs sociaux.

Pour gérer cette nouvelle activité, nous avons créé deux organisations : Grameen Healthcare Trust (GHT), une organisation à but non lucratif, et Grameen Health Care Services (GHS), une entreprise à but lucratif. Les sociétés Grameen ont investi directement dans GHS, alors que d'autres donateurs et investisseurs ont donné des fonds à GHT. GHT finance à son tour GHS afin de lancer de nouveaux projets d'hôpitaux.

Des douzaines de jeunes gens du monde entier viennent nous voir chaque mois. Tom Bevan et Milla Sunde sont arrivés alors que notre projet était proche de son achèvement. Ils s'étaient rencontrés dans une école de chant britannique, le Liverpool Institute of Performing Arts (LIPA), et avaient fondé le groupe Green Children : c'est ainsi que commença leur carrière musicale. Milla, la chanteuse, est originaire de Norvège ; Tom, le compositeur et pianiste, est britannique.

Quand Milla et Tom ont visité la Grameen Bank en 2006, ils sont tombés amoureux du peuple bangladais et de son pays. Tom a même écrit une chanson intitulée

Hear Me Now [1] qui raconte l'histoire d'un emprunteur de la Grameen Bank rencontré dans un village du Bangladesh. Ils sont venus une deuxième fois cette année pour tourner le clip de cette chanson : vous pouvez le voir et l'entendre sur YouTube ou ailleurs sur le Net.

Tom et Milla étaient intrigués par l'idée de social-business. Milla a participé au financement du premier hôpital ophtalmologique par l'intermédiaire de la fondation des Green Children. Tom et elle participeront à la construction d'hôpitaux supplémentaires – chacun coûte environ 1 million de dollars – en faisant don de la recette totale du clip.

Les hôpitaux ophtalmologiques s'appuient sur un modèle économique qui pourrait devenir standard pour les social-business. Pour être en mesure de couvrir ses charges tout en répondant à son objectif social qui consiste à soigner les pauvres, l'hôpital pratiquera une tarification diversifiée. Les patients n'ayant pas de difficultés financières se verront appliquer le prix de marché (pour une opération de la cataracte par exemple). Les pauvres par contre ne paieront qu'un prix très faible. Le profit réalisé grâce aux patients payant le prix du marché subventionnera les services proposés aux pauvres. Ce type de politique tarifaire pourrait être utilisé par de nombreux social-business.

Une autre occasion de créer un social-business naquit de ma rencontre en octobre 2005 avec Franck Riboud, le président du groupe Danone. Ainsi que je l'ai raconté, la société Grameen Danone a été créée au début de l'année 2007. Le premier hôpital ophtalmologique devrait ouvrir bientôt. J'espère pouvoir continuer à développer ces social-business au Bangladesh et ailleurs.

---

1. « Écoute-moi maintenant » *(N.d.T.)*.

La Grameen Foundation a lancé deux autres social-business en 2007. La première est une entreprise financière, Grameen Capital India, créée en partenariat avec Citibank India et ICICI Bank. Son objectif est de faciliter l'accès des organisations indiennes de microfinance aux marchés financiers. Ses actionnaires ont accepté de ne recevoir aucun dividende.

La seconde est la Grameen-Jameel Pan Arab Microfinance, une autre entreprise financière créée en partenariat avec le Groupe Abdul Latif Jameel d'Arabie saoudite. Son objectif consiste à utiliser la microfinance afin de lutter contre la pauvreté dans le monde arabe. Cette société propose aux IMF un ensemble de produits et de services personnalisés, parmi lesquels une aide au financement. Plutôt que de distribuer des profits à ses actionnaires, elle les réinvestit afin de développer son activité et d'atteindre un nombre croissant de clients.

J'espère que Grameen ajoutera avec le temps d'autres social-business à cette liste. J'espère surtout que d'autres organisations créeront leurs propres social-business, et que cet ouvrage permettra de faire connaître cette idée à un large public.

Qui investira dans les social-business ?

L'une des questions qui revient le plus fréquemment lorsque j'expose mon concept de social-business est la suivante : « D'où viendra le financement des social-business ? »

Il se peut que cette question naisse d'un doute : pourquoi une personne saine d'esprit investirait-elle de l'argent difficilement gagné dans quelque chose qui ne rapporte rien financièrement ?

Cela semble raisonnable. Mais il y a des gens plus fous encore qui consacrent un argent difficilement gagné à la création de fondations et à des œuvres caritatives ! Des millions de personnes font chaque année de tels dons, qui atteignent des milliards de dollars. Si l'on compare ce type de comportement à l'investissement dans un social-business, nos investisseurs paraissent immédiatement plus sensés. Quand vous investissez dans un social-business, votre apport initial finira par vous être restitué et vous resterez propriétaire de l'entreprise. Les contributions individuelles, en particulier celles de personnes riches désireuses d'aider les pauvres, seront la source majeure de financement des social-business.

Il existe une autre source de financement. Le dirigeant d'une grande fondation me disait récemment la chose suivante : « Nous avons accumulé des dotations d'environ un milliard de dollars, et elles augmentent chaque année. Nous ne trouvons pas suffisamment de projets intéressants pour utiliser la totalité de ces fonds. Connaissez-vous des projets que nous pourrions soutenir ? » Des dirigeants d'autres fondations m'ont posé la même question ces dernières années.

Je lui répondis aussitôt : « Pourquoi ne pas investir dans des social-business ? Vous aurez la possibilité de récupérer votre argent ultérieurement si vous le désirez. Vous pouvez aussi donner votre argent à une organisation à but non lucratif qui investit dans des social-business, comme Green Children l'a fait pour le Grameen Healthcare Trust. Nous pouvons vous faire des propositions intéressantes et innovantes. Tant de choses peuvent être faites avec votre milliard de dollars. »

Lorsque les fondations penseront que les social-business mériteront d'être soutenus, les possibilités deviendront illimitées. Le microcrédit peut constituer un social-business très attrayant. Les soins médicaux, les technologies de l'information, les énergies renouvelables, la protection de l'environnement, l'alimentation des pauvres sont, comme d'autres types d'activité, des gisements intéressants de social-business.

Les fondations peuvent devenir une source importante de financement pour les social-business. Il en va de même des donateurs bilatéraux et multilatéraux qui peuvent créer dans chaque pays bénéficiaire des fonds sociaux destinés à fournir aux social-business des capitaux propres, du capital risque et des prêts. La Banque mondiale et les Banques régionales de développement (la Banque asiatique de développement, la Banque africaine de développement et la Banque interaméricaine de développement) pourraient créer des filiales dédiées aux social-business. Elles pourraient accorder les mêmes conditions aux projets des social-business qu'aux projets gouvernementaux s'ils portent sur les mêmes domaines : les infrastructures, les énergies renouvelables, la santé, l'éducation, le microcrédit…

Les prêteurs commerciaux pourraient également participer au financement des social-business. Puisque les social-business couvrent leurs charges comme une entreprise classique, les prêteurs commerciaux seront disposés à les financer. Cela leur assurera de surcroît une publicité flatteuse.

Des institutions financières d'un genre nouveau pourront enfin être créées pour répondre aux besoins financiers des social-business : des fonds de capital risque sociaux, des fonds sociaux et, bien sûr, un marché boursier social. Chacune de ces institutions permettra de mobiliser des fonds individuels et des fonds d'entreprise en faveur des social-business. Les marchés financiers savent parfaitement élaborer des montages astucieux pour financer des projets d'entreprise : cela va des prêts commerciaux et du placement de capitaux privés à l'émission d'obligations et d'actions. Certaines des techniques existantes pourront être directement transférées aux social-business ; d'autres devront d'abord leur être adaptées. Le social-business ouvre un nouveau champ à l'innovation financière : les petits génies de Wall Street s'amuseront à relever ce défi.

Le financement de Grameen Danone

J'ai été ému par l'enthousiasme avec lequel Franck Riboud adhéra à l'idée de social-business et rejoignit Grameen dans un partenariat appelé Grameen Danone. Mais comme tout dirigeant d'une entreprise détenue par le public, Riboud n'était pas responsable devant sa seule conscience : il devait aussi rendre compte à ses actionnaires. Alors que le projet avançait très vite au Bangladesh, la direction de Danone à Paris cherchait des réponses aux inévitables questions auxquelles elle allait devoir faire face au moment du lancement d'un social-business : « Comment osez-vous investir notre argent dans un projet qui ne crée pas de profit pour nous ? En agissant de la sorte, vous violez vos obligations à notre égard. »

Par bonheur, les dirigeants de Danone avaient déjà été confrontés à ce type de question. Franck Riboud rappelle régulièrement aux membres de son équipe l'objectif que son père, Antoine Riboud, avait assigné à Danone : « Une croissance économique soutenable ne saurait être dissociée du développement personnel et de l'expression de valeurs humanistes. » Bien avant le lancement de Grameen Danone, Emmanuel Faber avait soutenu au sein de Danone l'idée de donner une orientation sociale aux opérations du groupe. Depuis plusieurs années, Emmanuel avait discuté et débattu des défis que présentait le financement d'activités à caractère social avec des amis gestionnaires de certains des plus importants fonds de pensions et de placements américains et européens. Beaucoup d'entre eux partageaient avec lui un sentiment de malaise à l'égard du capitalisme contemporain. Ils ressentaient de plus en plus fortement le besoin d'une nouvelle forme d'entreprise qui répondrait mieux aux besoins sociaux et ne serait plus uniquement obsédée par la maximisation du profit.

Quand Emmanuel me rapporta ces conversations, je fus heureux d'entendre que même les leaders des marchés financiers mondiaux avaient des doutes sur ce qu'ils faisaient. « Je trouve cela rassurant », lui ai-je dit. Il rit et me répondit : « Ces doutes me maintiennent en vie. Je n'ai que quarante ans. Je crois que je suis encore suffisamment jeune pour changer le monde ! »

Depuis des années, Emmanuel essayait de résoudre ce dilemme en trouvant un modèle économique « hybride » satisfaisant. D'autres expriment la même idée en parlant de double ou triple résultat, c'est-à-dire en évaluant le succès d'une entreprise à l'aune non seulement de son résultat comptable, mais aussi de sa performance sociale et environnementale. L'idée d'un modèle économique « hybride » repose sur l'existence d'investisseurs soucieux de donner une « valeur sociale » à leur argent.

Emmanuel fut déçu de m'entendre dire que je ne croyais pas en un modèle économique « hybride » ou en un double, triple et même quadruple résultat. Les entreprises qui adoptent ces modèles font souvent un effort désespéré pour apaiser l'angoisse et la culpabilité de dirigeants que la mise à l'écart des préoccupations sociales met sincèrement mal à l'aise. D'autres promeuvent le modèle « hybride » ou le triple résultat comme une façon de recouvrir des projets rentables d'un vernis susceptible de plaire au public.

En fin de compte, le destin des gestionnaires d'entreprise ne dépend que de la réponse apportée à une seule question : combien d'argent nous avez-vous fait gagner ? Si vous apportez une réponse satisfaisante à cette question, vous serez autorisé à faire votre numéro à propos du deuxième, troisième ou quatrième résultat. Et lorsqu'ils se réuniront, les actionnaires seront enchantés d'applaudir cette performance à condition que votre résultat comptable vous ait préalablement valu une ovation.

La longue quête d'un nouveau modèle économique avait toutefois préparé Emmanuel à trouver une solution heureuse au défi consistant à allouer des fonds à Grameen Danone sans s'aliéner les actionnaires de la société. La solution a consisté à créer un fonds de placement doté d'une mission particulière et à donner aux actionnaires de Danone le choix de le rejoindre s'ils le désiraient, en leur indiquant exactement ce qu'ils pouvaient en espérer.

Emmanuel créa ce fonds de placement sous forme de SICAV[1] : la SICAV « Danone Communities ». 90 % de ses actifs seront placés en instruments du marché monétaire dégageant un rendement prévisible. Les 10 % restants seront investis dans des activités à caractère social qui ne produiront aucune rémunération. Ensemble, ces deux parties pourront fournir aux investisseurs un rendement proche de celui du marché,

---

1. Société d'investissement à capital variable *(N.d.T.)*.

tout en apportant un soutien aux opérations à vocation sociale destinées aux populations dans le besoin.

Emmanuel devait faire accepter cette idée par les autorités françaises de régulation ainsi que par les responsables de la place boursière française. En raison de la nouveauté de ce concept, nous n'étions pas certains de pouvoir écarter toutes ces difficultés. Mais le 14 décembre 2006, Emmanuel m'envoya le courrier électronique suivant :

Cher Yunus,

Après deux semaines de discussions intenses, j'ai reçu des informations non officielles de la direction de l'autorité régulatrice de la Bourse de Paris. Notre « Fonds social de développement » satisfait aux conditions lui permettant d'être considéré sur le marché français comme un fonds d'investissement « classique ».

L'objectif social sera présenté clairement aux investisseurs, et la rentabilité pour les détenteurs de parts sera « seulement » de 2 ou 3 %, avec des risques de baisse ou un potentiel de hausse très limités. 97 ou 98 % des profits seront ainsi réinvestis (pratiquement 99 % pour Grameen Danone). Les gens investiront car ils désireront être associés aux projets sociaux soutenus par ce fonds, projets sur lesquels nous sommes en train de travailler.

Les actionnaires de Danone se verront proposer un « dividende social » : ils pourront acquérir des parts du fonds au lieu de toucher un dividende versé par Danone.

Ce fonds sera entièrement ouvert au public et sera mis sur le marché par l'une des principales banques de détail françaises. Les gens pourront acheter et vendre des parts librement chaque jour.

Si nous obtenons d'ici quelques mois l'autorisation de la SEC, nous aurons réussi à faire entrer le social-business *sur une bourse « classique ».*

J'espère vous voir dimanche prochain.

Bien à vous,

Em

Tel que l'a développé Emmanuel Faber, le fonds « Danone Communities » m'inspire beaucoup d'enthousiasme. Il se rapproche énormément du concept de social-business que je définis dans ce livre. Il l'aurait parfaitement traduit s'il n'avait fourni aucune rémunération au lieu des modestes 2 ou 3 % prévus par Emmanuel. Quoi qu'il en soit, ce fonds constitue un moyen innovant pour faire financer par le marché boursier existant des social-business – ce qui représente un grand pas vers la création dans le futur de fonds de placement sociaux.

À l'heure où j'écris ces mots (à la mi-2007), les principaux obstacles légaux ainsi que ceux liés à la régulation des marchés ont été surmontés. Le nouveau fonds de placement a été officiellement approuvé par les actionnaires de Danone lors de l'Assemblée générale annuelle du 26 avril 2007. Garanti et géré par le Crédit Agricole, le fonds « Danone Communities » drainera les placements de plusieurs types d'investisseurs : les actionnaires de Danone, qui sont déjà des *supporters* enthousiastes du concept ; les investisseurs institutionnels (banques, fonds de pension, compagnies d'assurance) ; et les investisseurs individuels français.

L'objectif initial du fonds est de lever 100 millions d'euros (135 millions de dollars), dont 20 millions d'euros en provenance du Groupe Danone. Les actionnaires de Danone auront la possibilité de renoncer à leurs dividendes annuels et d'investir cette somme dans le fonds. Et plus de 30 % des employés de Danone ont déjà choisi d'investir dans le fonds une partie de leur intéressement au résultat.

Les profits tirés du fonds seront consacrés à l'accroissement de l'aide apportée par Grameen Danone dans tout le Bangladesh, à d'autres opérations sociales menées par Danone dans les pays en développement, et à des social-business lancés par des entrepreneurs indépendants à travers le monde. Lors des jours qui suivirent l'annonce du lancement du fonds, Emmanuel Faber fut contacté par plusieurs de ces entrepreneurs impatients de savoir comment ils pourraient utiliser cette nouvelle source de financement. Le processus d'évaluation des entreprises et de sélection des bénéficiaires d'un financement accordé par le fonds a déjà commencé.

C'est ainsi qu'a été mis en place sans grand bruit l'un des éléments constitutifs d'une économie nouvelle dans laquelle le social-business tiendrait une juste place aux côtés d'entreprises poursuivant un objectif de maximisation du profit. L'accueil positif qu'a immédiatement rencontré le fonds renforce ma conviction que le social-business est une idée dont le temps est venu – un concept libérant la créativité de millions d'individus dans le monde qui, depuis longtemps, brûlaient de mettre leurs talents au service des problèmes les plus pressants de notre planète, mais qui ne disposaient pas d'une reconnaissance institutionnelle leur permettant de le faire.

De nouveaux instruments d'évaluation

La création du fonds « Danone Communities » n'est qu'un avant-goût de futures innovations à large portée sociale, économique et entrepreneuriale. Tandis que les social-business commencent à fleurir, l'économie de marché va se mettre à évoluer pour répondre au nouveau modèle de comportement humain qu'ils incarnent. Une nouvelle génération d'entrepreneurs, qui ont pour la première fois la possibilité d'exprimer des valeurs humanistes à travers les sociétés qu'ils ont fondées, exigera la mise en place de structures institutionnelles destinées à soutenir ces entreprises d'un type nouveau. S'il n'est pas possible de prévoir ces changements dans le détail, on peut en deviner certains.

Pour commencer, les social-business prendront place aux côtés des entreprises recherchant la maximisation du profit et deviendront un élément essentiel du monde des affaires. Les social-business seront présents sur les mêmes marchés que les entreprises traditionnelles ; ils seront en concurrence non seulement entre eux, mais aussi avec ces dernières. Les consommateurs vont s'habituer à choisir entre les social-business et les entreprises traditionnelles lorsqu'ils chercheront à se procurer des biens et des services. Dans de nombreux cas, leurs choix se baseront sur les critères habituels – prix, qualité, disponibilité, attractivité de la marque, et ainsi de suite. Dans certains cas, ils pourraient choisir l'offre du social-business plutôt que celle des entreprises classiques afin de soutenir la mission sociale qui bénéficiera de leurs achat. L'adhésion à des valeurs sociales pourrait de la sorte devenir un élément habituel dans les décisions d'achat des consommateurs.

Ce phénomène est déjà à l'œuvre dans le monde des affaires. Faire appel à la conscience des consommateurs est un élément de la stratégie marketing de nombreuses entreprises se réclamant d'une gestion socialement responsable. Il en va de la sorte des entreprises de confection qui versent des salaires supérieurs au salaire moyen et proscrivent le recours au travail des enfants : elles rendront publiques leurs pratiques dans l'espoir que les consommateurs concernés par ces problèmes choisissent leurs vêtements plutôt que ceux de leurs concurrents. Les vendeurs d'aliments issus de l'agriculture biologique font la promotion de leurs produits non seulement en vantant leur meilleur apport nutritionnel et leurs bénéfices pour la santé, mais aussi en affirmant que ces méthodes de production sont plus respectueuses de l'environnement comme des animaux et qu'elles fournissent un soutien plus important aux agriculteurs locaux. Cela montre qu'un nombre croissant de consommateurs réagit positivement à de tels arguments.

L'environnement économique existant ne permet toutefois pas à la notion de responsabilité sociale de se développer. Il n'existe en effet aucun système d'évaluation et d'analyse des produits proposés par les entreprises socialement responsables, encore moins de mécanismes permettant aux consommateurs de déposer une réclamation si les produits n'ont pas été fabriqués dans les conditions présentées par les entreprises. Comment un consommateur peut-il être certain que le fabricant de vêtements n'exploite pas des travailleurs dans une usine au fin fond de l'Équateur, du Kenya ou du Bangladesh ? Comment être sûr que le poulet ou le bœuf acheté dans un magasin d'alimentation ont été produits avec des méthodes acceptables sur le plan humain et environnemental ? Les normes dans ces domaines sont généralement vagues et difficiles à appliquer. Les consommateurs doivent juger en s'appuyant sur les déclarations de l'entreprise, la publicité et les campagnes promotionnelles, les enquêtes des groupes de consommateurs et les articles de presse – toutes ces sources ayant une crédibilité incertaine.

L'existence de social-business devrait se traduire par une attention accrue portée aux revendications des consommateurs, puisque consommateurs et investisseurs seront directement impliqués dans l'activité de l'entreprise. Comme les investisseurs renoncent à toute forme de rémunération, ils voudront avoir l'assurance que les objectifs sociaux de la société seront bien atteints. De la même manière, les individus qui auront choisi de devenir les clients de l'entreprise parce qu'elle affirme réduire la pauvreté, nettoyer l'environnement ou apporter d'autres bénéfices sociaux, demanderont des preuves plus solides que de simples déclarations.

Tôt ou tard, des entreprises de certification et d'audit devront être créées pour contrôler les bénéfices sociaux mis en avant par les social-business. (Ces entreprises de certification et ces cabinets d'audit pourraient être eux-mêmes des social-business.) La certification devra être mise en œuvre à deux niveaux : financier (afin de certifier que la société se conforme aux normes financières mises en place par la communauté des social-business) et social (pour certifier l'exactitude des rapports de la société concernant les progrès de ses objectifs sociaux et s'assurer qu'elle se conforme aux normes sociales). Les social-business accrédités pourront arborer un logo ou un sceau montrant qu'ils disposent d'une certification : ils profiteront ainsi du prestige de l'organisme de certification. Des agences de notation spécialisées pourraient être créées pour évaluer certains aspects des entreprises à vocation sociale : l'adhésion à des normes de travail, l'utilisation d'énergies renouvelables, la préférence accordée aux fournisseurs locaux.

Il est essentiel que les social-business soient bien gérées, qu'ils disposent d'objectifs clairs et concrets aux progrès mesurables, et qu'ils puissent être contrôlés en permanence. Avec le temps apparaîtront des procédures standardisées ainsi que des terminologies et des pratiques comptables adaptées aux social-business.

La création d'une instance mondiale de régulation et d'information pour les social-business peut sembler très éloignée, voire irréaliste. Mais nous avons la chance de disposer d'un bon point de départ. L'essentiel du travail de préparation a été accompli pour répondre à d'autres types de besoins comme ceux liés à la surveillance environnementale. Il a été réalisé par un programme des Nations unies pour l'environnement, l'« United Nations Environment Program » (UNEP), ainsi que par la Coalition pour les économies responsables sur le plan environnemental, la « Coalition for Environmentally Responsible Economies » (CERES), plus connue sous le nom de « Global Reporting Initiative » (GRI). Le GRI est un système reconnu et largement répandu d'évaluation du comportement des entreprises en matière sociale et environnementale. Il peut être considéré comme une première version des systèmes d'évaluation dont devraient disposer les social-business.

Le cahier des charges du GRI a été officiellement présenté lors du Sommet mondial du développement durable qui s'est tenu à Johannesburg en 2002. Le GRI a été conçu par le CERES, qui représente des groupes et des fonds d'investissement socialement responsables. On compte un peu plus de deux cents fonds ayant à leur actif un total de 179 milliards de dollars. Beaucoup de ces fonds ont développé en interne des systèmes d'évaluation des pratiques des entreprises. Pour économiser du temps et de l'énergie, ils ont cherché à se doter de protocoles communs. Le GRI est le produit de cette initiative. Aujourd'hui, plus de 3 000 entreprises publient régulièrement des rapports relatifs à leur responsabilité sociale et environnementale. Plus de 700 utilisent les protocoles développés par le GRI.

D'autres efforts ont été entrepris pour créer des systèmes de mesure et de contrôle des performances sociales des entreprises cherchant à maximiser le profit. La société *Asset 4* a créé un ensemble de plus de 250 indicateurs « extra-financiers » qu'elle utilise pour suivre près de 1 500 entreprises à la demande d'investisseurs institutionnels. Pour chacune des entreprises qu'elle contrôle, *Asset 4* réalise une notation économique, une notation environnementale, une notation sociale et une notation de gouvernance (cette dernière évalue le processus de prise de décision pour déterminer s'il permet d'assurer la conduite responsable de l'entreprise).

En avril 2007, le magazine *Fast Company* a dévoilé sa première notation HIP (impact humain + profit). Il s'agit d'une notation des entreprises fondée sur leurs performances sociales, environnementales et financières. *Asset 4* comme *HIP* sont destinés à être utilisés par des investisseurs à la recherche d'entreprises associant maximisation du profit et responsabilité sociale.

Nous pouvons nous inspirer de ces méthodes pour créer des systèmes objectifs et standardisés permettant de mesurer l'impact social des social-business. Il nous faudra cependant mettre en place des systèmes nouveaux. La mesure du bénéfice social produit par une entreprise traditionnelle doit être cohérente avec son objectif de maximisation du profit. Dans le cas d'un social-business, l'objectif social est premier ; la recherche du profit sert simplement de guide pour une gestion prudente de l'entreprise. La méthode retenue pour mesurer l'impact social d'un social-business doit être cohérente avec l'objectif de l'entreprise.

Les questions de fiscalité et de régulation

À mesure que les social-business se multiplieront, ils réclameront vraisemblablement des avantages fiscaux pour faciliter leur travail et toucher un plus grand nombre de personnes. De prime abord, ces demandes paraîtront légitimes. Si un social-business fournit aux pauvres des soins médicaux à bas prix, pourquoi ne serait-il pas imposé comme une organisation à but non lucratif ayant les mêmes objectifs ? L'argent qui ne sera pas versé sous forme d'impôts pourra être consacré à la fourniture aux pauvres de services médicaux supplémentaires. La charge que la pauvreté fait peser sur l'ensemble des contribuables en sera diminuée d'autant.

Pour éviter le désordre et la polémique, les gouvernements devront déterminer les critères permettant aux social-business de bénéficier d'avantages fiscaux. Grâce à une politique fiscale appropriée, les gouvernements peuvent encourager les individus, les entreprises et les institutions à créer des social-business et à apporter des innovations à ce secteur.

Si le gouvernement a la conviction que les social-business remplissent un rôle habituellement joué par l'État, des allégements d'impôts auront alors un sens économique. La mise en œuvre d'un traitement fiscal favorable ferait figure de récompense accordée aux social-business qui contribuent à alléger le fardeau pesant sur les contribuables. Dans ces conditions, l'investissement dans un social-business pourrait être considéré comme un don à une œuvre de charité ou à une fondation ; il ne serait alors pas soumis à l'impôt sur le revenu. Là encore, cela encouragerait la création de social-business ainsi que leur soutien.

Certains diront qu'il est injuste de demander à des entreprises traditionnelles soumises à l'impôt d'entrer en concurrence avec des social-business dispensés du paiement de l'impôt. Cet argument serait fondé s'il était impossible de transformer une entreprise d'un certain type en entreprise d'un autre type. Dans mon approche, ce n'est pas le cas. Une entreprise traditionnelle désireuse de se rapprocher d'un social-business – notamment en renonçant à verser des dividendes aux actionnaires et en se consacrant à un objectif social – pourrait aisément se transformer en social-business. Cela répond au reproche de concurrence injuste : si vous ne pouvez pas battre un social-business, devenez-en un !

Dans tous les cas, la création de social-business ne dépend pas de l'existence d'avantages fiscaux. Les gens créeront des social-business pour répondre à leur désir de créer un monde meilleur. Une politique fiscale favorable leur facilitera simplement la tâche et encouragera les investissements. Mais mettre en place une politique fiscale pour les social-business présente un autre avantage important. La législation fiscale créera une régulation pour les social-business. Lors de son élaboration, il faudra définir clairement des concepts clés : qu'est-ce qu'un social-business ? Quelles sont les activités qui ne peuvent être considérées comme sociales ? Que doit faire une entreprise cherchant à maximiser le profit pour devenir une entreprise à vocation sociale ? Quelles sont les caractéristiques organisationnelles et financières distinguant une organisation à but non lucratif d'un social-business ? Et ainsi de suite.

Disposer d'un ensemble de définitions gouvernementales relatives au social-business permettrait d'éviter la création par des hommes d'affaires peu scrupuleux de faux social-business destinés à duper les investisseurs et les consommateurs.

Des gens malhonnêtes pourraient tromper les investisseurs en prétendant produire des avantages sociaux dépourvus d'existence réelle. Une entreprise qui ne fait rien pour l'environnement peut se doter d'une image de champion de l'écologie au moyen d'une campagne médiatique intelligente et trompeuse ; les investisseurs seront ainsi induits en erreur. Créer des institutions et des méthodes permettant de fournir une évaluation crédible de l'impact des social-business contribuera largement au succès de ce concept. Le rôle des agences indépendantes sera très important. Diffuser les résultats des études d'impact grâce à Internet contribuera à lutter contre les déclarations mensongères.

Le mouvement du social-business devra aussi lutter contre le problème de « mauvaise livraison » : les produits et les services destinés à aider les personnes situées au bas de l'échelle économique et sociale ne les atteignent pas, mais ils bénéficient à la classe moyenne ou supérieure. En ce cas, les avantages produits par les sacrifices des investisseurs ne vont pas là où ils devraient aller. Les yaourts Grameen Danone sont ainsi conçus pour lutter contre la malnutrition des enfants dans les villages du Bangladesh. Supposons que la corruption ou, plus simplement, une défaillance du système de distribution conduise ces yaourts sur les tables des riches. La vocation sociale de Grameen Danone serait détruite.

Nous avons dû faire face à ce problème lors de la conception des programmes de microcrédit de Grameen. Ces programmes étaient principalement destinés aux femmes les plus pauvres du Bangladesh. Nous avons immergé nos commerciaux et leurs supérieurs dans les communautés locales afin de nous assurer que nos services seraient développés dans ce contexte particulier.

Il est arrivé qu'une femme riche tente de se joindre à un groupe de la Grameen Bank et d'obtenir un prêt destiné à une femme pauvre. Nos employés sont préparés à répondre à ce genre de problème. Comme nous venons toujours discuter avec l'emprunteur potentiel chez lui, nous visitons la maison de cette femme et lui disons qu'elle a beaucoup de chance, plus de chance que bien d'autres femmes du village. En général, elle en convient rapidement.

Nous lui demandons alors de nous aider à identifier les femmes du voisinage qui se trouvent réellement dans une situation d'indigence. Dans la majorité des cas, elle prend cette tâche très au sérieux et nous mène jusqu'aux femmes les plus misérables. Elle ne nous en veut finalement pas de ne pas lui accorder de prêt : elle est plutôt heureuse d'avoir aidé sa voisine pauvre à devenir membre de la Grameen Bank. Son estime de soi et son statut dans la communauté sont améliorés par le rôle positif de conseiller qu'elle joue désormais.

La Grameen Bank a également une politique de tarification diversifiée pour s'assurer que les bénéfices économiques vont à ceux qui en ont le plus besoin. Nous facturons un taux d'intérêt de 20 % à nos emprunteurs habituels. C'est un taux d'intérêt non bonifié. Nous avons récemment commencé à accorder des prêts à un autre type de clients : les mendiants. Les prêts qui leur sont attribués sont à taux zéro – autrement dit, ils sont subventionnés à 100 %. Préserver la séparation entre ces deux marchés ne nous pose pas plus de problème que de nous maintenir à l'écart du marché traditionnel du crédit.

Chaque pays connaît des conditions sociales uniques. Les méthodes d'évaluation des besoins économiques des individus doivent être adaptées aux conditions locales. Si je développais un programme de microcrédit dans un pays comme les États-Unis, je demanderais aux emprunteurs potentiels de me fournir une copie de leur feuille d'imposition sur le revenu de l'année précédente afin de vérifier leur éligibilité aux prêts subventionnés : ainsi procèdent les familles demandant un prêt étudiant à faible taux d'intérêt ou un prêt immobilier. Dans d'autres pays, des méthodes différentes devront être mises en place.

Lorsque l'on conçoit des social-business, il est important de maintenir la séparation entre les différents marchés. Cela peut être obtenu grâce à des variations dans la présentation ou à une politique tarifaire : un même produit peut revêtir des formes différentes selon les clients auxquels il est destiné. La plupart des membres des classes moyenne et supérieure seront gênés d'acheter des produits manifestement présentés et conçus pour les pauvres : ils accapareront des biens destinés aux plus déshérités et auront par ailleurs le sentiment de déchoir.

Dans d'autres cas, les marchés peuvent être segmentés par leur localisation géographique et les méthodes de vente. Lors de la préparation de l'opération Grameen Danone, nous avons décidé de construire notre première usine dans une région rurale éloignée afin que Shokti Doi touche prioritairement les pauvres. Les emprunteurs locaux de la Grameen – des femmes pauvres – vendent notre produit à leurs amis et à leurs voisins. Le moment venu, nous lancerons une nouvelle version de Shokti Doi qui sera destinée aux riches consommateurs des villes et sera vendue à un prix beaucoup plus élevé. Mais, pour l'instant, l'emplacement géographique et la méthode de vente de Grameen Danone assurent que les bénéfices de la production profitent aux personnes que nous ciblons.

La segmentation du marché sera un impératif pour les social-business. Ce sera leur force et leur faiblesse. C'est pourquoi nous devons employer des méthodes de commercialisation innovantes pour atteindre notre objectif social tout en assurant notre succès économique.

Social-business et transformation du monde

Avec le temps, davantage d'institutions viendront appuyer les social-business. Elles disposeront de systèmes de financement spécifiques et de fonds sociaux de développement dont le fonds Danone Communities n'est qu'une illustration. D'autres possibilités existent : la création de nouvelles banques de dépôts spécialisées dans le financement des entreprises à vocation sociale, l'émergence de fonds de capital risque sociaux, l'organisation d'un marché secondaire pour les investissements à vocation sociale. Les investisseurs devront avoir la possibilité d'acheter et de vendre les actions d'une entreprise à vocation sociale comme ils le font actuellement des actions d'entreprises maximisant le profit. Ces mécanismes se mettront progressivement en place.

Nous aurons également besoin d'un marché boursier social où seront réalisées les transactions sur les actions de social-business. À nouveau, il sera nécessaire de définir clairement ce qu'est un social-business pour identifier les entreprises susceptibles de participer à ce marché boursier. Les investisseurs devront être certains que les entreprises cotées sur le marché boursier social seront d'authentiques social-business.

En grandissant, le marché boursier social attirera des milliers de sociétés poursuivant des objectifs sociaux. Des millions de personnes intéressées par l'avenir de notre espèce consacreront leur temps et leur énergie à analyser, suivre et participer à ce marché. Le cours des actions sur le marché boursier social reflétera l'opinion des investisseurs sociaux sur la valeur à long terme de la société. Cette valeur ne s'exprimera pas en termes d'espérance de profit, mais plutôt en bénéfices sociaux produits.

Il est aisé de comprendre que ce marché boursier social donnera une visibilité et une prééminence nouvelles aux objectifs humains, environnementaux et économiques ainsi qu'aux organisations qui s'y consacrent. Chaque jour, le *Social Wall Street Journal* donnera les dernières nouvelles des progrès et des revers des social-business. Nous pourrons lire des histoires comme celles-ci :

DHAKA, BANGLADESH : le président de la société *Système sanitaire pour tous*, un social-business fournissant dans les zones urbaines d'Asie du Sud des services sanitaires ainsi que des services de traitement des eaux et des déchets respectueux de l'environnement, a publié les résultats de sa nouvelle étude. Celle-ci montre que les taux de maladies infectieuses ont baissé de 30 % dans les villes pour lesquelles travaille la société. En conséquence, les actions de la société sont passées de 12 à 14,50 sur le marché boursier social de Londres...

Ou bien :

NEW YORK : lors de la réunion annuelle des actionnaires de *La Santé pour tous,* un social-business qui propose des assurances maladie abordables aux personnes pauvres des États-Unis, un nouveau conseil d'administration a été élu par des investisseurs mécontents. « Au cours des dernières années, la couverture des plus pauvres par une assurance maladie a quelque peu progressé, nous a déclaré le porte-parole de l'un des principaux investisseurs. Mais nous pensons pouvoir faire mieux dans l'année à venir. La nouvelle direction que nous avons désignée aujourd'hui nous aidera à atteindre cet objectif... »

Ou encore :

TOKYO, JAPON : les dirigeants de deux des plus importants social-business du monde, *Fournisseur mondial d'eau* (basé à Tokyo) et *Industries pour l'irrigation agricole* (dont le siège se trouve à Séoul, en Corée), ont annoncé aujourd'hui leur intention de fusionner leurs entreprises. Selon les observateurs, cette fusion permettra d'obtenir une plus grande efficacité et aidera les deux sociétés à poursuivre leur mission : fournir de l'eau pure à bas prix aux familles pauvres et aux agriculteurs de soixante pays en développement. Les investisseurs semblent partager cette opinion : les cours des actions des deux sociétés ont progressé de plus de 30 % sur le marché boursier social de Tokyo après cette annonce...

Il y aura un indice Dow Jones social qui reflétera la valeur des actions de quelques-uns des plus importants social-business du monde. La valeur de cet indice augmentera et baissera au rythme des nouvelles venant du monde du développement social. Quand la pauvreté, la maladie, le nombre de sans-abri, la pollution et la violence seront en déclin, la popularité et la valeur des social-business se consacrant à ces causes augmenteront – ainsi que la valeur du Dow Jones social. Les investisseurs intelligents suivront à la fois le Dow Jones classique et le Dow Jones social ; un bon jour sera un jour qui aura vu progresser ces deux indices. Cela signifiera que notre monde sera devenu plus riche en termes économiques comme en termes humains.

Des magazines consacrés aux social-business apparaîtront, de même que des programmes télévisés ayant pour vedettes des experts des investissements sociaux. Les gestionnaires des fonds sociaux de développement se feront concurrence pour repérer les entreprises les plus innovantes en matière de promotion du progrès social. Les meilleures auront les honneurs de publications qui pourraient s'appeler « *Social Business Week* » ou « *Social Fortune* ».

Les dirigeants des grandes entreprises traditionnelles comme General Electric, Microsoft et Toyota continueront à être célébrés par la presse des affaires classique. Mais leurs homologues du monde du social-business seront tout aussi connus. Les présidents des organisations qui luttent contre la faim, nettoient l'air que nous respirons, ou fournissent des vaccins aux enfants pauvres, feront figure de héros pour des millions de personnes, d'étudiants et de futurs gestionnaires. Leurs stratégies d'entreprise seront étudiées, et leurs succès feront l'objet de livres. Ils recevront des récompenses et des prix prestigieux, au plan national comme à l'échelle internationale.

Les principes de gestion des entreprises à vocation sociale feront partie du programme des écoles de commerce. Les étudiants d'un MBA [1] social recevront des enseignements similaires à ceux dispensés dans un MBA classique – finance, gestion, marketing, développement des ressources humaines, etc. –, mais la perspective de ces enseignements sera totalement différente. Ils bénéficieront par ailleurs de cours spécifiques au cas des social-business : « L'économie de la pauvreté », « Maximiser les bénéfices sociaux pour les pauvres », « Les questions importantes dans la conception de social-business », ou encore « Apporter des solutions aux problèmes sociaux en utilisant le fonctionnement du marché ». Les diplômés de ces programmes seront très demandés – par les social-business, bien sûr, mais aussi par les entreprises traditionnelles, les organisations à but non lucratif et les agences gouvernementales : ils allieront l'esprit d'analyse et les compétences quantitatives à une compréhension profonde des êtres humains et de leurs besoins.

Plus que de l'imagination

Certains pensent peut-être que l'idée de social-business est purement fantaisiste et que ces entreprises n'existeront jamais que dans notre imagination. Mais pourquoi ? Qui a dit que les gens n'étaient motivés que par l'argent et que le désir d'accomplir de grandes choses pour le monde ne peut pas constituer un puissant moteur ?

Les individus peuvent être motivés par toutes sortes d'objectifs et d'activités. Il y a sur la planète des millions de jeunes gens totalement absorbés par les jeux

---

[1]. Master of Business Administration *(N.d.T.)*.

vidéo, la musique hip-hop, le football, le snow board et Internet. Ils consacrent des heures à ces activités, gagnent en habileté, et en parlent avec leurs amis comme avec des étrangers. Si cela pouvait leur permettre de gagner leur vie, ils seraient pleinement heureux. Ils aiment ces activités que d'autres jugent banales et stupides, car ils y voient un défi : elles exigent de la créativité et de l'esprit de compétition.

Je suis persuadé que beaucoup de gens, en particulier des jeunes, seront très attirés par le social-business et le potentiel de transformation du monde qu'il recèle. Ne manquent que la structure économique et sociale adéquate, l'enseignement des qualifications nécessaires et un encouragement à la participation. J'espère que tous ces éléments seront bientôt mis en place.

L'existence des social-business offrira des choix de carrière et de vie différents à ceux qui aspirent à une existence dont le sens ne se limite pas à la quête du profit. Les motivations non financières seront reconnues comme l'un des moteurs essentiels du comportement humain. Le bien que l'on peut faire à autrui sortira enfin du ghetto de la charité.

Le monde des social-business permettra aux pauvres eux-mêmes d'exprimer leurs talents d'entrepreneurs et de faire vivre leur communauté dans l'abondance.

9.
Technologies de l'information, mondialisation et transformation du monde

Nous sommes témoins de la révolution des nouvelles technologies de l'information (NTI) que connaît le monde. Les entreprises, les gouvernements, l'éducation et les médias ont été transformés par Internet, la téléphonie mobile, l'accès à des moyens informatiques puissants et néanmoins peu onéreux, la télévision par câble et par satellite, ainsi que par d'autres éléments des NTI. Ce que nous n'avons pas encore bien compris est l'énormité de la contribution potentielle des NTI aux changements des conditions d'existence des pauvres.

Ce n'est pas l'immense PIB supplémentaire qui caractérise la nouvelle société créée par la révolution des NTI, ni les richesses que certains ont accumulées grâce à ces technologies. L'originalité de la contribution des NTI vient d'un élément fondamental : elles créent de nouvelles relations entre les gens. Cette transformation aura un impact profond sur la vie des pauvres, en particulier sur celle des femmes et des enfants pauvres.

Comment les NTI affecteront-elles les économies les plus pauvres de la planète ? Il y a deux possibilités. La première possibilité est que les forces économiques libérées par les NTI accentueront la marginalisation des économies petites, faibles et pauvres. Dans ce scénario, les NTI précipiteront l'avènement d'une mondialisation incontrôlée. Les sociétés de taille mondiale dicteront leurs conditions aux économies les plus fragiles, qui n'auront d'autre choix que de se soumettre. Leur rôle dans une économie modelée par les NTI consistera uniquement à fournir des services secondaires et bon marché ainsi que des produits faiblement différenciés. La part du lion reviendra aux pays du Nord : une meilleure éducation, davantage de richesses, plus de puissance.

Il existe une autre possibilité qui se trouve à l'opposé de ce scénario pessimiste. Il est possible que les NTI se déploient rapidement dans les économies assoupies des pays du Sud. Si leurs dirigeants font preuve de sagesse et si leurs habitants se montrent passionnés et énergiques, ils pourront transformer les NTI en baguette magique. La suppression des distances et des délais offerte par les NTI peut être utilisée pour lever de nombreuses barrières empêchant les pays en développement de participer pleinement à l'économie mondiale. Les NTI mettent tout le monde sur la même ligne de départ : grâce à elles, les individus et les entreprises du Bangladesh ou de Bolivie peuvent entrer en concurrence avec leurs homologues des États-Unis ou d'Europe.

Je crois en ce second scénario, à condition que nous ayons la volonté de le réaliser.

Il y a des sceptiques selon lesquels les économies pauvres sont incapables d'appuyer leur croissance sur les NTI. Dans ce chapitre, je montrerai comment les NTI peuvent permettre aux économies pauvres de sortir des schémas anciens du développement économique et de s'intégrer rapidement à l'économie mondiale. Je présenterai également quelques actions concrètes que peuvent entreprendre les pays riches comme les pays pauvres afin de faire en sorte que les bénéfices des NTI profitent à tous, même aux plus déshérités.

La mondialisation est une autre tendance à l'œuvre dans le monde contemporain. Tout comme les NTI, elle peut soit apporter des changements positifs aux pauvres, soit contribuer à les marginaliser et à les exploiter.

Le libre marché est un facteur essentiel de la croissance économique. Le libre-échange peut potentiellement profiter aux pauvres. Mais si nous voulons atteindre cet objectif, nous aurons besoin de mettre en œuvre une réglementation mondiale bien conçue. En l'absence de règles, les entreprises et les pays les plus riches et les plus puissants domineront les pauvres et les faibles. La mondialisation peut être gérée de manière à ce que les sociétés et les individus les moins développés puissent trouver leur place et, avec le temps, rattraper leurs voisins plus puissants.

Si ces deux mouvements – la révolution des NTI et l'intensification de la mondialisation – sont orientés de façon constructive, ils produiront une révolution sociale. Ce sera une explosion sans précédent de la liberté personnelle et de la liberté économique, et les êtres humains du monde entier en bénéficieront.

Deux groupes peuvent jouer un rôle important dans cette révolution et en être les principaux bénéficiaires : ce sont les femmes et les enfants. Leur créativité pourra enfin s'exprimer. Ces deux groupes sont en mesure de conduire le monde à une nouvelle ère de croissance et de prospérité. La mission des dirigeants actuels est de faire en sorte que cela puisse se produire.

Le pouvoir des NTI pour aider les pauvres

Dans plusieurs régions, les NTI peuvent jouer un rôle important pour contribuer à l'élimination de la pauvreté. Certaines de leurs particularités pourront se révéler utiles aux pauvres :

— les NTI peuvent faire participer les pauvres à la mondialisation en les autorisant à étendre leurs marchés grâce au commerce électronique. Les pauvres sont traditionnellement victimes des intermédiaires qui contrôlent les accès aux marchés, dictent le comportement des entreprises et accaparent les profits. Correctement utilisées, les NTI permettront d'éliminer le recours aux intermédiaires qui n'offrent pas une réelle valeur ajoutée. Les personnes les plus pauvres du monde pourront travailler directement avec les consommateurs des pays développés et bénéficier d'opportunités internationales d'emploi grâce à la sous-traitance réalisée par voie électronique ;

— les NTI peuvent permettre le développement du travail indépendant parmi les pauvres. Ils ne compteront plus seulement sur les employeurs privés ou sur les programmes d'emploi du gouvernement : ils pourront libérer leur créativité, leur énergie et leur productivité. Armé d'un téléphone portable et d'une connexion à Internet, un villageois bangladais peut créer une entreprise dont les clients se trouvent à Dhaka ou à Mumbai, Londres ou New York. Il ne sera plus tributaire des vicissitudes de l'économie locale ;

— les NTI peuvent apporter aux pauvres l'éducation, le savoir ainsi que des éléments de formation, ce d'une façon agréable. L'avancement économique des pays en développement bute sur l'extrême difficulté d'amener des enseignants, des consultants ou d'autres experts dans des villages reculés séparés des villes importantes par des montagnes, des rivières, des jungles, des déserts ou des centaines de kilomètres de routes en mauvais état. Cela représente aussi un coût élevé. Internet élimine ces barrières. Le producteur de lait qui se trouve dans une région reculée du Bangladesh ou du Pérou peut consulter un expert agricole de Pékin ou de Chicago au sujet des dernières techniques permettant d'améliorer la santé de son troupeau et de faire progresser ses rendements.

L'aspect le plus séduisant des NTI est qu'elles ne peuvent pas être contrôlées par un propriétaire unique ou par les autorités. C'est un instrument puissant qui met toute la connaissance du monde à la portée de chacun. Quand les NTI sont introduites dans une économie pauvre, elles créent des choix plus larges et des relations nouvelles. La relation à sens unique qui existe traditionnellement entre riches et pauvres est remplacée par un réseau mondial de relations multidimensionnelles dans lesquelles les pauvres sont placés sur un pied d'égalité.

Beaucoup de gens dans le monde développé croient que les NTI ne permettent pas de traiter les problèmes des pauvres. Les NTI seraient trop compliquées, trop chères et trop peu pratiques pour eux.

Ce raisonnement semble théoriquement réaliste et raisonnable. J'ai cependant constaté de quelle manière la technologie pouvait transformer la vie de personnes très pauvres – ce qui va à l'encontre de la théorie.

Lorsque nous avons lancé Grameen Phone en 1996, les sceptiques se moquaient de nous : « Vous êtes fous de penser vendre des téléphones portables aux villageoises pauvres et analphabètes du Bangladesh. Aucune d'elles n'a jamais vu un téléphone classique de sa vie ! Elles ne peuvent pas s'offrir un téléphone, elles ne savent pas composer un numéro – et, de toute manière, qui appelleraient-elles ? Cette idée est complètement aberrante ! Vous devriez en rester là et laisser la haute technologie aux grandes entreprises et aux ingénieurs. »

Mais les « dames téléphone » sont devenues un élément essentiel de la transformation sociale, économique et technologique du Bangladesh. Elles ont aidé à relier les gens entre eux et ont généré des gains pour elles comme pour leurs familles. Leurs téléphones fournissent également des services d'accès à Internet. Elles sont en train de se transformer en « dames Internet ». Elles seront les premières à introduire la technologie digitale dans les villages éloignés et jadis isolés du Bangladesh. Elles aideront leurs voisins à résoudre leurs problèmes et découvriront des opportunités autrefois réservées aux gens instruits et aux riches. Grâce à Internet, les villageois auront accès à l'information, aux services et aux réseaux économiques du monde.

Pour ceux qui doutent de la capacité de femmes pauvres et analphabètes à jouer un tel rôle : je me souviens d'avoir demandé au premier groupe de « dames téléphone » si elles avaient des difficultés à composer les numéros de téléphone.

Elles m'ont répondu qu'elles n'avaient aucun problème. L'une d'entre elles s'est levée et m'a dit : « Cachez-moi les yeux et donnez-moi un numéro de téléphone à composer ! Si je n'arrive pas à le composer correctement dès le premier essai, je rends mon téléphone et j'arrête mon travail. »

J'étais stupéfié par leur confiance en leur nouvelle qualification. Mais c'est ce qui se produit quand vous donnez aux pauvres la possibilité de montrer ce qu'ils savent faire : ils saisissent presque toujours l'opportunité et la font fructifier.

Une autre société Grameen (Grameen Communications) installe déjà des kiosques Internet dans les villages et les fait fonctionner à des fins commerciales. Nous avons été agréablement surpris de constater les réactions des villageois qui ont la possibilité d'utiliser Internet et d'autres services informatiques. De nombreux jeunes gens se sont inscrits pour prendre des cours d'informatique à un prix modique. Dans les villages qui ne sont pas reliés au réseau électrique, les panneaux solaires vendus par Grameen Shakti permettent d'utiliser les téléphones portables et les ordinateurs.

Les gains que le microcrédit et les NTI peuvent apporter aux pauvres, et particulièrement aux femmes pauvres, ne se mesurent pas seulement en dollars. Je suis convaincu que le meilleur moyen de lutter contre la pauvreté est de permettre aux femmes pauvres d'acquérir dignité et indépendance. Le microcrédit et les NTI se conjuguent à cette fin.

Les questions soulevées par les sceptiques ne sont pas complètement déplacées. La capacité des pauvres et des illettrés à acquérir et à utiliser les NTI dépend de l'environnement institutionnel des pauvres et du taux de retour sur investissement qu'ils doivent obtenir. Le microcrédit peut fournir un soutien approprié : en témoigne le succès des milliers de « dames téléphone » qui achètent leur équipement grâce à des prêts de la Grameen Bank et ont transformé ce petit morceau de technologie en entreprise florissante.

Une autre idée fausse consiste à croire que les pays en développement doivent emprunter les mêmes chemins que les pays aujourd'hui développés voilà plusieurs décennies ou plusieurs siècles. Les nouvelles technologies peuvent permettre de sauter des étapes. Les pays en développement d'Asie, d'Afrique ou d'Amérique latine n'ont pas besoin de construire un réseau de lignes téléphoniques comme l'ont fait l'Europe ou l'Amérique du Nord à la fin du XIXe siècle et au début du XXe : ils peuvent passer directement à l'utilisation du téléphone portable. Cela leur permettra d'économiser d'importantes sommes d'argent, des années de développement, ainsi que de précieuses ressources non renouvelables (tel le cuivre utilisé pour fabriquer les fils téléphoniques).

La Chine, l'Inde, le Bangladesh et beaucoup d'autres pays ont fait ce bond. Le téléphone sans fil s'est répandu dans ces pays à la vitesse d'un raz de marée. Le vrai défi consiste à présent à découvrir toutes les manières dont ces téléphones peuvent améliorer la vie de leurs détenteurs.

De la même façon, il ne sera pas nécessaire pour les pays en développement de passer par la phase de l'industrie lourde où l'acier, l'automobile et les machines-outils tenaient le haut du pavé. Ces pays peuvent développer leurs économies autour des technologies de l'information et se spécialiser dans la production de logiciels, l'assistance à l'utilisation des NTI, ou encore la production d'une foule de biens de consommation. Une réflexion nouvelle et exempte de préjugés met en évidence l'existence d'une multitude d'opportunités permettant d'intégrer rapidement les pays en développement à l'économie mondiale.

Une technologie adaptée aux besoins des pauvres

De nombreux débats tournent autour de la fracture numérique – l'écart énorme entre les pauvres et les riches en matière d'accès et de capacité d'utilisation des dernières technologies de l'information et de la communication. Je partage cette inquiétude. Si l'on n'y veille pas, la fracture numérique risque de creuser les écarts existant en matière de connaissances, de qualifications, d'opportunités, de revenu et de pouvoir.

Il n'y a cependant aucune raison de penser que ce clivage est permanent et inéluctable. Beaucoup de choses peuvent être faites pour traiter ce problème.

L'effort doit débuter par une nouvelle approche du développement des produits et des services liés aux technologies de l'information. Les entreprises ne peuvent se contenter de proposer des versions simplifiées et moins onéreuses de leurs produits aux habitants des pays pauvres. Les technologies de l'information destinées aux pays en développement doivent être spécialement conçues à cette fin. Les concepteurs de ces produits et de ces services doivent garder à l'esprit l'image d'une femme pauvre vivant dans un pays pauvre. Quels sont ses problèmes quotidiens ? Comment mon appareil, mon périphérique ou mon service peuvent-ils l'aider à trouver une solution à ses problèmes ? Les réponses à ces questions doivent aider à créer des produits et des services capables de révolutionner le monde des pauvres. La solution peut consister à concevoir une nouvelle puce, un nouveau périphérique, un nouveau lien Internet, un nouveau système d'exploitation, une nouvelle interface – bref, quelque chose de neuf.

Je voudrais voir les entreprises travaillant dans le domaine des technologies de l'information produire un périphérique que les femmes des pays en développement conserveraient en permanence avec elles. Ce pourrait être un nouveau type de périphérique et non un ordinateur portable, un agenda électronique ou un téléphone portable. Ce genre de gadget n'existe encore que dans l'esprit d'un visionnaire.

Quelle que soit sa forme, ce nouveau matériel transformera la vie des femmes pauvres. Il pourra devenir un ami, un philosophe, un guide, un consultant d'entreprise, de santé, d'éducation, de vente, et aussi un formateur. Ce sera son lien avec un monde plus vaste, sa lampe numérique d'Aladin. Elle touchera la lampe ou prononcera la formule magique de son choix, et le génie numérique sortira de la lampe, prêt à l'aider à trouver la solution qu'elle cherche. Avec l'aide de cet ami technologique, elle sortira peu à peu de sa coquille, prendra conscience de ses talents et tirera sa famille de la pauvreté. Ses enfants grandiront à leur tour sous la protection du génie numérique.

De nombreuses personnes et organisations pleines de ressources se sont engagées dans la lutte contre la pauvreté. Nous avons besoin d'elles et de leur influence pour convaincre l'industrie des technologies de l'information de développer l'infrastructure, les produits, les protocoles, les activités, les systèmes et les services adaptés aux besoins des hommes et des femmes pauvres.

Le projet « un portable par enfant » et celui de « PC camarade de classe » développé par Intel constituent des exemples prometteurs. En donnant un ordinateur portable à un enfant, on lui adresse un message puissant : « Découvre le monde par toi-même et crée ton propre monde. » Rien ne doit empêcher les pays en développement de participer à ce programme passionnant. Permettre à tous les enfants, riches et pauvres, garçons et filles, urbains et ruraux, d'avoir accès aux ordinateurs et à Internet pourra aider à pallier les différences de qualité entre les infrastructures et les facilités éducatives dont disposent les riches et les pauvres.

Nous avons besoin de davantage de projets de ce type. Pourquoi les brillants esprits de la Silicon Valley ne mettent-ils pas au point un terminal vocal pour les personnes pauvres et illettrées qui serait utilisable avec peu ou pas de formation ? Ce gadget guiderait lui-même la personne pour lui permettre de découvrir ses possibilités. L'utilisateur de cette machine aurait simplement des conversations avec elle, comme il ou elle le fait avec ses amis. Il est difficile de croire qu'un tel défi soit au-delà de ce que peuvent réaliser des esprits aussi créatifs que ceux qui ont développé l'interface graphique, le Web et l'iPod.

Un autre défi captivant dans le monde des technologies de l'information est le problème de la langue. Les vastes ressources d'Internet sont disponibles en anglais, en chinois et dans une poignée d'autres langues importantes. On estime en réalité que près de 80 % du contenu d'Internet est rédigé en anglais, ce qui exclut automatiquement une énorme partie de la population mondiale.

Dans le monde idéal des technologies de l'information, il n'y aurait qu'une langue : la vôtre. Vous auriez accès à toutes les informations et les idées dans votre langue, quelle qu'elle soit. En tant qu'utilisateur des technologies de l'information, vous n'auriez pas même besoin de connaître l'existence d'autres langues. Quand vous feriez une recherche sur Internet, les résultats apparaîtraient dans votre langue ; quand vous recevriez un coup de téléphone, vous entendriez une voix parlant votre langue : une traduction simultanée serait réalisée automatiquement sans que vous le sachiez. À l'inverse, vous parleriez à votre ordinateur dans votre langue et il traduirait vos propos dans la langue de votre choix.

Est-ce crédible ? Visionnaire ? Impossible ? Pas plus

qu'Internet lui-même, qui aurait été considéré comme une loufoquerie si on avait eu l'audace de le décrire il y a cinquante ans.

Les NTI sont encore dans l'enfance. Nous ne pouvons pas imaginer où elles nous emmèneront dans l'espace d'une ou deux générations. Mais je ne veux pas penser en ces termes : c'est une approche très passive. Nous devons plutôt nous demander : « Où voulons-nous que les technologies de l'information nous emmènent ? » C'est à nous de décider où nous voulons aller et de guider les concepteurs, les designers et les vendeurs de technologies de l'information vers ces objectifs.

L'un des bénéfices potentiels des NTI est le pouvoir de supprimer les terribles problèmes liés à la surpopulation dans le monde en développement – celui par exemple de l'insuffisance des infrastructures. Le commerce électronique peut contribuer à libérer de la place dans les villes. Quand chaque point de la planète est connecté par Internet à tous les autres points, un individu jeune, pauvre et ambitieux vivant dans un village reculé n'aura plus à émigrer vers une grande ville pour trouver un meilleur travail. Il pourra effectuer le même travail – ou lancer sa propre entreprise – à partir de sa maison de village. Les acheteurs de services bénéficieront eux aussi de cette nouvelle interconnectivité. Un patient pourra décider s'il doit consulter un médecin dans sa propre ville, dans une autre ville du Bangladesh, au Japon ou n'importe où dans le monde. Les frontières et les distances ne signifieront presque plus rien ; la connaissance, le talent et les aptitudes feront tout.

L'existence d'une nouvelle interface électronique entre le gouvernement et les citoyens pourra changer la structure de la gouvernance. L'idée de « ville capitale » perdra son sens. Avec les NTI, les bureaux des administrations n'ont plus besoin de se trouver dans une seule ville – ou simplement dans une ville. Ils pourraient être situés dans de petits villages dispersés à travers le pays et apporteraient de la sorte des emplois à des milliers de personnes qui en ont besoin.

La notion de campus universitaire devra elle aussi être redéfinie : ni les étudiants ni les facultés n'auront besoin de se trouver au même endroit. L'étudiant sorti en tête de la promotion 2020 de la Harvard Business School pourrait être une jeune femme qui n'aurait jamais quitté son village d'Éthiopie.

Les NTI peuvent produire des changements spectaculaires dans tous les domaines qui nous intéressent : la santé, la nutrition, l'éducation, le développement des qualifications, le soin des enfants, les transactions financières, la sous-traitance et l'environnement. Le pouvoir des NTI n'est limité que par nos imaginations.

Des actions concrètes doivent être entreprises pour que ces rêves deviennent réalité. Une de ces opportunités est apparue lors de la visite à Dhaka de Craig Barrett, le président d'Intel Corporation, en septembre 2007. Nous avons décidé de créer une *joint venture* à vocation sociale nommée Intel Grameen. Nous travaillons à présent à sa création, qui permettra de répondre à beaucoup de questions inexplorées relatives aux technologies de l'information.

Social-business et révolution des technologies de l'information

La technologie peut être utilisée pour créer une vie meilleure pour tous, pas uniquement pour les riches. Mais, dans une économie libérale, les entreprises cherchant à maximiser le profit déterminent les utilisations des technologies. Les stratèges d'entreprise décident des orientations de la recherche et des fonds investis ; ils choisissent les produits et les services qui sont créés et lancent des campagnes marketing pour convaincre les consommateurs que leurs produits sont adaptés aux besoins de tous.

Quand les NTI sont en cause, il n'est pas acceptable de dire que l'on fait « des affaires comme d'habitude ». Les technologies émergentes joueront un rôle si déterminant dans nos vies futures que nous ne pouvons pas abandonner leur développement aux décisions de conseils d'administration d'entreprises traditionnelles. Le social-business doit jouer un rôle important dans la création de la prochaine génération de technologies de l'information.

Je crois que cet effort reposera sur les individus, en particulier sur ceux qui apprécient les technologies de l'information et ont un pied dans le monde de l'entreprise, de la technologie, des sciences, des arts et de l'université. Il y a dans le monde des milliers de personnes brillantes et idéalistes qui aimeraient consacrer leur temps, leur énergie et leur talent à trouver des moyens d'utiliser les technologies de l'information pour aider les pauvres à échapper à la pauvreté. Les technologies de l'information rapprocheront ces individus : l'utilisation d'Internet peut permettre de construire une force mondiale d'individus cherchant à appliquer le pouvoir de l'information aux problèmes sociaux les plus graves.

Je propose de doter ce mouvement potentiel d'une structure en créant une organisation « parapluie » pour l'incarner et le soutenir. Elle pourra démarrer comme une organisation virtuelle ; lorsque le mouvement aura crû et gagné en puissance, l'organisation se dotera d'une ou plusieurs localisations physiques. Appelons-la le Centre des Initiatives Internationales pour les Solutions Technologiques contre la Pauvreté (ISEP)[1].

Comment l'ISEP pourra-t-il démarrer ? Quelques personnes, un groupe d'individus ou une organisation (entreprise, ONG, fondation ou institution universitaire) peuvent commencer par publier une lettre de mission sur Internet en demandant à d'autres de se joindre au réseau. Lorsque le lancement aura été réalisé, une conférence (virtuelle ou physique) permettra de mettre en place une équipe dirigeante, de traiter les questions administratives, et de créer une entité juridique permettant de recueillir des fonds et de représenter le réseau auprès du public.

L'ISEP aura certainement des personnels permanents, des volontaires et des stagiaires s'occupant du programme en réseau. Sa véritable autorité et sa légitimité lui viendront des membres, des personnes et des organisations qui s'engageront à ses côtés et utiliseront leur talent pour mettre en place, développer, tester, appliquer et commercialiser des solutions technologiques destinées aux pauvres. L'ISEP pourra avoir des centres situés dans différentes parties du monde ; ils seront reliés entre eux et pourront se concurrencer afin d'essayer de vaincre plus rapidement la pauvreté.

Un financement sera nécessaire pour embaucher du personnel, disposer d'un ou de plusieurs bureaux, développer les systèmes, les solutions et les prototypes de produits, enfin tester les projets du réseau. L'équipe dirigeante devra trouver des fonds. Les dons des fondations, des entreprises et des gouvernements constitueront vraisemblablement les ressources de

---

[1]. Center for International Initiatives for IT Solutions to End Poverty (ISEP).

départ. Un fonds pourrait ensuite être créé par un consortium de donateurs et de contributeurs soutenant les programmes de l'ISEP. Les entreprises qui produisent et vendent les produits et les services liés aux technologies de l'information – Microsoft, Apple, Google, Dell, Infosy, Intel, eBay, etc. – pourraient être sollicitées. L'ISEP pourra peut-être recevoir des subventions provenant des gouvernements, des entreprises actives dans ce secteur, d'autres entreprises, de fondations ou de riches individus. L'ISEP générera enfin des revenus en cédant les droits de propriété intellectuelle des produits et des services qu'il développera ainsi qu'en vendant ses services, ses publications et ses produits.

L'argent nécessaire à la création de l'ISEP existe certainement. Ce qui est nécessaire, c'est de se concentrer sur l'apport des technologies de l'information aux pauvres, d'avoir la volonté d'établir un réseau mondial de personnes prêtes à se consacrer à cet objectif, et de bénéficier du leadership de visionnaires.

Je pourrais faire une longue liste des projets dont les membres ou les centres de l'ISEP pourraient être les fers de lance :

— l'ISEP pourrait fournir des idées de social-business « clés en main » permettant de procurer des services aux pauvres ou d'élargir le marché des biens et services produits par les pauvres. L'ISEP pourrait assurer à ces idées la publicité la plus large possible afin d'attirer des investisseurs sociaux ;

— les membres de l'ISEP pourraient développer des prototypes d'infrastructure et de systèmes d'information pour les programmes et les services de lutte contre la pauvreté du monde entier ;

— les membres de l'ISEP pourraient étudier l'interface entre les besoins informationnels des pauvres (en particulier ceux liés à la productivité du travail) et leurs capacités actuelles à utiliser les technologies de l'information. Ils pourraient ensuite créer des applications ou des systèmes particulièrement adaptés aux besoins des pauvres ;

— l'ISEP pourrait identifier les infrastructures des technologies de l'information permettant de fournir de l'éducation, de la santé et de la bonne gouvernance, ainsi que des services juridiques destinés aux pauvres. Il pourrait aussi proposer des consultations aux gouvernements, aux ONG et aux entreprises susceptibles de créer lesdites infrastructures ;

— l'ISEP pourrait créer des réseaux d'information basés sur les zones géographiques (nationale ou régionale), sur les causes de la pauvreté (agriculture, vente de produits, santé, éducation, législation, femmes, enfants, dénuement, populations autochtones) et le type de participants (individus, ONG, gouvernements, entreprises, etc.) ;

— l'ISEP pourrait créer une base de données des qualifications, des connaissances et des technologies. Cette base pourrait être utilisée par les gouvernements, les organisations internationales, les entreprises et les ONG qui travaillent ou prévoient de travailler à l'élimination de la pauvreté, mais aussi par les social-business. Il deviendrait un lieu de rencontre des individus et de confrontation des idées ;

— l'ISEP pourrait fournir des capacités électroniques pour aider à la promotion et à la préservation de l'art et de la culture des populations autochtones et pauvres.

L'ISEP tissera un réseau dynamique d'institutions et de personnes tout autour de la planète. Tous travailleront à la réalisation d'objectifs communs définis et pilotés par l'équipe dirigeante. L'ISEP créera un partenariat stratégique avec les sociétés leaders des technologies de l'information et leurs personnels, les instituts de recherche et les universités, les agences de développement, les institutions pour la santé et l'éducation, et les professionnels de tous horizons.

J'espère que, quelque part dans le monde, un lecteur de ce livre relèvera le défi de la création de l'ISEP.

Révolution des technologies de l'information et démocratie

Les technologies de l'information n'influencent pas seulement l'économie. Leur dimension politique est peut-être la plus importante. Ce sujet me paraît déterminant, car la pauvreté n'aura réellement disparu que lorsque les pauvres seront des citoyens à part entière vivant dans des sociétés libres.

Le processus politique à l'œuvre dans de nombreux pays est malheureusement décevant, pour ne pas dire plus. Consacrer des sommes colossales à l'achat d'immeubles de bureaux destinés à abriter les pouvoirs publics, manipuler les médias pour modifier l'image des candidats, diriger contre les opposants des campagnes calomnieuses, voire acheter les élections sont devenus des actes trop ordinaires. Dans certains pays, les forces armées ou les milices privées ont pris le contrôle de la machine gouvernementale. Trop souvent, « le pouvoir du peuple » semble avoir disparu de la vie politique et avoir été remplacé par le pouvoir de l'argent, du muscle ou des armes.

Ces troubles de la démocratie sont à l'œuvre dans les pays les plus importants et les plus puissants du monde, des États-Unis à la Russie. Des problèmes similaires existent au Bangladesh, où la corruption politique, la distorsion des objectifs gouvernementaux et les pots-de-vin sont monnaie courante. (Le gouvernement apolitique mis en place en 2007 dans le cadre de la loi d'urgence tente d'assainir les partis politiques et le système dans son ensemble. Il semble sur la bonne voie, bien qu'il reste beaucoup à faire pour créer une véritable démocratie au Bangladesh.)

En raison de ces problèmes, les peuples perdent la foi dans le système démocratique. Les jeunes sont particulièrement tentés par l'apolitisme : ils rejettent un système qu'ils considèrent comme désespérément compromis. Dans ce climat, les politiciens consolident leur pouvoir en attisant la haine entre les citoyens, les groupes ethniques, les religions et les nations. Les dirigeants visionnaires capables de rassembler les individus et les nations se font rares. Si nous avions de tels leaders en Asie du Sud, un problème comme celui du Cachemire aurait été réglé pacifiquement depuis longtemps.

La démocratie est le meilleur cadre politique pour libérer l'énergie créative des peuples, en particulier des jeunes. La démocratie donne le pouvoir aux citoyens. Quand les citoyens sont obligés de se confronter à leur propre gouvernement ou doivent surmonter des barrières construites par l'État pour simplement mener une vie productive, la liberté et la libre entreprise ne peuvent pas s'épanouir.

Les nouvelles technologies de l'information offrent un instrument puissant pour soutenir la démocratie.

L'information, c'est le pouvoir. C'est pourquoi les gouvernements cherchant à diriger le peuple plutôt qu'à le servir s'efforcent de contrôler l'information. En rendant ce type de contrôle centralisé beaucoup plus difficile, les NTI – et Internet en particulier – placent de nombreux obstacles devant les apprentis tyrans.

Les technologies de l'information éliminent les intermédiaires. Par conséquent, elles effraient les représentants des pouvoirs économiques et politiques. Grâce à Internet, une personne seule peut s'adresser au monde entier sans être contrôlée par aucun intermédiaire (ce qui inclut les médias d'information qui, dans les démocraties faibles, sont souvent influencés ou contrôlés par l'État). Cela fait des technologies de l'information un puissant amplificateur des voix des gens, surtout des minorités, des pauvres et des personnes isolées géographiquement. Elles réduisent également les coûts liés à la communication avec un grand nombre de personnes – qu'il s'agisse de temps, d'énergie ou d'argent. Fini le temps des feuilles imprimées à la main, des émissions de radio clandestines, ou des notes manuscrites qui circulaient à grands frais et en faisant peser de grands dangers sur ceux qui les transportaient. Si je veux que tout le monde puisse voir un message, une photographie ou une vidéo, je place ce document sur mon site Web. Il n'a jamais été aussi facile de développer des réseaux entre les gens.

Ces éléments sont essentiels pour la démocratie. Mais ils sont particulièrement importants dans les pays émergents qui luttent pour bâtir une démocratie véritable.

Les NTI permettent aux citoyens d'avoir un accès direct au gouvernement. Au Bangladesh, nous avons essayé à petite échelle avec nos « dames téléphone ». Chaque fois qu'une nouvelle « dame téléphone » commence son activité, on lui donne une liste de numéros de téléphone importants, dont le numéro de téléphone du membre local du parlement, du directeur de l'administration locale, du chef de la police, des services sanitaires locaux et d'autres officiels allant jusqu'au Premier ministre du Bangladesh. Nous leur expliquons que ces numéros doivent être utilisés lorsqu'elles ou les habitants du village ont un problème et ont besoin de l'aide du gouvernement. C'est un geste symbolique, mais c'est aussi un véritable indicateur du pouvoir apporté par cette connexion électronique.

Certaines « dames téléphone » ont fait usage de ce pouvoir. L'une de mes histoires favorites met en scène une « dame téléphone » dans un village où avait eu lieu un crime : une personne du village avait été attaquée par un inconnu qui avait aussitôt disparu. Les gens du village étaient en colère et angoissés. Que la police locale reste totalement indifférente à leurs appels les a rendus encore plus furieux.

Par le passé, ils n'auraient eu aucun recours. Mais la « dame téléphone » leur dit de ne pas s'inquiéter car elle allait appeler le chef de la police. Elle l'appela et lui dit : « Les habitants de notre village sont très en colère car vous refusez de répondre à nos appels. Je vous demande d'envoyer des policiers dans notre village pour enquêter sur ce crime. Sinon, je vais appeler le bureau du Premier ministre, j'ai son numéro sous les yeux ! »

La police arriva une heure plus tard.

Les NTI peuvent enfin consolider la démocratie en créant une tribune pour les citoyens. Ce pouvoir de la technologie a été clairement démontré en 2001 dans la plus grande démocratie du monde – l'Inde. Au moyen d'une caméra vidéo habilement dissimulée, deux jeunes journalistes ont filmé une évidente affaire de corruption : on voyait un fonctionnaire accepter une liasse de billets de banque d'un montant de 100 000 roupies (environ 2 000 dollars) en échange d'un contrat de défense. Le film a été mis sur un site d'information appelé Tehelka.com. Le pays était si indigné que le ministre de la Défense et plusieurs de ses collègues ont été obligés de démissionner immédiatement pour éviter la chute du gouvernement.

La majorité des Indiens sont convaincus que l'argent de la corruption qui transite derrière les portes closes du gouvernement représente chaque année des millions de dollars. Mais il a suffi que l'on puisse *voir* 2 000 dollars passer d'une main à une autre pour que l'opinion publique s'enflamme.

Voilà le pouvoir des technologies de l'information. Elles peuvent donner une voix aux sans voix, des yeux à ceux qui ne veulent pas voir, et des oreilles à ceux qui ne veulent pas entendre. C'est une autre des raisons pour lesquelles les gouvernements, les entreprises, les ONG et les citoyens ordinaires doivent unir leurs forces : il leur faut s'assurer que le pouvoir de la technologie pourra atteindre chacun d'entre nous, et notamment les plus pauvres qui ont le plus grand besoin de cette aide.

10.

Les dangers de la prospérité

Parce qu'un consensus scientifique s'est développé lors des dernières années autour de la crainte grandissante du réchauffement climatique, les gens ont commencé à prendre ce problème au sérieux. Dans la majorité des cas, et bien que leurs inquiétudes soient réelles, les individus ne se préoccupent pas de la planète dans son ensemble. Leurs réactions immédiates portent sur leurs biens et leurs revenus plutôt que sur la vie elle-même. Le changement de climat va-t-il augmenter le nombre et la violence des ouragans dans les Caraïbes ? La valeur de ma propriété de bord de mer en Floride ou aux Bahamas va-t-elle être anéantie ? Des insectes nouveaux ou des invasions de parasites vont-ils détruire mon jardin ou conduire à une hausse du prix des aliments que j'achète au supermarché ? Mes enfants vont-ils connaître les splendeurs de la Grande Barrière de corail ?

Au Bangladesh, le contexte est plus immédiat : le réchauffement climatique représente un danger pour nos vies et nos moyens de subsistance. Le Bangladesh sera en première ligne des changements catastrophiques que prévoient les scientifiques. À cet égard, nos problèmes symbolisent ceux de tous les pays en développement. Ils vont du changement climatique et des pénuries d'eau à la pollution industrielle et au prix élevé de l'énergie. Ce sont de simples nuisances pour les habitants de l'hémisphère Nord ; mais pour ceux du Sud, c'est une question de vie ou de mort.

Même dans des circonstances normales, environ 40 % des terres du Bangladesh sont inondées durant la saison de la mousson. Telles les inondations légendaires de l'Égypte par le Nil, ce phénomène est un bienfait car il permet à notre terre d'être extrêmement luxuriante et fertile. Mais lorsque de petits changements se produisent dans le climat et que les inondations s'intensifient, les pouvoirs destructeurs de la nature se déchaînent. Des villages entiers sont emportés, quand ce ne sont pas des régions entières qui sont rayées de la carte. Des centaines de milliers de personnes, des millions parfois, restent sans abri. Beaucoup meurent lors des inondations les plus graves : c'est en particulier le cas des enfants. Parce que nous manquons des ressources essentielles pour organiser et contrôler les inondations (ainsi que les Néerlandais ont réussi à le faire), ces désastres réguliers ont contribué à maintenir la pauvreté au Bangladesh : notre peuple passe des années à reconstruire le pays après chaque inondation.

Le réchauffement climatique risque de multiplier les forces de destruction qui menacent le Bangladesh. Si les étendues de glace du Groenland continuent à fondre, le niveau des océans va monter, recouvrant peu à peu une grande partie des terres dont le niveau est bas – ce qui est le cas du Bangladesh.

Imaginez l'échelle de la crise humaine qui pourrait se produire dans notre nation si vulnérable et surpeuplée. La montée des eaux provoquerait la destruction des récoltes de riz, de terribles pertes humaines, ainsi qu'un flux de réfugiés d'une ampleur inédite.

Cette tragédie peut se produire plus tôt qu'on ne le pense. Les scientifiques ont déjà observé une élévation du niveau de la mer dans le golfe du Bengale. Les études récentes évaluent cette hausse entre 3 et 8 millimètres par an. Cela ne semble pas beaucoup jusqu'à ce que vous réalisiez qu'environ 20 % du Bangladesh, surface sur laquelle résident 30 millions d'habitants, se situent à 90 centimètres au-dessus du niveau de la mer ou moins. Kofi Annan, l'ancien secrétaire général des Nations unies, a prévenu qu'une grande partie du territoire du Bangladesh risquait d'avoir complètement disparu à la fin du XXIe siècle.

Nous, les Bangladais, nous pouvons faire beaucoup pour lutter contre la pauvreté. Mais comment nous battre contre les effets du réchauffement climatique mondial dont vous êtes responsables ?

Nous sommes bien sûr impuissants. Le poids de ce désastre futur sera porté par le peuple pauvre du Bangladesh ainsi que par d'autres peuples pauvres, du littoral du Pacifique aux régions sèches de l'Afrique centrale. Mais pour résoudre cette crise, il faudra unir les efforts de tous les peuples du monde. Si rien n'est entrepris rapidement, j'ai peur que notre travail pour supprimer la pauvreté et améliorer la vie des plus pauvres ne soit vain.

Les pays les plus pauvres du monde ne seront pas les seuls concernés par le changement climatique. Comme le canari que l'on introduit dans une mine de charbon pour déceler la présence de gaz dangereux, les habitants des pays en développement seront les premières victimes du changement à venir – mais ils ne seront pas les dernières. Notre sort ne sera qu'un signe avant-coureur de ce dont des millions d'habitants du monde développé souffriront à leur tour.

Les inégalités économiques et la lutte pour les ressources mondiales

Pour comprendre ce qui doit être fait afin de résoudre cette crise avant qu'elle ne dévaste le monde, nous devons identifier ses origines économiques, sociales et politiques, ainsi que ce qui peut l'expliquer dans la nature humaine.

Depuis la Seconde Guerre mondiale, l'économie mondiale a connu une période de croissance sans précédent. Par bien des aspects, c'est une chance. La richesse créée par les nouvelles technologies, le libre marché et le développement du commerce a amélioré le niveau de vie de centaines de millions de personnes dans les pays développés. Elle a également permis à des centaines de millions d'autres personnes de sortir de la pauvreté dans les pays en développement.

Mais cette croissance génère également des problèmes. Les ressources non renouvelables s'épuisent rapidement alors que leur demande augmente de manière exponentielle. Les énergies fossiles comme le pétrole, le gaz naturel et le charbon en sont les premiers exemples ; mais les métaux et les minerais, le bois, les poissons, l'eau potable et d'autres denrées essentielles deviennent eux aussi insuffisants.

Dans la forme que nous connaissons actuellement, il existe un rapport malsain entre l'environnement et la croissance économique. Plus l'économie mondiale croît, plus lourde est la menace qui pèse sur l'environnement et, à long terme, sur la survie de l'espèce.

Au début de ce XXIe siècle, les menaces environnementales viennent principalement des économies d'Europe et d'Amérique du Nord, qui ont été les premières à s'industrialiser et ont donc eu davantage de temps pour laisser leurs lourdes empreintes sur la planète. Ces économies puissantes continuent actuellement à utiliser une part des ressources disponibles bien supérieure à celle que représente leur population. En général, plus le niveau de revenu est élevé dans un pays, plus celui-ci contribue aux risques environnementaux.

Le réchauffement de la planète est le résultat indéniable de l'hyper-industrialisation. On constate une augmentation dangereuse des niveaux de gaz à effet de serre dans l'atmosphère, augmentation qui résulte surtout de la combustion des énergies fossiles. Ces gaz piègent la chaleur du soleil et dégradent le climat mondial de manière difficilement prévisible. Bien que les scientifiques ne s'entendent pas sur l'étendue et l'importance du réchauffement climatique, ils sont d'accord pour dire que les changements ont commencé et qu'ils s'accéléreront dans les années à venir. Selon une étude des Nations unies, la température moyenne devrait avoir augmenté de 0,6 à 2,6 °C d'ici 2100 [1].

Et qui sont les principaux émetteurs de ces gaz à effet de serre dont l'effet se fera sentir partout à la surface du globe pour les trois prochaines générations ? Ce sont les pays riches qui brûlent l'essentiel des énergies fossiles pour conduire leurs voitures, éclairer et chauffer leurs maisons et leurs bureaux, et faire fonctionner leurs usines. Les États-Unis produisent 25 % des émissions de gaz à effet de serre alors que 4,5 % de la population mondiale vit sur leur territoire.

Ce n'est pas la seule manière qu'ont les pays développés d'endommager notre environnement. On a estimé qu'il faut utiliser l'équivalent de 1 560 litres d'essence chaque année pour nourrir un Américain.

---

[1]. Nations unies, Groupement d'experts intergouvernemental sur l'évolution du climat (GIEC), *Climate change 2001 : The Scientific Basis.*

31 % de ce total est lié à l'utilisation d'engrais dérivés de combustibles fossiles. Le reste va au fonctionnement des machines, à l'irrigation des sols et à la production d'insecticide.

Tout cela est un gaspillage formidable. Comme l'écrit un critique :

> Nous (les Américains) mangeons les combustibles fossiles au sens propre du terme. Cependant, en raison des lois de la thermodynamique, il n'y a pas de correspondance directe entre l'énergie qui entre dans la production agricole et celle qui en sort. Il y a une perte significative d'énergie… nous avons atteint le point limite. À cause de la dégradation des sols, de la demande croissante d'insecticides et de la croissance des coûts énergétiques liés à l'irrigation… l'agriculture moderne doit augmenter ses dépenses d'énergie pour simplement maintenir ses rendements actuels. La révolution verte est une faillite [1].

L'agriculture industrielle pratiquée aux États-Unis a été très efficace pour augmenter les rendements (et également pour générer d'énormes profits). Mais à long terme, elle n'est pas viable.

Il est évident qu'il y a un déséquilibre entre les populations relativement peu nombreuses des pays riches et leur utilisation prodigue des ressources. Au fil des ans, de plus en plus de gens dans les pays développés et en développement commencent à reconnaître cet état de fait.

---

1. Dale Allen Pfeiffer, « Eating Fossil Fuels » (manger les combustibles fossiles), *From the Wilderness,* octobre 2003. Sur Internet : http://www.fromthewilderness.com

La réponse de ceux qui sont au pouvoir consiste malheureusement à chercher les moyens leur permettant de renforcer leur pouvoir et de le conserver. Les gouvernements des pays développés considèrent qu'ils doivent contrôler les ressources les plus importantes du monde, quel que soit l'endroit où se trouvent ces ressources. Ils travaillent main dans la main avec les grandes sociétés opérant dans les pays en développement pour s'assurer de la disponibilité des ressources essentielles : pétrole, gaz, minerais. Quand le contrôle de ces ressources se négocie entre les dirigeants de société, les représentants pour le commerce et les diplomates, les grandes sociétés mettent sur la table leur pouvoir financier tout comme les gouvernements manient les pouvoirs politiques et militaires.

Ce n'est pas un hasard si certaines régions riches en ressources énergétiques se trouvent au centre d'intrigues politiques, économiques et militaires. Les dirigeants des nations riches rivalisent pour obtenir le contrôle de ces ressources. Le Proche-Orient est un exemple significatif. C'est ainsi que la peur de la diminution des ressources vitales, en particulier le pétrole, fait craindre pour la paix mondiale.

Les Américains et les autres habitants des pays riches peuvent profiter aujourd'hui de leur mode de vie prodigue. Mais dans le long terme, quel sera le prix à payer en termes de destructions écologiques et de conflits militaires pour maintenir indéfiniment leur niveau de vie ?

Répandre la richesse : le dilemme de la croissance

Aucune personne animée par le souci de l'humanité ne peut se satisfaire d'un monde où quelques centaines de millions de personnes accaparent toutes les ressources de la planète alors que des milliards d'autres luttent pour survivre. C'est exactement le genre de monde où nous vivons aujourd'hui.

Examinons les tristes statistiques relatives aux inégalités économiques. Selon une étude publiée en 2000 par l'Institut mondial de la recherche économique du développement de l'Université des Nations unies, les 1 % les plus riches détiennent 40 % des actifs mondiaux, et les 10 % les plus riches en détiennent 85 %. Mais la moitié de la population mondiale détient tout juste 1 % des actifs de la planète.

D'énormes inégalités existent aussi en matière de revenus. Cinq pays – les États-Unis, le Japon, l'Allemagne, la France et le Royaume-Uni – rassemblent 13 % de la population mondiale et disposent de 45 % du revenu mondial. Par opposition, les trois grands pays du monde en développement – l'Inde, la Chine et l'Indonésie – représentent 42 % de la population mondiale mais ne disposent que de 9 % des revenus. Pour présenter les choses d'une autre façon, les 50 millions de personnes les plus riches du monde – le 1 % du sommet – perçoivent davantage de revenus que les 57 % les plus pauvres, soient plus de 3 milliards de personnes.

Cela semble très cruel, mais c'est la réalité. Et même si l'économie mondiale croissait rapidement, l'inégalité des revenus ne diminuerait pas autant que le voudraient les personnes préoccupées par ce problème.

La priorité humaine essentielle est la réduction des inégalités et l'expansion d'une classe moyenne mondiale incluant les milliards de personnes vivant actuellement avec un revenu de 2 dollars ou moins par jour. C'est à cette cause que j'ai consacré ma vie. Mais il faut reconnaître que résoudre le problème des inégalités créera d'importants défis, dont les conséquences et la gravité commencent déjà à apparaître.

L'une des histoires pleines d'espoir de notre époque est la croissance économique soutenue des grands pays du monde en développement, particulièrement celle qu'ont connue les deux géants asiatiques : la Chine et l'Inde. Des dizaines de millions d'habitants de ces pays ont déjà réussi à sortir de la pauvreté. Mais à mesure qu'ils développent leurs industries et leurs consommations, ils se mettent à contribuer de façon importante à la pollution et au changement climatique. Et plus leur taux de croissance sera élevé, plus ils tendront à écarter les préoccupations environnementales pour préserver cette croissance élevée.

La Chine et l'Inde ont porté leurs émissions de gaz à effet de serre à un niveau alarmant. Selon une étude des Nations unies, les nations développées comme les États-Unis, l'Allemagne et le Canada ont augmenté leurs émissions selon des taux variant de 16 à 27 % entre 1990 et 2004, tandis que le Royaume-Uni *diminuait* ses émissions de 14 %. Pendant ce temps, les émissions chinoises ont augmenté de 47 %, contre 55 % pour celles de l'Inde [1].

L'accélération récente de la croissance économique chinoise rend le problème plus sérieux. Durant la seule année 2006, la Chine a augmenté sa capacité de production d'énergie d'un montant équivalent aux systèmes de production énergétique du Royaume-Uni et de la Thaïlande. Les nouvelles unités de production fonctionnent majoritairement au moyen de générateurs au charbon qui contribuent massivement à la pollution de l'air et de l'eau que connaît le pays. L'Agence inter-

---

1. United Nations Framework Convention on Climate Change : Changes in GHG emissions from 1990 to 2004.

nationale de l'énergie a prévu que la Chine dépasserait en 2009 les États-Unis comme émetteur de gaz à effet de serre. Selon d'autres chercheurs, la situation est plus alarmante encore : l'Agence d'évaluation environnementale néerlandaise pense que la Chine a déjà dépassé les États-Unis.

Le changement climatique ne se résume évidemment pas à un problème environnemental causé par une croissance incontrôlée. Les effets directs de la pollution peuvent être tout aussi fatals. Et, à nouveau, les géants en croissance rapide des pays en développement sont une illustration vivante du problème et de ses conséquences. La Chine compte seize villes parmi les vingt villes les plus polluées au monde. La situation de l'Inde est peut-être pire encore. Une étude de 2004 consacrée à la qualité de l'air dans quatre-vingt-trois villes d'Inde a montré que 84 % de la population respirait un air dangereusement pollué.

Les dégâts humains provoqués par la pollution ont aussi un coût économique. Les morts prématurées, les séjours à l'hôpital et les visites chez le médecin, les jours d'absence au travail et les dépenses engagées pour trouver des remèdes aux problèmes environnementaux (la prévention est beaucoup moins onéreuse) : tout cela s'accumule. Selon les études que l'on retient, le coût estimé des dégradations environnementales pour l'économie chinoise varierait entre 7 et 10 % du PIB chinois.

Nous vivons dans un monde où les inégalités causent des souffrances énormes aux milliards de personnes qui n'ont rien. Une croissance économique rapide semble la solution que réclame le problème des inégalités dans les pays en développement ; mais elle est elle-même porteuse de catastrophes. Cette double contrainte pourrait s'appeler le dilemme de la croissance.

La logique d'une croissance incontrôlée

Quelles sont les origines du douloureux dilemme que nous connaissons ? Je crois que tout vient de ce que notre système économique s'appuie sur une vision incomplète et fausse de la société comme de l'existence humaine.

Voici la philosophie du capitalisme à laquelle sont attachés les économistes, les dirigeants d'entreprise, les experts politiques et autres auteurs écrivant sur le monde des affaires. Elle tient dans une coquille de noix :

— une vie meilleure pour les peuples du monde ainsi qu'une réduction des souffrances liées aux inégalités passe par une croissance économique soutenue ;
— la croissance économique vient uniquement d'investissements en capital réalisés sur des marchés concurrentiels ;
— les investisseurs sont exclusivement attirés par les entreprises gérées de façon à maximiser la rentabilité du capital ;
— la rentabilité du capital ne peut être maximisée que par des entreprises faisant de la maximisation du profit leur unique objectif.

Cette logique nous ramène à une conclusion antérieure : l'être humain est une créature unidimensionnelle dont l'unique source de bonheur, de satisfaction et de motivation est l'argent. La maximisation du profit est donc tout.

Présentée en ces termes, cette logique est irréfutable. Mais quand nous regardons le monde réel, les résultats obtenus sont loin d'être satisfaisants. Les entreprises des pays développés maximisent leurs profits, les ressources sont gaspillées, l'environnement est pillé et les générations futures doivent s'attendre à un avenir morose. À mesure que la philosophie capitaliste se répand, les nations en développement comme la Chine et l'Inde connaissent une croissance de leurs propres classes d'hommes d'affaires qui s'emploient à maximiser leurs profits, tout comme le font leurs modèles d'Amérique du Nord et d'Europe. Il en résulte que des centaines de milliers de personnes sont malades et meurent prématurément à cause de la pollution, et que le problème du changement climatique s'approche rapidement du point de non-retour.

Il y a apparemment une erreur dans cette logique « irréfutable » de croissance incontrôlée.

Songeons aux conséquences sur les ressources naturelles qu'a cette philosophie. S'il est juste et bon que les entreprises maximisent leurs profits à tout prix, comment se comporteront-elles à l'égard des ressources ? Elles vont évidemment suivre le précepte : « Premier arrivé, premier servi. » Quiconque a l'argent ou le pouvoir (sous la forme d'un soutien militaire) pour s'emparer des ressources et les contrôler le fera. Ces ressources pourront être utilisées pour soutenir les entreprises qui maximisent le profit de leurs propriétaires, qui sont les seuls à pouvoir déterminer légitimement la manière dont les ressources seront réparties.

Ce qui précède correspond très exactement à la manière dont sont couramment contrôlés et utilisés le pétrole, le gaz, le charbon, les terres agricoles, les poissons, les arbres, les minerais et même l'eau. Dans la plupart des cas, les entreprises privées exercent leur contrôle à leur unique discrétion. Dans d'autres cas, les entreprises collaborent avec leurs gouvernements. Il n'y a pratiquement jamais de siège autour de la table pour la population dont la vie dépend du partage des ressources. Si l'on se fonde sur la logique capitaliste, pourquoi tenir compte de ces gens ? En quoi leurs besoins contribuent-ils à la maximisation du profit ?

Ce système où la spoliation permet aux nations et aux entreprises de contrôler les ressources et de les utiliser pour maximiser leur profit immédiat perdurerait probablement si la vie sur terre ne se rapprochait pas d'une situation de crise. Alors que les ressources non renouvelables continuent de se réduire – parce que leur exploitation se poursuit – et que les dangers liés au changement climatique se font plus présents, les plus ardents capitalistes doivent accepter le fait que la seule poursuite du profit n'est plus un principe au nom duquel on peut se passer de politiques environnementales. Comment les milliardaires pourront-ils profiter de leur richesse si l'air est trop dangereux à respirer ?

Quel niveau de consommation ?

Je crois fermement en la liberté individuelle. Chaque individu sur cette planète a des capacités sans limites. Une société idéale aurait créé un environnement dans lequel chacun pourrait libérer pleinement son énergie créatrice. Un maximum de liberté personnelle est vital pour créer un tel environnement.

Mais nous avons également conscience qu'il y a des circonstances dans lesquelles il faut sacrifier une partie de notre liberté individuelle pour notre sécurité et notre bonheur à long terme. C'est pour cette raison que nous avons un code de la route. M'arrêter à un feu rouge réduit bien sûr légèrement ma liberté personnelle. Mais s'il n'y avait pas de feux rouges, il serait très risqué de conduire en ne sachant jamais si un conducteur imprudent pourrait passer la prochaine intersection sans regarder si d'autres voitures arrivent. Dans les sociétés civilisées, la plupart des personnes acceptent de leur plein gré que leurs diverses activités s'exercent dans un cadre réglementaire : cela permet d'améliorer la qualité de vie de tous sans faire peser une charge excessive sur les individus.

Dans les circonstances actuelles, je crois qu'il est temps de penser à limiter la liberté des nations qui consomment ou gaspillent les ressources naturelles. Pour commencer, j'exhorte les pays à réfléchir à restreindre volontairement leur consommation. Si cette mesure se révélait sans effet, je prendrais position – à contrecœur – en faveur de restrictions précises et obligatoires sous forme de traités mondiaux.

En gaspillant les ressources naturelles non renouvelables comme le pétrole, le gaz et le charbon, mais aussi l'air et l'eau, les citoyens des pays les plus riches épuisent les actifs qui devraient être partagés car ils sont le patrimoine de l'humanité. Ils empêchent les générations futures d'avoir une vie pleinement satisfaisante et privent les habitants des pays en développement de la possibilité d'accéder à une vie meilleure. Un jour, lorsque le peuple bangladais et ceux d'autres pays en développement pourront avoir le même niveau de consommation que ceux de l'Amérique du Nord et de l'Europe, il leur sera impossible d'y accéder car les ressources nécessaires auront été confisquées pour l'usage des pays les plus riches, voire même complètement épuisées.

Les peuples et les nations ont le droit de profiter pleinement de leurs vies. J'approuve les mots retentissants de Jefferson qui faisait de « la recherche du bonheur » un droit humain inaliénable. Mais cela signifie-t-il que ces nations ont le droit de gaspiller tout ce qu'elles veulent, d'épuiser les ressources dont ont besoin les autres pour survivre, et de laisser derrière elles une planète que nos enfants et les enfants de nos enfants trouveront invivable ?

L'envie de consommer sans se soucier des coûts sociaux à long terme est une conséquence de la quête dangereuse de la maximisation du profit. Lorsque le profit est la seule priorité, nous oublions l'environnement, la santé publique et la soutenabilité de la croissance. Une seule question nous semble légitime : comment acheter et vendre plus de biens, et comment réaliser un taux de profit supérieur à celui de l'année dernière ? Que ces biens soient vraiment nécessaires et bénéfiques aux individus est considéré comme hors de propos. Dans cette course folle à la maximisation du profit, on perd de vue la qualité de l'environnement, la pérennité de la croissance et la santé des consommateurs. Les agences comme la *Food and Drug Administration* des États-Unis ne peuvent contrôler que la qualité des produits ingérés par les consommateurs ; elles ne peuvent contrôler les quantités qu'ils absorbent et la façon dont cela affectera leur santé au fil du temps. Pendant ce temps, les experts en marketing sont chargés de donner envie aux consommateurs de dévorer plus que ce dont ils ont besoin.

Laisser s'exprimer de nouvelles voix

Le marché est dominé aujourd'hui par les voix du capitalisme traditionnel. Beaucoup d'entre elles s'expriment au nom des entreprises. Elles pressent les consommateurs d'acheter aussi rapidement que possible davantage de biens et de services. Les canaux utilisés sont la publicité, le marketing et les médias (comme les magazines automobiles, de mode, de décoration ou de vacances). Les seuls messages sont « Achetez plus ! Achetez plus ! », et « Achetez maintenant ! Achetez maintenant ! » Et nous nous demandons pourquoi tant de jeunes sont aliénés et pourquoi des personnes plus âgées jugent que leur vie n'est pas complètement satisfaisante.

La seule voix qui se fait entendre sur le marché est celle des entreprises maximisant leurs profits, qui disposent des outils nécessaires pour atteindre leur objectif d'une consommation en croissance permanente. Cette voix suit les consommateurs partout : quand ils lisent les journaux, quand ils écoutent la radio, quand ils regardent la télévision ou quand ils surfent sur Internet. Un flot ininterrompu de messages les pousse à consommer. Les entreprises trouvent toujours des manières plus habiles de capter l'attention du consommateur dans toutes les situations possibles afin de les persuader d'acheter leurs produits. Il n'est pas surprenant qu'ils finissent par se rendre et par acheter. Mais même à ce moment-là, la propagande commerciale ne s'arrête pas. Les entreprises veulent que les consommateurs achètent plus, qu'ils délaissent les produits anciens au profit des plus récents, ou qu'ils achètent simplement pour acheter.

La promotion de la consommation est la force qui soutient la croissance économique. Mais qu'en est-il d'un développement durable mondial ? Qu'en est-il de la réduction de la consommation superflue ? Que dire de la satisfaction personnelle d'apprécier ce que l'on a plutôt que de lutter sans fin pour la domination économique ? Ces valeurs ne méritent-elles pas qu'on leur prête attention ?

Je sens profondément que nous avons besoin d'une

voix parallèle s'exprimant sur le marché et proposant aux consommateurs des messages différents :

— Songez à ce dont vous avez vraiment besoin !
— Plus vous consommez, plus vous épuisez les ressources non renouvelables de notre planète.
— Vérifiez les emballages – est-ce du gaspillage ?
— Achetez un produit à une société qui reprendra votre précédent achat et le recyclera.
— Créez une maison socialement responsable.
— Vous comportez-vous comme un citoyen du monde ?

Là où les voix des entreprises maximisant le profit incitent les consommateurs à détruire leur santé en consommant trop, une voix parallèle lancerait des messages sur le plaisir d'être en bonne santé et ce qu'il faut faire pour l'être : ce qu'il faut manger ou non, comment aider les enfants à s'intéresser à la nutrition, quels sont les exercices et les activités favorisant le bien-être, pourquoi la nourriture produite localement et naturellement est meilleure pour vous…

Certains me reprocheront d'utiliser la « propagande » pour manipuler les gens, ou encore de chercher à transformer la société en « nanny » qui tance les gens pour qu'ils aient des comportements appropriés. Mais les gens sont déjà inondés par la propagande et harcelés – sauf qu'ils le sont par des entreprises cherchant à maximiser le profit. Ces dernières dépensent des sommes énormes pour cajoler les consommateurs afin de réaliser des profits plus importants. Nous avons besoin d'une voix parallèle qui apporte au moins un semblant d'équilibre.

D'où peut venir cette voix parallèle ? Les social-business peuvent jouer ce rôle essentiel.

Même aujourd'hui, des voix parallèles comme celles que j'ai décrites existent. Elles viennent des écoles, des ONG, des organisations caritatives, des fondations, des groupes de croyants ainsi que d'autres organisations à but non lucratif. Mais ces voix sont timides et difficiles à entendre. Parce qu'ils ont peu d'argent, ces groupes n'ont pas de plate-forme géante et de puissant mégaphone médiatique comme les grandes entreprises. Il n'est pas surprenant qu'ils n'obtiennent qu'une infime audience et que leurs voix soient couvertes par le battage publicitaire en faveur de la consommation.

Si ces voix provenaient des entreprises, elles obtiendraient une audience bien plus importante. Une partie importante de la campagne serait consacrée à faire comprendre et apprécier les social-business. Je pense que l'idée de social-business est déjà présente dans chaque esprit humain et qu'elle attend de trouver le moyen de s'exprimer. Seul notre cadre théorique ne la reconnaît pas.

En parcourant le monde pour parler du microcrédit et des social-business, j'ai rencontré beaucoup de gens dans les écoles, les collèges et les universités. J'ai été impressionné par leur idéalisme, leur compassion et leur créativité. Je crois qu'ils sont prêts à faire ce qu'il faut pour eux-mêmes et pour le monde, et qu'ils en ont la volonté.

Les social-business peuvent devenir la voix forte que nous cherchons. Ils constitueront une source crédible, car les gens sauront que ceux qui leur parlent ne tentent pas de les manipuler pour obtenir des gains personnels.

Un social-business à objectifs environnementaux peut souligner que les entreprises maximisant le profit abîment la planète et indiquer que les consommateurs peuvent améliorer les choses en utilisant des produits ne détériorant pas l'environnement. Un social-business lançant un programme de microcrédit peut expliquer l'utilité de son travail ainsi que les réformes nécessaires du système bancaire existant. Un social-business à vocation sociale qui propose des assurances maladie à bas prix peut expliquer comment rester en bonne santé sans dépenser de l'argent en consultations médicales ou en médicaments grâce à des soins préventifs, une bonne alimentation et des exercices physiques. Fournir aux consommateurs des informations impartiales et des conseils peut être une activité intéressante pour les social-business.

Parce que les social-business seront avant tout des entreprises, elles auront la motivation, les ressources et le pouvoir nécessaire pour diffuser leurs messages à une audience importante. Les social-business auront un avantage comparatif sur le marché des idées, car chacun saura qu'ils n'auront pas d'intérêt à mentir. Comme ils ne distribuent pas de dividende, leur unique objectif consiste à produire un bénéfice social. Les consommateurs qui auront entendu parler de cette cause et en partageront les valeurs apporteront leur soutien aux entreprises et répandront leurs messages.

La voix des social-business trouvera un public favorable, car beaucoup de gens se sentent harcelés, abusés et manipulés par les techniques de vente utilisées par les entreprises maximisant le profit. Nombreux sont ceux qui l'écouteront, notamment parmi les jeunes, parce qu'ils désirent trouver un mode de vie sain, durable, respectueux de l'environnement, généreux pour les pauvres et propice à la paix de l'esprit.

Les efforts conjugués de milliers d'entreprises à vocation sociale produiront un changement incontestable dans le ton et le contenu des débats publics. Les valeurs autres que l'argent occuperont la place qui leur revient et seront reconnues pour ce qu'elles sont : des guides importants et des étapes vers une vie plus satisfaisante et riche de sens.

Résoudre le dilemme de la croissance

Que faire en attendant du dilemme de la croissance – le conflit entre l'absolue nécessité d'améliorer la vie de milliards de personnes pauvres dans le monde et le besoin tout aussi absolu d'empêcher la croissance économique d'accélérer la destruction de notre environnement et de provoquer un changement climatique catastrophique ?

Nous devons progresser simultanément sur plusieurs fronts. Depuis la révolution industrielle, les nations riches ont utilisé sans aucune restriction les ressources non renouvelables. Il est temps à présent de décider comment répartir les ressources restantes.

On entend souvent dire que les économies du Sud à forte croissance (l'Inde, la Chine, le Brésil, l'Indonésie, certaines économies d'Afrique) ne doivent pas avoir le même style de consommation que celles du Nord. Ces pays devraient développer un mode de vie meilleur et plus respectueux de l'environnement ainsi qu'un système de valeurs qui leur serait propre. C'est vrai, mais cela ne suffira pas. Nous ne devons pas opposer deux modes de vie, un pour le Nord et un pour le Sud. Ce n'est ni souhaitable ni tenable. Le monde entier devrait converger vers un nouveau mode de vie.

Les diversités culturelles, historiques et religieuses continueront évidemment d'imprimer leurs marques sur nos modes de vie. Mais comme les produits deviennent mondiaux, que le fonctionnement des entreprises devient mondial et que la technologie de l'information transforme le monde en un village, il n'est pas possible de conserver la division actuelle entre le Nord et le Sud. Ce que fait le Nord a des conséquences sur le Sud ; c'est pourquoi des pays comme le Bangladesh subissent les effets du réchauffement climatique essentiellement provoqué par la consommation de l'Europe et de l'Amérique du Nord. Le Nord commencera bientôt à éprouver l'impact des dommages faits à la planète par les gens du Sud. Nous sommes dans le même bateau et nous devons apprendre à vivre de manière responsable – ou nous coulerons tous ensemble.

Nous devons réfléchir ensemble pour esquisser les caractéristiques fondamentales d'un nouveau mode de vie mondialement durable ; nous saurons alors où diriger notre technologie, nos innovations et notre créativité. La technologie se développera dans les directions que nous aurons déterminées. Si nous ne pensons à rien, la technologie n'ira pas dans cette direction. Mais si nous voulons aller quelque part, la technologie se développera dans cette direction. Si nous développons authentiquement un projet de mode de vie durable à l'échelle du monde, les technologies dont nous avons besoin commenceront à apparaître.

Nos efforts actuels vont malheureusement dans la direction opposée. La créativité du monde développé est centrée sur la propagation du mode de vie malsain et non durable du Nord dans les pays du Sud à forte croissance. Grâce à d'habiles campagnes marketing, les entreprises puissantes d'Amérique du Nord et d'Europe étendent leur influence à l'ensemble de la planète. Même les personnes qui vivent dans des villages très isolés des pays pauvres veulent boire du Coca et du Pepsi, fumer des Cale, utiliser les détergents Tide et le dentifrice Crest. Les habitants de ces villages rêvent d'utiliser ces produits et d'avoir la « vie agréable » qu'ils représentent. C'est pourquoi une voix alternative légitime doit pouvoir se faire entendre sur le marché mondial.

La régulation publique entreprise au niveau national comme au niveau international doit aussi jouer un rôle pour régler le dilemme de la croissance.

La dynamique de la concurrence capitaliste fait que les entreprises animées par des préoccupations sociales ou respectueuses de l'environnement sont désavantagées par rapport à celles qui polluent. Il en est de même au niveau mondial : les pays peu soucieux de l'environnement attirent les entreprises voulant travailler sans contraintes gouvernementales.

C'est pourquoi un accord international fixant les grandes lignes de la protection environnementale est essentiel. C'est le seul mécanisme qui puisse prévenir une « course vers le bas » des pays se livrant à une compétition pour attirer les entreprises.

Le protocole de Kyoto est né de cette nécessité. L'objectif principal de cet accord international est de réduire le niveau des émissions de gaz à effet de serre en 2012 à des niveaux moyens inférieurs de 5 % à ceux de 1990 – une réduction allant jusqu'à 15 % par rapport aux niveaux attendus en 2008 et de près de 29 % comparés aux niveaux prévus en 2012 si rien n'est fait pour limiter les émissions de gaz à effet de serre.

Bien que les opposants au protocole de Kyoto lui reprochent sa rigidité, l'utilisation des mécanismes de marché afin de faciliter l'obtention de ces réductions constitue une part importante du protocole. Les pays développés (connus dans les termes du protocole comme « les pays annexe I ») qui ont des difficultés à atteindre les réductions prévues peuvent acheter des permis d'émission ou utiliser le « mécanisme de développement propre » (MDP) qui réduit les émissions des pays en développement. Ce système offre divers mécanismes aux pays afin de les autoriser à réduire les émissions de CO_2 sur le plan national et international.

Le protocole de Kyoto a été négocié en 1998. Il comportait une clause précisant qu'il ne deviendrait effectif qu'après avoir été ratifié par un minimum de 55 pays émettant au moins 55% des gaz à effet de serre dans le monde. Cette clause a été remplie lors de la ratification par la Russie en novembre 2004. En décembre 2006, 169 pays responsables de plus de 61 % des émissions de gaz à effet de serre avaient ratifié le protocole. Les États-Unis résistent cependant. En 1998, le vice-président Al Gore avait signé le protocole de Kyoto au nom de l'administration Clinton. Mais le protocole n'a pas été ratifié par le Sénat, ce qui le prive de force contraignante.

C'est un triste exemple d'échec dû à un pays qui aurait dû jouer un rôle de leader. Le monde entier a pris acte de l'attitude des États-Unis. Les dirigeants de l'Inde et de la Chine ont excipé du refus des États-Unis de ratifier Kyoto pour expliquer leur réticence à prendre des engagements internationaux en matière de protection de l'environnement. Au printemps 2007, un nouveau rapport du Groupe d'experts intergouvernemental sur l'évolution du climat (GIEC) a souligné l'importance croissante des deux géants asiatiques pour enrayer le changement climatique et a demandé de nouvelles interventions de leur part. Mais le journal officiel du parti dirigeant chinois a repoussé cette éventualité en publiant un éditorial qui disait ceci : « Le comportement et les propos irresponsables du gouvernement des États-Unis, qui est le plus grand pays développé et le plus important émetteur de gaz à effet de serre, sont ceux d'un riche sans cœur. » Cette affirmation, que beaucoup de pays en développement pourraient certainement reprendre à leur compte, montre que les États-Unis ont perdu depuis 2001 tout magistère moral dans la bataille en faveur de la protection de l'environnement.

Je ne prétends pas que le protocole de Kyoto soit un document parfait. Très peu de traités élaborés lors de négociations entre des douzaines de pays indépendants le sont. Les spécialistes de l'environnement ne sont pas d'accord sur les mesures précises à prendre pour enrayer des changements climatiques dévastateurs. Et le fait que le protocole de Kyoto n'impose pas une réduction immédiate des émissions réalisées par les pays en développement, dont la Chine et l'Inde, constitue un défaut auquel il faudra remédier. Les soutiens du protocole de Kyoto ont toujours affirmé que le protocole actuel était une première étape et qu'il devrait être complété par de nouvelles mesures en fonction de l'évolution de la situation environnementale et économique.

Kyoto représente un point de départ important et utile pour aborder le problème. Il est dramatique que l'administration actuelle des États-Unis, qui refuse de partager l'approche de ce protocole, ne propose pas de plan alternatif pour contrôler les émissions de gaz à effet de serre.

D'autres efforts ont été réalisés pour essayer de remédier au problème du changement climatique. Les résultats obtenus ont été mitigés. En janvier 2006, un Partenariat Asie-Pacifique sur le développement propre et le climat a été lancé. Dans le cadre de cet accord, l'Australie, la Chine, l'Inde, la Corée du Sud et les États-Unis ont annoncé près de cent projets destinés au développement de nouvelles technologies pour lutter contre l'émission de gaz à effet de serre. Ce partenariat pousse à mettre en place des objectifs nationaux de réduction des gaz à effet de serre, mais il ne dispose d'aucun mécanisme contraignant. La Chine a adopté ses propres objectifs internes pour le contrôle de la pollution (elle s'est promis d'améliorer son efficacité énergétique de 4 % par an), mais elle n'a pas encore réussi à les atteindre.

La façon de progresser dans le traitement des questions liées à la pollution mondiale et au changement climatique est loin d'être claire. Comme des millions d'autres individus inquiets pour les citoyens des pays en développement, je ne puis qu'espérer un changement d'attitude de la part des dirigeants des pays les plus riches – particulièrement les États-Unis – qui leur donnerait l'opportunité de créer un nouveau mode de vie moins destructeur, plus durable, et plus profitable à long terme.

La première période d'engagement déterminée par le protocole de Kyoto s'achèvera en 2012. Avant cette date, le monde doit se préparer à adopter un traité global sur le changement climatique. Lors de leur réunion en Allemagne en 2007, les pays du G8 s'étaient dit prêts à envisager une réduction des émissions de gaz à effet de serre de 50 % d'ici 2050 dans le cadre des Nations unies. (De nombreux groupes écologiques demandent pour leur part une réduction de 90 % à l'horizon 2050.) J'espère que la volonté politique des États-Unis sera suffisamment forte pour qu'ils acceptent cet objectif et jouent un rôle de leader afin d'accélérer sa réalisation.

Le problème de la pauvreté mondiale est étroitement lié aux défis de l'humanité, y compris ceux qui peuvent faire craindre pour la survie de notre espèce. Cela rend indispensable une réforme du capitalisme permettant de faire place au nouveau type d'entreprise que sont les social-business. « Faire ce qui est bien » n'est plus simplement une question de bien-être ; c'est une question de survie, pour nous-mêmes et pour les générations futures.

Et tandis que nous pressons les hommes politiques de prendre des décisions fortes pour sauver la planète, je demande aux jeunes de réfléchir à ce qu'ils feront lorsqu'ils seront grands. Voudront-ils distinguer parmi les produits qu'ils consomment les produits « rouges », « jaunes » et « verts » en fonction de leur contribution négative ou positive à la survie de la planète ? Voudront-ils adopter des principes qui permettront à chaque génération de laisser la planète en meilleure santé ? Voudront-ils être sûrs que leur mode de vie ne mettra pas en danger la vie d'autrui ? Je l'espère – et je crois en eux.

11.

Mettre la pauvreté au musée

En 2000, toutes les nations du monde se sont rassemblées au siège des Nations unies à New York et ont proclamé leur détermination à atteindre 8 objectifs importants en 2015, dont la réduction de moitié de la pauvreté. Cette déclaration était audacieuse. Toutes les nations n'arriveront pas à remplir ces objectifs d'ici 2015, mais certaines y parviendront. Leur succès nous conduira à prendre une autre décision courageuse : mettre fin à tout jamais à la pauvreté. Cela peut être fait si nous y croyons et si nous agissons avec conviction.

Une fois que la pauvreté aura disparu, nous devrons construire des musées pour montrer ces horreurs aux générations futures. Elles se demanderont pourquoi la pauvreté a tant perduré dans les sociétés humaines, et comment quelques personnes riches pouvaient vivre dans le luxe alors que des milliards d'individus connaissaient la misère, les privations et le désespoir.

Chaque pays devra choisir la date à laquelle construire un musée national de la pauvreté. L'initiative pourra venir des gouvernements, des fondations, des ONG, des partis politiques ou d'autres membres de la société. Les groupes issus de la société civile et les étudiants pourraient former un comité de citoyens afin de construire le musée national de la pauvreté à une date déterminée. Fixer cette date exprimerait le désir et l'engagement de supprimer la pauvreté dans le pays au cours d'une période précise : cela créerait une dynamique nationale.

Mais est-ce réalisable ? Peut-on mettre la pauvreté au musée ?

Pourquoi ne pourrions-nous pas le faire ? Nous avons la technologie nécessaire. Il ne nous manque que la volonté d'agir en créant les institutions et les politiques adaptées. J'ai tenté de montrer dans ce livre quelles étaient les étapes permettant de créer un monde sûr où la pauvreté n'existerait plus. Dans ce dernier chapitre, je vais présenter quelques idées concernant la manière dont les individus et les organisations peuvent participer activement à la création d'un monde auquel nous aspirons tous.

Un monde meilleur commence avec l'imagination

Le monde dans lequel nous vivons change de plus en plus vite. C'est particulièrement vrai en matière de développement économique et de technologie.

Jusque dans les années 1960, les pays en développement se ressemblaient tous : ils avaient en commun une pauvreté importante, des maladies, des crises économiques périodiques extrêmement violentes, une forte croissance de la population, un faible niveau d'éducation et de soins médicaux, une faible croissance économique, une absence d'infrastructures, etc. Cela ne porte pas à l'optimisme. Mais au cours des trente-cinq années qui ont suivi, la carte économique a énormément changé. Taiwan, la Corée du Sud et Singapour ont rejoint les rangs des pays développés. Les économies chinoise, indienne, malaise, thaïlandaise et vietnamienne ont débuté leurs fortes croissances. Lors des dix-huit dernières années, le taux de pauvreté au Vietnam est tombé de 58 % à 20 %. En dépit de ses défauts, la mondialisation produit des changements que la génération précédente n'aurait pas pu imaginer.

On peut toujours faire de savantes prévisions sur ce que le futur apportera aux nations du monde en développement. Mais l'expérience montre que, lorsque les pays sont prêts pour le changement, ils peuvent aller beaucoup plus vite que ce qu'annoncent les prévisions les plus optimistes. Les changements technologiques spectaculaires ont ainsi conduit aux évolutions ultra-rapides que nous connaissons actuellement. Par le passé, il fallait des générations entières pour que les changements sociaux et politiques affectent les modes de pensée. Aujourd'hui, les idées ne mettent que très peu de temps à traverser la planète.

C'est à la fois une bonne et une mauvaise nouvelle. Les progrès de la technologie, les avancées de la démocratie et les nouvelles solutions techniques peuvent se diffuser de plus en plus rapidement et bénéficier à des millions de personnes. Mais les catastrophes peuvent elles aussi se propager très rapidement. Si nous avons la chance d'avoir un grand leader dans un pays important, le monde entier pourra profiter de ses talents. Mais si un pays très influent se dote d'un mauvais dirigeant, le monde entier souffrira de troubles politiques, de bouleversements économiques, voire de la guerre. La sagesse de la gouvernance, qu'elle soit nationale ou internationale, est plus importante que jamais dans un monde interconnecté en mutation rapide.

La vitesse des changements rend cruciale la nécessité pour les citoyens d'avoir une idée précise du monde dans lequel ils veulent vivre. Si nous espérons nous engager sur la bonne voie, nous devons nous accorder sur les caractéristiques principales du monde que nous voulons créer. Et nous devons penser en grand, sinon nous gaspillerons les opportunités sans précédent que le monde nous offre. Ayons des rêves immenses – et poursuivons-les.

Laissez-moi vous faire la liste de mes rêves pour le monde que je voudrais voir exister en 2050. Ce sont mes rêves, mais j'espère que vous en partagerez beaucoup. Je suis certain que je ferais miens certains des rêves de votre propre liste. Voici la mienne :

— il n'y aura plus de pauvres, de mendiants, de sans domicile fixe, ni d'enfants des rues nulle part dans le monde. Chaque pays aura son musée de la pauvreté. Le musée mondial de la pauvreté se situera dans le dernier pays qui sera sorti de la pauvreté ;
— il n'y aura plus de passeports ni de visas. Tous les individus seront véritablement des citoyens du monde et jouiront d'un statut identique ;
— il n'y aura plus de guerre, plus de préparatifs de guerre, plus de militaires pour se battre. Il n'y aura plus d'armes nucléaires ou d'autres armes de destruction massive ;
— il n'y aura plus de maladies incurables, plus de cancer ni de Sida. La maladie sera devenue un phénomène rare qui sera traité rapidement et efficacement. Des soins médicaux de grande qualité seront disponibles pour tous. Les mortalités infantile et maternelle appartiendront au passé ;
— il y aura un système éducatif mondial accessible à tous partout dans le monde. Les enfants auront plaisir à apprendre et à grandir. En grandissant, ils deviendront des personnes généreuses et attentionnées, convaincues que leur développement sera compatible avec le développement des autres habitants du monde ;

— le système économique mondial encouragera les individus, les entreprises et les institutions à partager et à diffuser activement la prospérité de manière à supprimer les inégalités de revenu. Le chômage et l'aide aux défavorisés n'existeront plus ;

— les social-business représenteront une part importante du monde des affaires ;

— il y aura une monnaie mondiale unique. Les pièces et la monnaie de papier auront disparu ;

— la technologie permettra facilement de détecter et de contrôler les secrets bancaires ainsi que les transactions réalisées par les politiciens, les fonctionnaires, les services secrets, la pègre et les groupes terroristes ;

— les services financiers de toute nature seront disponibles pour tous dans le monde entier ;

— tout le monde sera impliqué dans la préservation d'un mode de vie durable fondé sur les technologies appropriées. Le soleil, l'eau et le vent seront les principales sources d'énergie ;

— les êtres humains pourront prévoir précisément et à temps les tremblements de terre, les cyclones, les tsunamis ainsi que les autres catastrophes naturelles. Les dégâts matériels et les pertes humaines pourront ainsi être minimisés ;

— il n'y aura plus de discriminations basées sur la race, la couleur, la religion, le genre, les orientations sexuelles, les opinions politiques, la langue, la culture ou tout autre facteur ;

— nous n'aurons plus besoin de papier : il ne sera donc plus nécessaire de couper des arbres. Pour les cas où le papier se révèle indispensable, il existera un papier synthétique biodégradable et réutilisable ;

— les connexions de base seront sans fil et peu coûteuses ;

— chacun pourra tout lire et tout écouter dans sa

propre langue. La technologie permettra à une personne de parler, de lire et d'écrire dans sa propre langue alors que l'auditeur entendra ou que le lecteur lira le message dans sa propre langue. Les logiciels et les gadgets traduiront simultanément les paroles ou les écrits. Il sera possible de regarder n'importe quelle chaîne de télévision en entendant dans sa propre langue ce qu'il s'y dit ;

— les cultures, les groupes ethniques et les religions atteindront le summum de leur beauté et de leur créativité, et contribueront de la sorte au magnifique orchestre de la société humaine ;

— chacun bénéficiera d'un climat d'innovation permanente, de restructuration des institutions et de révision des concepts et des idée ;

— tous les peuples jouiront d'un monde de paix, d'harmonie et d'amitié destiné à autoriser le développement du potentiel humain.

Nous pouvons atteindre ces objectifs si nous y travaillons. Je crois qu'à mesure que nous avancerons vers le futur il sera de plus en plus facile de nous rapprocher de notre rêve. La difficulté que nous rencontrons consiste à adapter nos esprits. Plus nous serons nombreux à partager un objectif, plus vite nous pourrons l'atteindre. Nous sommes tellement pris par notre travail quotidien et par notre désir d'avoir une vie agréable que nous oublions d'apprécier les bons côtés de notre vie et de prendre le temps de réfléchir à ce que nous souhaitons réellement. Lorsque nous saurons où nous voulons aller, il sera beaucoup plus facile d'y aller.

Chacun d'entre nous fera sa liste de souhaits afin de réfléchir au genre de monde dans lequel nous aimerions prendre notre retraite. Une fois cette liste faite, nous l'accrocherons au mur pour vérifier quotidiennement que nous nous rapprochons de notre objectif.

Nous devrions aussi faire pression sur nos dirigeants – les leaders politiques, les universitaires, les religieux, les chefs d'entreprise – pour qu'ils nous conduisent là où nous désirons aller. Souvenez-vous que chacun d'entre nous n'a qu'une seule vie : nous devons la vivre à notre manière, et c'est à nous de choisir notre destination.

Apprendre à imaginer le monde dans lequel nous vivrons manque à notre système éducatif. Nous préparons nos étudiants à un métier ou à une carrière, mais nous ne leur apprenons pas à penser au genre de monde qu'ils voudraient créer. Chaque grande école ou université devrait proposer un cours centré sur cet exercice. On demanderait à chaque étudiant de préparer une liste de souhaits et d'expliquer à l'ensemble de la classe les raisons de ses choix. D'autres étudiants pourraient soutenir ses idées, proposer des alternatives meilleures, ou les contester. Les étudiants discuteront alors de la manière de créer le monde qu'ils imaginent, de ce qu'ils peuvent faire concrètement, des obstacles à surmonter, de la façon dont il faudra créer des partenariats, des organisations, des concepts, des schémas et des plans d'action pour promouvoir cet objectif. Ce cours pourrait être amusant – et, surtout, il constituerait une excellente préparation à une fascinante aventure.

Les étapes concrètes vers le monde de nos rêves

Rêver d'un monde nouveau est amusant. Mais que peuvent faire les individus pour que ce monde rêvé devienne réalité ? Une étape concrète consisterait à créer une petite organisation pour réaliser une partie de cet objectif – ce que j'appelle le « forum d'action sociale ».

Un forum d'action sociale peut être très petit : il peut se composer de 3 personnes qui se réunissent pour régler un seul problème local. Si d'autres veulent se joindre à elles, tant mieux. Mais si le chiffre de 3 vous convient, n'essayez pas d'étendre le groupe. Vous pouvez donner à votre groupe un nom intéressant, amusant, audacieux, innovant – ou, tout simplement, utiliser les noms de ses membres : le forum d'action sociale de Cathy, Kushal et Lee, le forum d'action sociale de Jobra, le forum d'action sociale de Midas, etc.

Après le lancement du forum, vous déterminerez votre plan d'action pour l'année à venir : aider un chômeur, un sans-abri ou un mendiant à trouver une activité rémunératrice et à commencer à sortir de la pauvreté. Il faut choisir la personne pauvre que vous désirez aider, s'asseoir à côté d'elle, comprendre ses difficultés à s'assurer un revenu – et, ensuite, trouver une solution.

Je prévois de créer un site Internet sur lequel les forums d'action sociale pourront s'inscrire. Vous pourrez décrire sur ce site votre plan d'action annuel, y noter vos pensées, exprimer les frustrations et les joies que vous donne votre travail, évoquer les progrès réalisés, et montrer des images en relation avec votre projet. Créer un forum ne demande ni expertise, ni pièces justificatives, ni ressources : seule importe la volonté de faire la différence. Si vous présentez à la fin de chaque année un rapport annuel relatif à l'activité de votre forum ainsi qu'un nouveau plan pour l'année suivante, votre enregistrement sur le site sera prolongé d'un an. À tout moment, n'importe qui peut aller sur le site et prendre contact avec les forums actifs.

Un forum social peut être construit autour d'un certain nombre d'opportunités et de problèmes locaux. Il y a dans votre voisinage une parcelle de terrain abandonnée où les ordures s'entassent et provoquent des maladies ? Créez un forum d'amélioration du voisinage afin de transformer ce lopin en une chose intéressante : un jardin communautaire, un terrain de jeu, un centre de recyclage, un site d'activités pour l'école du coin, et ainsi de suite.

Si vous vivez dans un pays en développement, le programme d'action de votre forum peut être destiné à aider un mendiant à trouver un emploi ou à créer une activité, à permettre à quelqu'un ayant abandonné l'école d'y retourner, à faciliter l'accès aux soins d'une personne malade, à améliorer la qualité des installations sanitaires ou de l'eau dans votre village.

Certains forums d'action sociale resteront petits mais continueront de faire du bon travail. D'autres grossiront et pourront se transformer en social-business. L'idée d'un forum peut en inspirer d'autres. Quelques-uns pourraient devenir des programmes importants ayant un potentiel suffisant pour transformer une nation entière. D'autres exerceront un impact mondial en développant des idées innovantes pour répondre à un problème grave.

En dehors du lancement d'un forum d'action sociale, il existe beaucoup d'initiatives que les individus peuvent prendre pour promouvoir l'idée de social-business. Si vous êtes professeur ou administrateur dans une école, un lycée ou une université, vous pourriez contribuer au lancement d'un cours consacré au social-business. Si vous êtes membre d'un groupe religieux ou civique, vous pourriez organiser une série de leçons, de réunions ou de conférences sur les opportunités de social-business que compte votre communauté. Si vous gérez ou contrôlez un fonds d'investissement pour une école, un fonds de pension, une organisation religieuse ou toute autre institution, vous pourriez proposer qu'une partie de ces ressources soit investie dans un social-business. Et si vous êtes un dirigeant d'entreprise, vous pourriez bien sûr expliquer à votre président ou à votre conseil d'administration l'intérêt que présente la création d'un social-business, puis proposer d'en créer un en investissant une partie de vos bénéfices avec le consentement des actionnaires.

L'aspect le plus difficile et le plus important de ces efforts consiste à concevoir des social-business. Nous aurons besoin de toute notre créativité et notre imagination pour trouver des idées de social-business permettant de véritablement remplir des objectifs sociaux. Un moyen de produire des idées de social-business consisterait à créer des compétitions. N'importe quelle organisation ou personne peut lancer une telle compétition : une école, une fondation, une chambre de commerce, une société, une ONG, des représentants religieux, un groupe civique, un fonds d'investissement ou de capital risque... Un forum d'action social pourrait participer à la compétition ou la lancer lui-même.

J'imagine des compétitions locales, régionales ou même mondiales qui réuniraient des centaines ou des milliers de participants rivalisant pour créer les concepts de social-business les plus fonctionnels, les plus ambitieux et les plus passionnants. Les prix récompensant les meilleures idées d'entreprise pourraient consister en fonds à investir pour financer le projet ou en contacts avec des investisseurs sociaux, des apporteurs de capital risque social ou des prêteurs intéressés par la création en partenariat d'une nouvelle entreprise. L'ensemble des projets en compétition pourrait être présenté sur Internet afin d'inspirer les compétiteurs futurs ou de donner des idées aux entrepreneurs désireux de lancer un social-business.

Au cours des dernières années, j'ai promu cette idée de compétition d'entreprises à vocation sociale. Voilà que le magazine taiwanais *Business Weekly* en crée une. Il a réussi à lever 1,5 million de dollars pour apporter des mises de fonds aux 10 meilleurs projets dont la liste sera publiée ultérieurement. Je suis absolument ravi de cette initiative et j'attends avec impatience la distribution des prix.

De nouvelles frontières pour les fondations

Les institutions philanthropiques trouveront le concept de social-business particulièrement attrayant. Ce sera notamment vrai des fondations créées par des entrepreneurs à succès.

Tout au long du XXe siècle, les fondations créées par les plus grands entrepreneurs de l'âge industriel – John D. Rockefeller, Henry Ford, Andrew Carnegie – ont soutenu de nombreux projets caritatifs parmi les plus importants du monde. Au cours des années récentes, la philanthropie a acquis une visibilité inédite grâce aux activités de quelques fondations nouvellement créées. En l'an 2000, le fondateur de Microsoft et sa femme ont créé la fondation Bill et Melinda Gates ; sa dotation actuelle (mars 2007) atteint 33,4 milliards de dollars, la somme la plus importante jamais donnée pour créer une fondation caritative. En juin 2006, Warren Buffett, qui fait partie avec Bill Gates des trois personnes les plus riches au monde (la troisième est le magnat mexicain des télécommunications Carlos Slim

Helù), a annoncé son intention de donner 37 milliards de dollars provenant de sa fortune personnelle à la Fondation Gates : c'est le don le plus important jamais effectué.

Je crois que les philanthropes du futur seront fortement attirés par les social-business. Parce que la majorité des donateurs viennent du monde des affaires, ils comprendront immédiatement que le dollar investi dans un social-business est plus puissant que le dollar confié à une organisation caritative. Alors que ce dernier est utilisé une seule fois, le dollar investi dans un social-business est recyclé à l'infini et peut de la sorte procurer des bénéfices à un plus grand nombre d'individus. Les philanthropes seront également attirés par l'idée de social-business parce que cela leur permettra de mettre leur expérience professionnelle au service de certains des problèmes les plus graves du monde.

Si Warren Buffett m'avait demandé conseil, je lui aurais recommandé d'utiliser une partie de son argent pour créer un social-business dont la mission aurait consisté à procurer une couverture maladie abordable et de bonne qualité aux 47 millions d'Américains qui en sont dépourvus. Si Buffet lui-même, ce génie des affaires qui a des dizaines d'années d'expérience dans l'industrie de l'assurance, participait à la création d'un tel social-business, il serait aisé d'en prévoir le résultat : l'entreprise connaîtrait un succès retentissant, et Buffet jouerait un rôle clé dans l'histoire de la protection sociale américaine.

Une fin à la pauvreté

Avec la diffusion de la compréhension de ce qu'est un social-business et l'augmentation permanente du nombre de personnes prêtes à lancer une telle activité, nous nous rapprochons de plus en plus de notre objectif ultime : reléguer à tout jamais la pauvreté au musée.

Impossible ? Pas du tout. Il y eut un temps où l'on pensait que l'on ne pourrait pas arrêter certaines maladies contagieuses. Elles tuaient des millions de personnes chaque année, et beaucoup de gens croyaient que cela faisait partie de la condition humaine. Aujourd'hui, grâce à la créativité humaine, aux avancées scientifiques ainsi qu'aux efforts déterminés des travailleurs de la santé publique, certaines de ces maladies ont été pratiquement éradiquées. La seule façon pour les scientifiques de les étudier consiste à examiner des échantillons de microbes soigneusement conservés dans des laboratoires à l'accès contrôlé. Pourquoi ne ferions-nous pas la même chose avec la maladie que constitue la pauvreté ?

Les habitants de chaque village, ville, région ou pays du monde devraient prendre cet engagement. Il suffit que quelques personnes s'engagent à travailler ensemble jusqu'à ce qu'il n'y ait plus le moindre pauvre dans leur village. Pour une ville, une région ou un pays, il faudra quelques personnes supplémentaires. Lorsque cet objectif aura été rempli localité après localité, arrivera le temps où le seul moyen pour nos enfants ou nos petits-enfants de comprendre ce qu'était la pauvreté consistera à visiter les musées de la pauvreté.

Quand nous observons l'histoire humaine, il est clair que nous avons ce que nous voulons ou ce que nous n'avons pas su refuser. Si nous n'accomplissons pas quelque chose, c'est parce que nous ne nous y attachons pas suffisamment. Nous acceptons les limites psychologiques qui nous empêchent de faire ce que nous prétendons vouloir faire.

Nous acceptons l'idée qu'il y aura toujours des pauvres parmi nous, que la pauvreté fait partie de la destinée humaine. Que nous acceptions la pauvreté est la raison même de sa persistance. Si nous pensons réellement que la pauvreté est inacceptable et qu'elle ne devrait pas avoir de place dans une société humaine civilisée, nous développerons les institutions et les politiques qui nous permettront de créer un monde sans pauvreté.

La pauvreté existe parce que notre conception du monde repose sur des hypothèses qui sous-estiment les capacités humaines. Nous avons élaboré des conceptions trop restreintes : notre conception de l'entreprise (qui fait de la recherche du profit la seule motivation humaine), notre conception de la solvabilité (qui prive automatiquement les pauvres de l'accès au crédit), notre conception de l'entreprenariat (qui ignore la créativité de la majorité des gens) et notre conception de l'emploi (qui fait des êtres humains des réceptacles passifs au lieu de voir en eux des créateurs actifs). Et nous avons développé des institutions qui sont au mieux à moitié achevées, tels nos systèmes bancaires et économiques qui ignorent la moitié du monde. Nos insuffisances intellectuelles sont les principales responsables de la pauvreté.

Tous les êtres humains ont non seulement la capacité de s'occuper d'eux-mêmes, mais aussi celle de contribuer au bien-être du monde. Certains ont la chance d'explorer une partie au moins de ce potentiel. Mais d'autres n'ont jamais eu la possibilité de découvrir ce cadeau merveilleux avec lequel ils sont nés. Ils meurent avec des cadeaux ignorés, et le monde perd tout ce qu'ils auraient pu faire.

Mon travail avec la Grameen Bank m'a permis d'être très proche des pauvres parmi les pauvres. Cette expérience m'a donné une foi inébranlable en la créativité de l'être humain. Nul n'est né pour souffrir de la faim et de la pauvreté. Chaque individu qui souffre de la misère a la capacité de devenir un être humain prospère.

Il est possible de supprimer la pauvreté de notre monde parce qu'elle n'est pas naturelle aux êtres humains : elle leur a été imposée. Employons-nous à la vaincre le plus rapidement possible, et mettons à tout jamais la pauvreté au musée.

Discours de réception du prix Nobel

OSLO, 10 DÉCEMBRE 2006

« La pauvreté est une menace pour la paix »

Majestés, Altesses Royales, Honorables membres du Comité Nobel norvégien, Excellences, Mesdames et Messieurs,

La Grameen Bank et moi-même sommes très honorés de recevoir le plus prestigieux des prix. Nous sommes ravis et comblés par l'honneur qui nous est fait. Depuis que le Comité Nobel a annoncé qu'il nous avait attribué cette récompense, j'ai reçu d'innombrables messages du monde entier. Mais ce qui me touche le plus, ce sont les appels presque quotidiens des emprunteurs que compte la Grameen Bank dans des villages éloignés du Bangladesh : ils désirent simplement exprimer leur fierté d'avoir reçu cette récompense.

Neuf représentants élus parmi les sept millions d'emprunteurs et propriétaires de la Grameen Bank m'ont accompagné à Oslo pour recevoir ce prix. Je remercie en leur nom le Comité Nobel norvégien d'avoir choisi de nous accorder cette année le prix Nobel de la paix. En donnant à leur institution la plus prestigieuse récompense du monde, vous leur faites un honneur incomparable. Grâce à votre prix, neuf femmes fières venant des villages du Bangladesh assistent aujourd'hui à cette cérémonie en tant que lauréates du prix Nobel : cela donne un tout nouveau sens au prix Nobel de la paix.

Tous les emprunteurs de la Grameen Bank célèbrent ce jour comme le plus beau de leur vie. Dans tous les villages du Bangladesh, ils se sont rassemblés autour du poste de télévision le plus proche pour suivre avec d'autres villageois le déroulement de cette cérémonie.

C'est aux centaines de millions de femmes luttant quotidiennement à travers le monde pour gagner leur vie et donner à leurs enfants l'espoir d'une existence meilleure que le prix Nobel vient accorder le plus grand des honneurs et la dignité la plus élevée. Pour ces femmes, le moment est historique.

La pauvreté est une menace pour la paix

Mesdames et Messieurs,

En nous décernant ce prix, le Comité Nobel norvégien a apporté un soutien important à l'idée selon laquelle la paix est indissolublement liée à la pauvreté. La pauvreté est une menace pour la paix.

La répartition des revenus dans le monde est très révélatrice. 94 % du revenu mondial vont à 40 % de la population, tandis que les 60 % restants ne disposent que de 6 % du revenu mondial. La moitié de la population mondiale vit avec 2 dollars par jour. Plus d'un milliard de personnes vivent avec moins de 1 dollar par jour. Ce n'est pas une solution pour la paix.

Le nouveau millénaire a commencé avec un grand rêve mondial. Les dirigeants mondiaux réunis aux Nations unies en 2000 ont adopté, entre autres dispositions, un objectif historique de réduction de moitié de la pauvreté d'ici à 2015. Jamais dans l'histoire de l'humanité un objectif aussi audacieux et aussi précis n'avait été adopté par le monde entier s'exprimant d'une seule voix. Mais vinrent alors le 11 septembre et la guerre en Irak. Le monde a soudain été distrait de la poursuite de ce rêve : l'attention des dirigeants mondiaux s'est déplacée de la guerre contre la pauvreté vers la guerre contre le terrorisme. À ce jour, les États-Unis ont consacré à eux seuls plus de 530 milliards de dollars à la guerre en Irak.

Je crois que le terrorisme ne peut être vaincu par l'action militaire. Le terrorisme doit être condamné avec la plus grande fermeté. Nous devons y rester fermement opposés et trouver les moyens d'y mettre fin. Nous devons nous attaquer aux causes profondes du terrorisme pour l'éradiquer. Je crois que la stratégie consistant à consacrer nos ressources à l'amélioration de la vie des pauvres est meilleure que celle se résumant à dépenser de l'argent pour acheter des armes à feu.

La pauvreté est la négation de tous les droits de l'homme

La paix devrait être entendue dans une dimension humaine, sur un vaste plan social, politique et économique. La paix est menacée par l'injustice économique, sociale et politique, par l'absence de démocratie, par la dégradation de l'environnement et par l'absence de droits de l'homme.

La pauvreté est l'absence de tous les droits de l'homme. Les frustrations, l'hostilité et la colère provoquées par une pauvreté abjecte menacent la paix dans toute société. Pour construire une paix durable, nous devons permettre aux gens de mener une vie décente.

Donner à la majorité de la population, c'est-à-dire aux pauvres, les moyens de s'assurer une vie décente est au cœur du travail auquel nous nous sommes consacrés durant les trente dernières années.

Grameen Bank

Je ne me suis pas engagé dans la lutte contre la pauvreté en tant que décideur politique ou que chercheur. J'ai commencé à m'impliquer parce que la pauvreté était partout autour de moi et que je ne pouvais pas me détourner d'elle. En 1974, j'ai trouvé qu'il était difficile d'enseigner d'élégantes théories économiques à l'université alors qu'une terrible famine sévissait au Bangladesh. L'oppression de la faim et la pauvreté m'ont fait éprouver la vacuité de ces théories. Je voulais aider immédiatement les gens qui m'entouraient à attendre plus sereinement le lendemain, même s'il ne s'agissait que d'une seule personne. Cela m'a confronté à la lutte que livrent les pauvres pour trouver les sommes minuscules qui leur permettront de subsister. J'ai été choqué de voir une villageoise emprunter moins de 1 dollar à un usurier, à la condition qu'il ait le droit d'acquérir toute sa production au prix qu'il déterminerait. Pour moi, cela ressemblait à l'achat d'une esclave.

J'ai décidé d'établir une liste des victimes que cette « affaire » de prêts financiers avait faites dans le village voisin de notre campus.

Lorsque ma liste a été prête, elle comportait les

noms des quarante-deux victimes qui avaient emprunté un montant total de 27 dollars. J'ai sorti 27 dollars de ma poche pour tirer ces gens des griffes des prêteurs. L'agitation créée par cette petite initiative m'incita à m'engager plus avant. Si je pouvais faire tant d'heureux avec si peu d'argent, pourquoi ne pas faire davantage ?

C'est ce que j'ai essayé de faire depuis. J'ai d'abord tenté de convaincre la banque située sur le campus de prêter de l'argent aux pauvres. Mais cela n'a pas marché. La banque affirmait que les pauvres n'étaient pas solvables. Au bout de plusieurs mois, lorsque l'échec de mon entreprise de conviction fut patent, j'ai proposé de me porter garant pour les pauvres. Le résultat m'a abasourdi. Les pauvres remboursaient toujours leurs emprunts à temps ! Mais je restais confronté à la difficulté d'étendre ce programme en raison des réticences des banques. C'est alors que j'ai décidé de créer une banque dédiée aux pauvres – et, en 1983, j'ai finalement réussi à le faire. Je l'ai baptisée Grameen Bank, ou Banque du Village.

Aujourd'hui, la Grameen Bank accorde des prêts à près de sept millions de pauvres, dont 97 % de femmes, dans soixante-treize villages du Bangladesh. La Grameen Bank propose des prêts sans garantie pour des activités génératrices de revenus, des prêts au logement, des prêts étudiants et des prêts destinés au financement de micro-entreprises. Elle offre à ses membres une foule de possibilités d'épargne, de plans de retraite et de produits d'assurance attrayants. Depuis leur introduction en 1984, les prêts au logement ont permis de construire six cent quarante mille maisons. Les femmes sont les propriétaires de ces maisons. Nous nous sommes concentrés sur les femmes parce que nous avons constaté que leur accorder des prêts était le meilleur moyen d'en faire bénéficier les familles.

Depuis son ouverture, la banque a accordé des prêts pour un montant total d'environ 6 milliards de dollars. Le taux de remboursement est de 99 %. La Grameen Bank fait régulièrement des bénéfices. Elle est financièrement autonome et n'a pas accepté de dons depuis 1995. Les dépôts et les ressources propres de la Grameen Bank s'élèvent actuellement à 143 % de l'encours de prêts. Selon une enquête interne, 58 % de nos emprunteurs ont dépassé le seuil de pauvreté.

La Grameen Bank est née comme un petit projet réalisé localement avec l'aide de plusieurs de mes étudiants, des filles et des garçons de la région. Après toutes ces années, trois d'entre eux travaillent encore avec moi : ils sont devenus les principaux dirigeants de la Grameen Bank. Aujourd'hui, ils sont ici pour recevoir la récompense que vous nous accordez.

Née à Jobra, un petit village du Bangladesh, notre idée a essaimé à travers le monde : il existe à présent des programmes de type Grameen dans presque tous les pays.

La deuxième génération

Nous avons débuté voilà trente ans. Nous continuons de suivre les enfants de nos emprunteurs pour mesurer l'impact de notre travail sur leur vie. Les femmes qui sont nos emprunteurs ont toujours donné la priorité absolue à leurs enfants. L'une des « Seize Résolutions » qu'elles ont prises et mises en œuvre consistait à envoyer leurs enfants à l'école. La Grameen Bank les y a encouragées. Peu de temps après, tous les enfants allaient à l'école. Nombre d'entre eux étaient en tête de leur classe. Nous voulions fêter ça, donc nous avons créé des bourses pour les élèves doués. La Grameen Bank offre actuellement trente mille bourses d'études par an.

Beaucoup de ces enfants ont accédé à l'enseignement supérieur et sont devenus médecins, ingénieurs, professeurs, etc. Nous avons mis en place des prêts étudiants pour permettre aux étudiants de la Grameen d'achever leur cursus universitaire. Certains d'entre eux ont à présent un doctorat. Treize mille étudiants profitent de ces prêts. Chaque année, on en compte sept mille de plus.

Nous nous employons à former une nouvelle génération correctement armée pour mettre leurs familles hors d'atteinte de la pauvreté. Nous voulons créer une rupture dans la continuité historique de la pauvreté.

Les mendiants peuvent faire des affaires

Au Bangladesh, 80 % des familles pauvres ont déjà profité du microcrédit. D'ici à 2010, nous espérons toucher 100 % de ces familles.

Il y a trois ans, nous avons lancé un programme exclusivement réservé aux mendiants. Aucune des règles de la Grameen Bank ne s'applique à eux. Les prêts sont libres d'intérêts ; ils peuvent rembourser le montant qu'ils souhaitent quand ils le souhaitent. Nous leur avons suggéré de proposer de petites marchandises lorsqu'ils vont de maison en maison pour mendier : des collations, des jouets, des articles ménagers. L'idée a fonctionné. Le programme compte désormais quatre-vingt-cinq mille mendiants. Environ cinq mille d'entre eux ont déjà complètement cessé de mendier. Le montant typique d'un prêt consenti à un mendiant est de 12 dollars.

Nous encourageons et soutenons toutes les actions imaginables pour aider les pauvres à lutter contre la pauvreté. Nous continuons à promouvoir le microcrédit, car nous pensons que le microcrédit permet aux autres formes d'action de produire de meilleurs résultats.

Les technologies de l'information au service des pauvres

En supprimant les distances et en rendant les communications instantanées, les technologies de l'information et de la communication (TIC) ont changé le monde. Qui plus est, elles deviennent de moins en moins coûteuses. J'y ai vu l'occasion pour les pauvres de changer leur vie – du moins si ces technologies pouvaient parvenir jusqu'à eux.

Nous avons entrepris d'apporter les TIC aux pauvres. La première étape a consisté à créer une compagnie de téléphonie mobile appelée Grameen Phone. La Grameen Bank a accordé aux femmes pauvres des prêts pour leur permettre d'acheter des téléphones portables et de vendre des services téléphoniques dans les villages. Nous avons exploité la synergie existant entre le microcrédit et les TIC.

La commercialisation de services téléphoniques a été un succès. Les emprunteurs de la Grameen Bank ont été nombreux à vouloir s'y associer. Les « dames téléphone » ont rapidement appris les ficelles de cette activité ; elle est devenue le moyen le plus rapide de sortir de la pauvreté et d'acquérir une respectabilité sociale. On compte aujourd'hui près de trois cent mille « dames téléphone » fournissant des services téléphoniques dans tous les villages du Bangladesh. Grameen Phone a plus de dix millions d'abonnés : c'est la plus grande compagnie de téléphonie mobile du pays. Bien que les « dames téléphone » ne représentent qu'une petite fraction du nombre total d'abonnés, elles génèrent 19 % des recettes de l'entreprise. Sur les neuf membres du conseil d'administration qui participent à cette splendide cérémonie, quatre sont des « dames téléphone ».

Grameen Phone est une *joint venture* détenue par Telenor de Norvève et Grameen Telecom du Bangladesh. Telenor détient 62 % des parts de la société, contre 38 % pour Grameen Telecom. Notre intention était de transformer cette entreprise en social-business en transférant la majorité des parts aux femmes pauvres de la Grameen Bank. Nous travaillons à atteindre cet objectif. Un jour, Grameen Phone sera un autre exemple de grande entreprise détenue par les pauvres.

Économie de libre marché

Le libre marché est au cœur du capitalisme. On prétend que plus le marché est libre, meilleure est la réponse apportée par le capitalisme à trois questions : quoi produire, comment le produire, pour qui le produire. On prétend également que la recherche par les individus de gains privés permet d'atteindre une situation collectivement optimale.

Je suis favorable au renforcement de la liberté des

marchés. Dans le même temps, je suis très mécontent des restrictions conceptuelles imposées aux acteurs du marché. Elles proviennent de l'hypothèse que les entrepreneurs sont des êtres humains unidimensionnels, qui se consacrent dans leur vie professionnelle à une seule mission : maximiser le profit. Cette interprétation du capitalisme isole les entrepreneurs de toutes les dimensions politiques, affectives, sociales, spirituelles, environnementales de leur vie. Elle a peut-être été conçue comme une simplification justifiée ; mais cette simplification fait abstraction de l'essence de la vie humaine.

Les êtres humains sont une magnifique création. Leurs qualités humaines et leurs capacités ne connaissent pas de limite. Au lieu de nier ces talents, nos constructions théoriques devraient faire de la place à leur épanouissement.

Bon nombre des problèmes du monde sont liés à l'exclusion par le libre marché de participants potentiels. Le monde n'a pas résolu le problème de l'écrasante pauvreté dont souffre la moitié de la population. Les soins de santé demeurent hors de portée de la majorité de la population mondiale. Le pays le plus riche et dont le marché est le plus libre ne parvient pas à fournir des soins de santé à un sixième de sa population.

Nous sommes restés si fortement impressionnés par le succès du libre marché que nous n'avons jamais osé émettre le moindre doute sur les hypothèses qui le fondent. Pis : nous nous sommes efforcés de nous rapprocher autant que possible de ces êtres humains unidimensionnels que met en scène la théorie, ce afin de permettre le bon fonctionnement des mécanismes du marché.

En définissant l'« entrepreneur » d'une façon plus

large, nous pouvons radicalement changer la réputation du capitalisme et résoudre un grand nombre de problèmes sociaux et économiques dans le cadre du libre marché. Imaginons un entrepreneur qui, au lieu d'avoir une seule source de motivation (comme la maximisation du profit), en aurait deux, mutuellement exclusives mais également irrésistibles – a) la maximisation du profit et b) faire du bien aux individus et au monde.

Chaque type de motivation conduira à un type d'entreprise particulier. Disons que les entreprises du premier type cherchent à maximiser le profit et que celles du second type sont des social-business. Les social-business seront des entreprises d'un genre nouveau, créées afin de rendre meilleur le monde dans lequel nous vivons. Les investisseurs choisissant les social-business pourront récupérer leur mise, mais ils n'auront pas droit au versement de dividendes. Les profits seront réinvestis dans l'entreprise afin d'élargir son marché et d'améliorer la qualité de ses produits ou services. Un social-business ne fera pas de pertes et ne versera pas de dividendes.

Une fois les social-business reconnus par la loi, beaucoup d'entreprises se manifesteront pour créer des social-business parallèlement à leurs fondations. De nombreux militants du secteur à but non lucratif trouveront également cette option attrayante. Contrairement aux organisations à but non lucratif, où l'on a besoin de recueillir des dons pour poursuivre les actions engagées, un social-business s'autofinancera et générera des profits permettant de financer son expansion. L'introduction des social-business sur un marché boursier qui leur sera propre leur permettra de lever des capitaux.

Partout dans le monde, et particulièrement dans les pays riches, les jeunes gens trouveront le concept de social-business très attrayant, car il leur permettra de relever un défi en utilisant leur talent créatif. Les jeunes d'aujourd'hui sont nombreux à se sentir frustrés parce que le capitalisme actuel ne leur offre pas de défi enthousiasmant. Le socialisme leur avait donné un rêve pour lequel ils pouvaient se battre. Les jeunes rêvent de créer un monde parfait.

Les social-business s'efforceront de traiter presque tous les problèmes économiques et sociaux que connaît le monde. Le défi consiste à créer des modèles économiques innovants et à les appliquer pour produire les résultats sociaux souhaités en étant rentable et efficace. Les soins de santé pour les pauvres, les services financiers pour les pauvres, les technologies de l'information pour les pauvres, l'éducation et la formation pour les pauvres, la commercialisation pour les pauvres, les énergies renouvelables : ce sont tous des domaines passionnants pour les social-business.

Le social-business est important parce qu'il répond aux préoccupations vitales de l'humanité. Il peut changer la vie des 60 % les plus désavantagés de la population mondiale et les aider à sortir de la pauvreté.

Le social-business Grameen

Même les entreprises maximisant leur profit peuvent être organisées sous forme de social-business si la propriété de la totalité ou de la majorité de leurs parts est attribuée aux pauvres. Cela constitue un second type de social-business. La Grameen Bank appartient à cette catégorie.

Les pauvres pourraient recevoir les parts de ces sociétés comme cadeaux des donateurs. Ils pourraient aussi acheter ces parts avec leur propre argent. C'est avec leur argent que les emprunteurs achètent des actions de la Grameen Bank, actions qui ne peuvent être transférées à des non-emprunteurs. Une équipe de professionnels s'occupe de la gestion quotidienne de la banque.

Les donateurs bilatéraux et multilatéraux pourraient aisément créer ce type de social-business. Quand un donateur accorde un prêt ou une subvention pour construire un pont dans le pays bénéficiaire, il pourrait créer une « société du pont » détenue par les pauvres. Une société de gestion pourrait se voir confier la responsabilité de la gestion de l'entreprise. Les profits réalisés par la « société du pont » profiteront aux pauvres à travers les dividendes qui leur seront versés et les nouveaux ponts que la compagnie pourra construire. De nombreux projets d'infrastructure – des routes, des autoroutes, des aéroports, des ports maritimes, des sociétés de services publics – pourraient être organisés sur ce modèle.

Grameen a fondé deux social-business du premier type. L'une est une usine de yaourts créée sous forme de *joint venture* avec Danone. Elle produit des yaourts enrichis afin d'apporter des éléments nutritifs aux enfants souffrant de malnutrition. Elle s'agrandira jusqu'à ce que tous les enfants souffrant de malnutrition au Bangladesh puissent disposer de ce yaourt. L'autre est une chaîne d'hôpitaux ophtalmologiques. Chaque hôpital réalisera dix mille chirurgies de la cataracte par an, à des prix différenciés pour les riches et les pauvres.

Un marché boursier social

Pour créer un lien entre les investisseurs et les social-business, nous avons besoin de créer un marché boursier social où seules les actions des social-business seront échangées. Un investisseur ira sur ce marché boursier avec la volonté manifeste de trouver un social-business dont l'objectif correspondra à ses préférences. Celui qui veut gagner de l'argent se tournera vers les bourses classiques.

Pour permettre à une bourse sociale de fonctionner correctement, nous aurons besoin de créer des agences de notation. Nous devrons adopter une terminologie normalisée, des définitions, des instruments de mesure de l'impact des social-business. Nous devrons définir la teneur des rapports d'activité. Nous devrons fonder de nouvelles publications financières – un *Social Wall Street Journal*. Les écoles de commerce proposeront des cours et des diplômes de gestion des social-business pour former de jeunes managers à les gérer le plus efficacement possible et, par-dessus tout, pour les inciter à créer eux-mêmes des social-business.

Le rôle des social-business dans la mondialisation

Je crois en la mondialisation et je pense qu'elle peut apporter plus d'avantages pour les pauvres que ses alternatives. Mais ce doit être la bonne forme de mondialisation. Pour moi, la mondialisation est comparable à une autoroute à cent voies parcourant le monde. Si cette autoroute est librement accessible à tous, ses voies seront monopolisées par les camions géants des économies les plus puissantes. Les pousse-pousse bangladais en seront éjectés. Afin que la mondialisation profite à tous, nous devons avoir un code de la route, une police de la circulation, et une autorité assurant la régulation du trafic sur cette autoroute mondiale. La loi du plus fort doit être remplacée par des règles qui préservent la place des plus pauvres. La mondialisation ne doit pas devenir un impérialisme financier.

De puissantes multinationales pourront être créées sous forme de social-business pour conserver le bénéfice de la mondialisation aux pauvres et aux pays pauvres. Comme ces entreprises ne verseront pas de dividendes, elles pourront être appropriées par les pauvres ou placer leurs bénéfices dans les pays pauvres. Les investissements directs à l'étranger réalisés par des social-business étrangers constitueront une excellente nouvelle pour les pays bénéficiaires. Bâtir une économie forte dans les pays pauvres en protégeant leurs intérêts nationaux du pillage des entreprises sera l'un des principaux objectifs des social-business.

Nous créons ce que nous voulons

Nous obtenons ce que nous voulons, ou ce que nous ne refusons pas. Nous acceptons le fait que nous aurons toujours des pauvres autour de nous et que la pauvreté fait partie de la destinée humaine. C'est précisément la raison pour laquelle nous continuons d'avoir des pauvres autour de nous. Si nous croyons fermement que la pauvreté est inacceptable et qu'elle ne devrait pas exister dans une société civilisée, nous devons construire des institutions et élaborer des politiques destinées à créer un monde sans pauvreté.

Nous voulions aller sur la Lune : nous y sommes donc allés. Nous réalisons ce que nous voulons réaliser. Si nous ne réalisons pas quelque chose, c'est parce que nous n'y avons pas appliqué toutes nos facultés. Nous créons ce que nous voulons.

Ce que nous voulons et comment nous voulons l'obtenir dépend de nos mentalités. Il est extrêmement difficile de changer les mentalités une fois qu'elles sont formées. Nous créons le monde en fonction de notre état d'esprit. Il nous faut inventer des moyens de modifier sans cesse notre point de vue et d'adapter rapidement notre façon de penser quand émergent de nouvelles connaissances. Nous pouvons changer le monde dans lequel nous vivons si nous pouvons changer notre mentalité.

Nous pouvons mettre la pauvreté au musée

Si je crois que nous pouvons créer un monde sans pauvreté, c'est parce que la pauvreté n'est pas créée par les pauvres. Elle a été créée et entretenue par le système économique et social que nous avons conçu, par les institutions et les concepts qui composent ce système, et par les politiques que nous menons.

La pauvreté est apparue parce que nous avons construit notre cadre théorique sur des hypothèses qui sous-estiment les capacités humaines. Nous avons élaboré des concepts trop étroits (comme la notion d'entreprise, de solvabilité, d'esprit d'entreprise, d'emploi). Nous avons développé des institutions qui demeurent inachevées (comme les institutions financières, dont les pauvres sont exclus). La pauvreté est causée par une défaillance sur le plan conceptuel plutôt que par le manque de capacités des individus.

Je crois fermement que nous pouvons créer un monde sans pauvreté si nous y croyons collectivement. Dans un monde sans pauvreté, vous devriez aller au musée pour vous faire une idée de la pauvreté. Quand les écoliers visiteront les musées de la pauvreté, ils seront horrifiés de découvrir la misère et l'indignité dont des êtres humains auront souffert. Ils blâmeront leurs ancêtres d'avoir toléré cette situation inhumaine, qui aura existé pendant si longtemps et aura touché tant de personnes.

Chaque être humain a non seulement la capacité de prendre soin de lui-même, mais aussi de contribuer à accroître le bien-être de la collectivité. Certains ont la chance d'explorer une partie de leur potentiel, mais beaucoup d'autres n'auront jamais l'opportunité de découvrir le merveilleux cadeau qui leur a été donné à la naissance. Le monde restera privé de leur créativité et de leur contribution.

Grameen m'a donné une foi inébranlable en la créativité des êtres humains. Cela m'a conduit à croire que les êtres humains ne sont pas nés pour subir les affres de la pauvreté et de la faim.

Pour moi, les pauvres sont comme des bonsaïs. Si vous plantez la meilleure semence du plus grand des arbres dans un pot de fleurs, vous obtiendrez une réplique de cet arbre haute de quelques centimètres. Ce n'est pas la semence qui pose problème : c'est le terrain qui ne convient pas. Les pauvres sont des hommes-bonsaïs. Il n'y a rien de mauvais dans leurs origines. La société ne leur a simplement pas donné ce dont ils auraient eu besoin pour se développer. Pour sortir les pauvres de la pauvreté, il faut créer un environnement favorable. Une fois que les pauvres pourront libérer leur énergie et leur créativité, la pauvreté disparaîtra très rapidement.

Joignons nos mains pour donner à chaque être humain une chance de libérer son énergie et sa créativité.

Mesdames et Messieurs,
Permettez-moi de conclure en exprimant ma profonde gratitude au Comité Nobel norvégien. Il a reconnu que les pauvres, et particulièrement les femmes pauvres, ont à la fois les capacités de créer une existence décente et le droit de la vivre. Il a aussi reconnu que le microcrédit nous aide à libérer ce potentiel.

Je crois que l'honneur que vous nous faites inspirera de nombreuses initiatives audacieuses à travers le monde et permettra de créer une rupture historique en éradiquant la pauvreté.

Merci beaucoup.

Pour prendre contact avec le professeur Yunus et la Grameen Bank :

> Professeur Muhammad Yunus
> Grameen Bank
> Mirpur Two
> Dhaka 1216
> Bangladesh
>
> Fax : 8802-8013559
> E-mail : yunus@grameen.net
> Site web : www.grameen.com

Muhammad Yunus
dans Le Livre de Poche

Vers un monde sans pauvreté   n° 30905
(avec Alain Jolis)

Le prix Nobel de la Paix 2006 a couronné l'extraordinaire destin et le travail d'un homme qui a transgressé les préjugés économiques, politiques et religieux les plus tenaces en mettant en place une banque pour les pauvres. En créant au Bangladesh la Grameen Bank, il a prouvé non seulement que le micro-crédit fonctionnait avec une extraordinaire efficacité – plus de 95 % des prêts sont remboursés – mais aussi qu'il contribuait à redonner leur dignité à des millions d'hommes et surtout de femmes. Aujourd'hui, grâce à Muhammad Yunus et au micro-crédit, plus de 10 000 institutions de micro-finance sont réparties sur la planète – au Sud comme au Nord – et plus de 150 millions de familles pauvres ont enfin accès à des services financiers adaptés. Une authentique révolution mise en place par un visionnaire dont voici l'autobiographie.

Du même auteur :

Vers un monde sans pauvreté, Lattès, 1997.

- le **catalogue** en ligne et les dernières parutions
- des **suggestions de lecture** par des libraires
- une **actualité éditoriale permanente** : interviews d'auteurs, extraits audio et vidéo, dépêches…
- **votre carnet de lecture** personnalisable
- des **espaces professionnels** dédiés aux journalistes, aux enseignants et aux documentalistes

Composition réalisée par FACOMPO (Lisieux)

Achevé d'imprimer en décembre 2008, en France sur Presse Offset par
Maury-Imprimeur - 45330 Malesherbes
N° d'imprimeur : 142870
Dépôt légal 1re publication : janvier 2009
LIBRAIRIE GÉNÉRALE FRANÇAISE - 31, rue de Fleurus - 75278 Paris Cedex 06